영어 교과서 단숨에 따라잡는
초등 필수 영어 무작정 따라하기

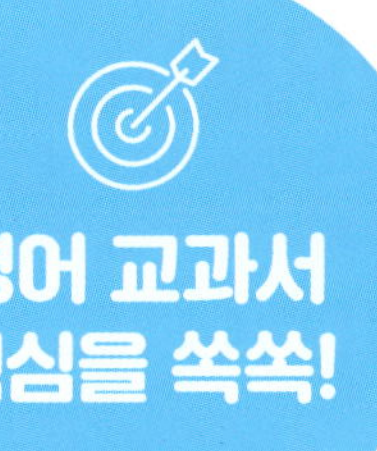

영어 교과서 핵심을 쏙쏙!

초등 영어 교과서 5종에서 뽑은 핵심 내용을 각 영역별로 쪼개 체계적인 초등 영어 커리큘럼을 만들었습니다.

한 권으로 단기 완성!

단 한 권으로 압축한 교과서 필수 내용을 단기간에 마스터하여 초등 영어에 자신감이 생깁니다.

영어 실력이 향상되는 맞춤 학습법!

영어 교육 전문 집필진과 공부 효과를 높이는 학습 설계로 가정에서도 아이들 스스로 학습이 가능합니다.

파닉스 규칙을 얼마나 알고 있는지를 파악하기 위한 진단 테스트입니다.
아이 혼자서 아래의 단어를 소리 내어 읽어 보도록 해주세요.
단어를 보고 즉시 읽을 수 있으면 ☺, 없으면 ☹에 표시하세요.

	☺	☹			☺	☹
1. ant	☐	☐	11. cap	☐	☐
2. elbow	☐	☐	12. red	☐	☐
3. gift	☐	☐	13. pig	☐	☐
4. jump	☐	☐	14. hot	☐	☐
5. lemon	☐	☐	15. bug	☐	☐
6. nest	☐	☐	16. gate	☐	☐
7. queen	☐	☐	17. time	☐	☐
8. salt	☐	☐	18. cone	☐	☐
9. uncle	☐	☐	19. dune	☐	☐
10. yellow	☐	☐	20. clock	☐	☐

	😊	☹️
21. truck	☐	☐
22. scarf	☐	☐
23. bank	☐	☐
24. ring	☐	☐
25. thumb	☐	☐
26. leaf	☐	☐
27. piece	☐	☐
28. boil	☐	☐
29. hurt	☐	☐
30. moon	☐	☐

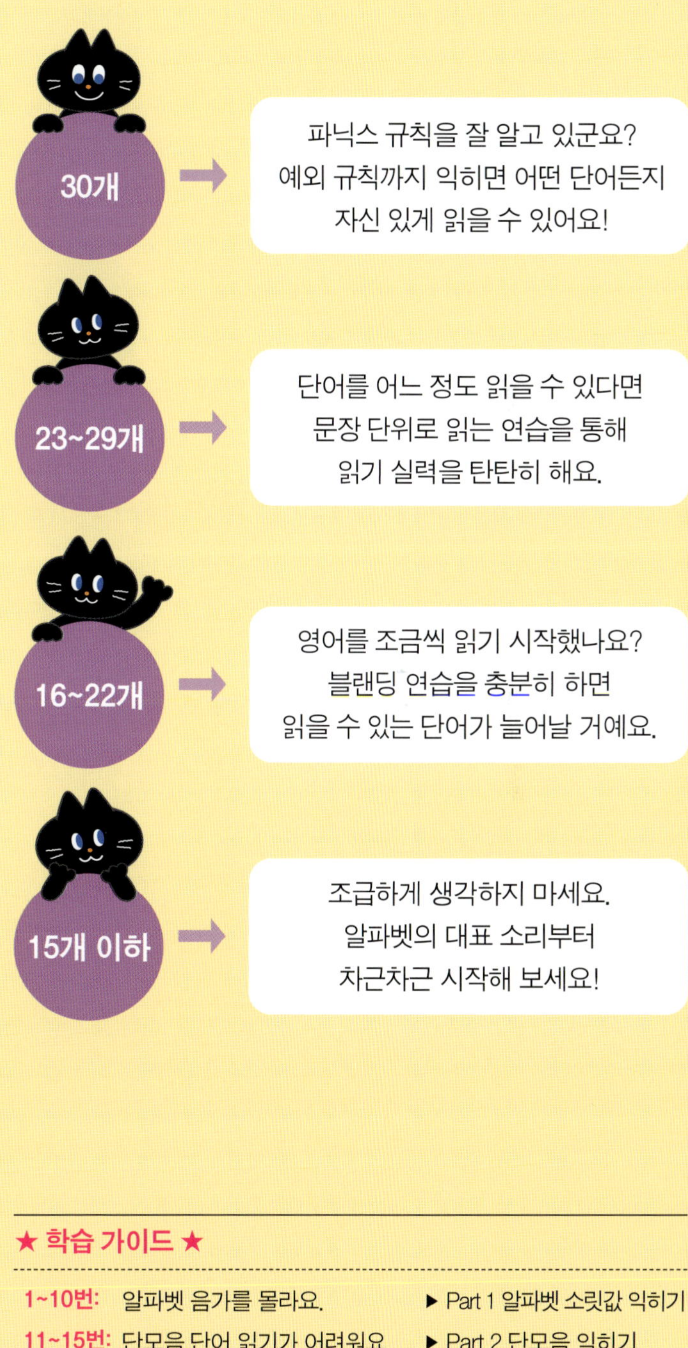

30개 → 파닉스 규칙을 잘 알고 있군요? 예외 규칙까지 익히면 어떤 단어든지 자신 있게 읽을 수 있어요!

23~29개 → 단어를 어느 정도 읽을 수 있다면 문장 단위로 읽는 연습을 통해 읽기 실력을 탄탄히 해요.

16~22개 → 영어를 조금씩 읽기 시작했나요? 블랜딩 연습을 충분히 하면 읽을 수 있는 단어가 늘어날 거예요.

15개 이하 → 조급하게 생각하지 마세요. 알파벳의 대표 소리부터 차근차근 시작해 보세요!

★ 학습 가이드 ★

1~10번:	알파벳 음가를 몰라요.	▶ Part 1 알파벳 소릿값 익히기
11~15번:	단모음 단어 읽기가 어려워요.	▶ Part 2 단모음 익히기
16~19번:	장모음 단어 읽기가 어려워요.	▶ Part 3 장모음 익히기
20~25번:	이중자음 단어 읽기가 어려워요.	▶ Part 4 이중자음 익히기
26~30번:	이중모음 단어 읽기가 어려워요.	▶ Part 5 이중모음 익히기

안녕? 만나서 반가워! 나는 할레옹이야.
내가 가장 좋아하는 과목은 영어야.
그런데 영어가 어렵기만 하다고? 걱정하지 마!
초등학생이라면 꼭 알아야 할
교과서 필수 내용을 한 권에 쏙쏙 담은
<초등 필수 영어 무작정 따라하기>가 있으니까!

초등 필수
파닉스
무작정 따라하기

감수 이수정 (모니카영어교육연구소 대표)

고려대학교에서 아동언어코칭을 전공하였고, 현재는 모니카영어교육연구소의 대표이자 대학에서 파닉스 교육을 지도하고 있다. YBM 대표 강사를 거쳐 오랜 기간 파닉스, 영어독서, 유아영어 등 어린이 영어교육 분야에서 전문적인 교육 프로그램을 운영하며, 많은 교육자들 사이에서 '모니카맘'으로 불린다.
모니카영어교육연구소는 학습자 눈높이에 맞는 지도가 중요하다는 교육 철학 아래 아이들을 위한 다양한 영어교육 학습법을 개발하고 가르치고 있다.

초등 필수 파닉스 무작정 따라하기

The Cakewalk Series – English Phonics for Kids

초판 발행 · 2024년 10월 14일
초판 3쇄 발행 · 2025년 10월 6일

지은이 · GB E-lab
발행인 · 이종원
발행처 · (주)길벗스쿨
출판사 등록일 · 2025년 5월 28일 | **주소** · 서울시 마포구 월드컵로 10길 56(서교동)
대표 전화 · 02)332-0931 | **팩스** · 02)310-4700
홈페이지 · www.gilbutschool.co.kr | **이메일** · gilbut@gilbut.co.kr

기획 및 책임편집 · 김소이(soykim@gilbut.co.kr) | **디자인** · 이현숙 | **제작** · 손일순
영업마케팅 · 문세연, 박선경, 구혜지, 박다슬 | **웹마케팅** · 박달님, 이재윤, 이지수, 나혜연 | **영업관리** · 정경화 | **독자지원** · 윤정아

전산편집 · 연디자인 | **표지삽화** · 퍼플페이퍼 | **감수** · 이수정 | **영문 감수** · Ryan P. Lagace
인쇄 · 영림인쇄 | **제본** · 영림제본 | **녹음** · YR미디어

ISBN 979-11-6406-570-7 64740 (길벗 도서번호 30617)
정가 17,000원

독자의 1초를 아껴주는 정성 길벗출판사
(주)도서출판 길벗 | IT교육서, IT단행본, 경제경영, 교양, 성인어학, 자녀교육, 취미실용
www.gilbut.co.kr
(주)길벗스쿨 | 국어학습서, 수학학습서, 유아학습서, 어학학습서, 어린이교양서, 학습단행본
www.gilbutschool.co.kr

길벗스쿨 공식 카페 〈기적의 공부방〉 · cafe.naver.com/gilbutschool
인스타그램 / 카카오플러스친구 · @gilbutschool

영어 읽기를 위한 소리 규칙 한 권으로 총정리!

파닉스를 왜 배워야 할까요?

파닉스(Phonics)는 글자와 소리의 관계를 이해하여 영어를 읽고 쓰는 능력을 길러주는 학습법입니다. 알파벳 글자가 가진 고유한 소리를 배우고, 이를 바탕으로 철자와 소리를 연결하는 규칙을 익혀 영어를 정확하게 읽고 쓸 수 있게 해줍니다. 그래서 영어가 모국어가 아닌 우리에게는 파닉스 학습이 영어 읽기를 쉽게 시작할 수 있는 중요한 단계입니다. 2022 개정 교육과정에서도 읽기 능력 발달의 기초로서 파닉스 교육이 더욱 강화되었습니다.

초등학생에게 꼭 맞는 파닉스 학습법

영어를 술술 읽기 위한 첫걸음으로 파닉스를 탄탄하게 준비해야 합니다. 《초등 필수 파닉스 무작정 따라하기》는 파닉스를 오래 공부하지 않아도 효과적으로 학습할 수 있도록 초등학생을 위한 효율적이고 체계적인 학습법을 담고 있습니다.

알파벳 음가를 빠르게 익힌 뒤, 단모음, 장모음, 이중자음, 이중모음과 같은 필수적인 파닉스 규칙을 쉽게 습득할 수 있도록 단어의 구조를 시각적으로 표현하여 철자와 음가의 조합을 한눈에 이해할 수 있게 도와줍니다.

또한, 사용 빈도가 낮은 단어는 제외하고 교과서에서 나오는 단어를 중심으로 파닉스를 학습하여, 초등 필수 어휘와 파닉스를 동시에 학습하는 일석이조의 효과를 누릴 수 있습니다.

영어 읽기를 위한 소리 규칙 마스터

이 책에서는 대표적인 파닉스 규칙만 다루고 끝나는 것이 아니라, Part 6에서 비슷해서 헷갈리는 소리값을 한 번 더 정리하고, 대표 소리 외에도 자주 등장하는 예외 규칙도 다루어 영어 읽기에 걸림돌이 없도록 구성하였습니다.

또한, 책 속 부록으로 '사이트 워드'와 '발음기호 읽는 법'을 담아 영어 읽기를 위한 모든 준비를 마칠 수 있게 합니다.

파닉스를 익혀서 영어 읽기의 즐거움을 경험하고, 나아가 학교 수업에도 자신감을 키울 수 있기를 바랍니다.

알파벳 소릿값 익히기

알파벳 26개 글자의 소릿값을 배웁니다. 각 글자가 가진 소리를 알고, 단어에서는 어떻게 소리 나는지를 익힙니다.

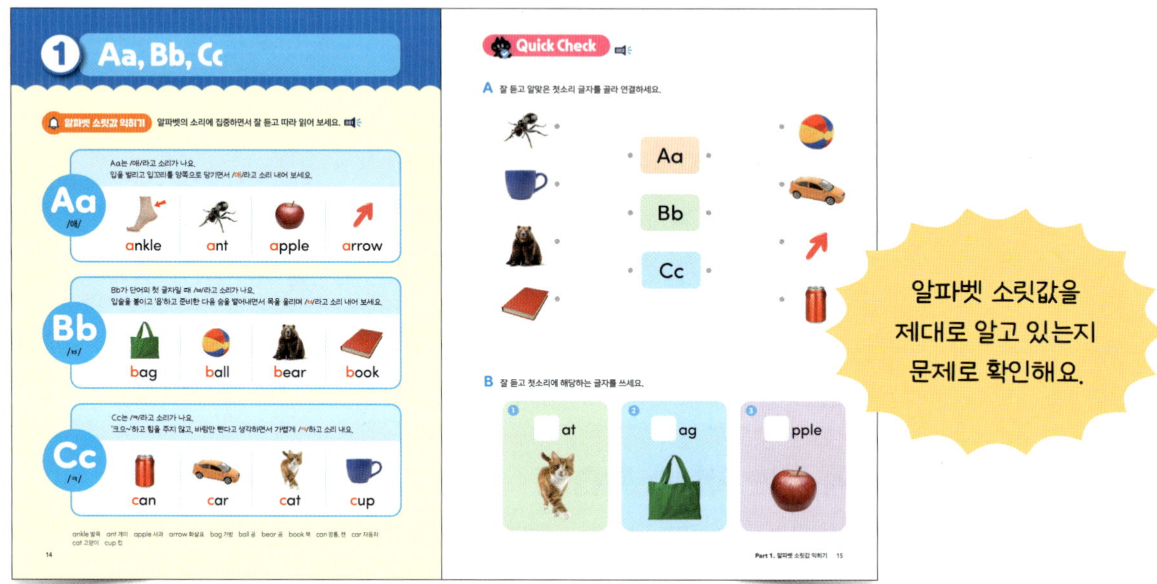

파닉스 규칙 익히기

단모음, 장모음, 이중자음, 이중모음을 배웁니다. 단어에서 철자가 어떻게 소리 나는지 파닉스 규칙을 배우고, 배운 규칙을 적용해 단어를 읽는 연습을 합니다.

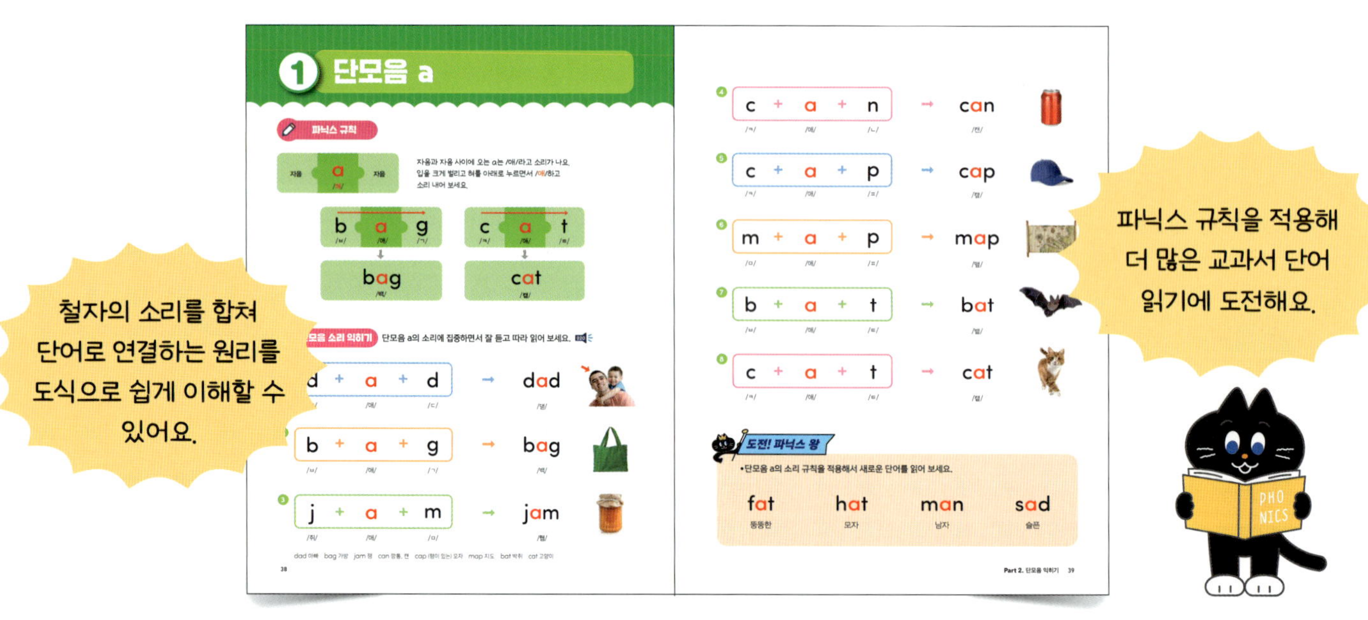

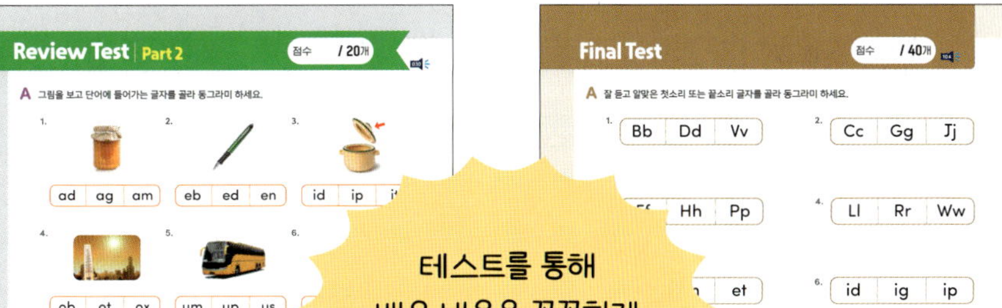

Practice

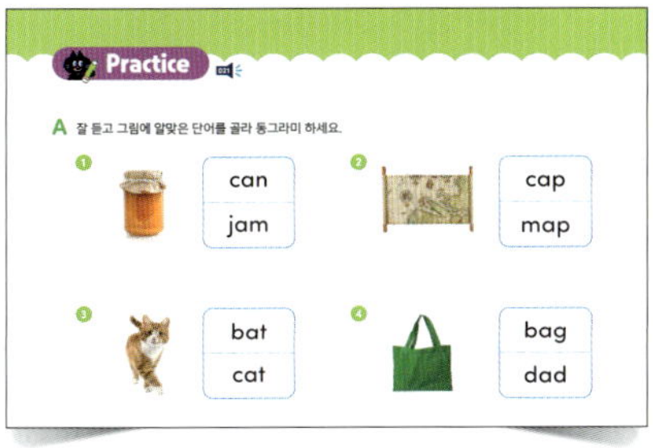

Review Test

Final Test

테스트를 통해
배운 내용을 꼼꼼하게
점검해요.

헷갈리는 소릿값 & 예외 규칙 익히기

헷갈리는 소릿값은 따로 모아 비교하여 들어봅니다. 또한, 파닉스 규칙에서 벗어나는 예외 소리 규칙들도 정리했습니다. 예외 규칙까지 익히고 나면 어떤 단어도 자신 있게 읽을 수 있습니다.

길벗스쿨 e클래스 eclass.gilbut.co.kr
◀ MP3 파일 바로 듣기

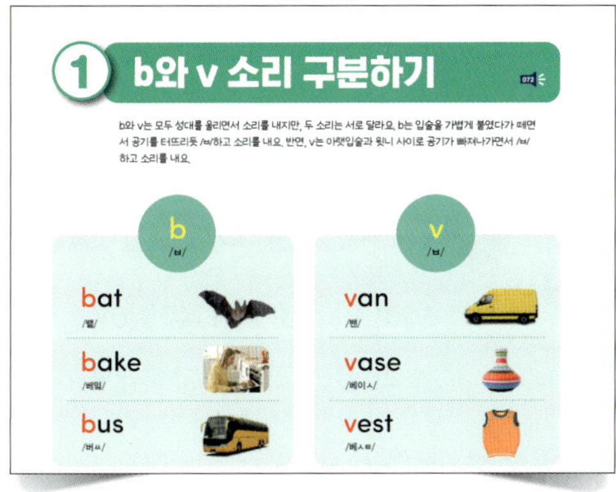

책 속 부록

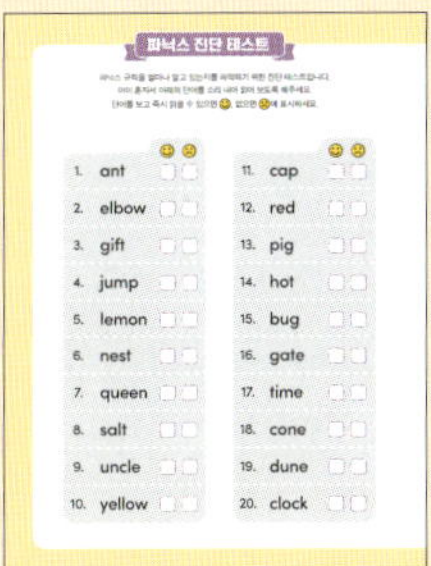

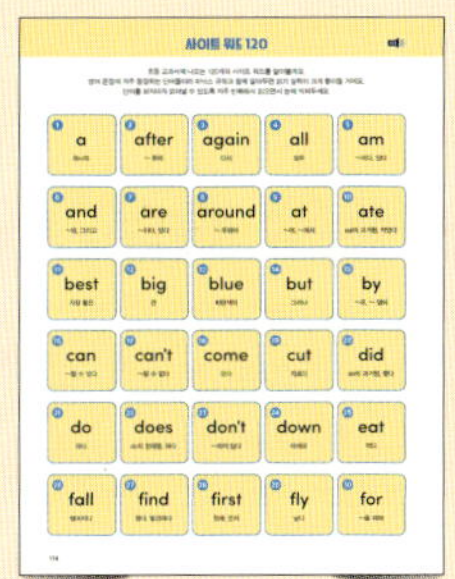

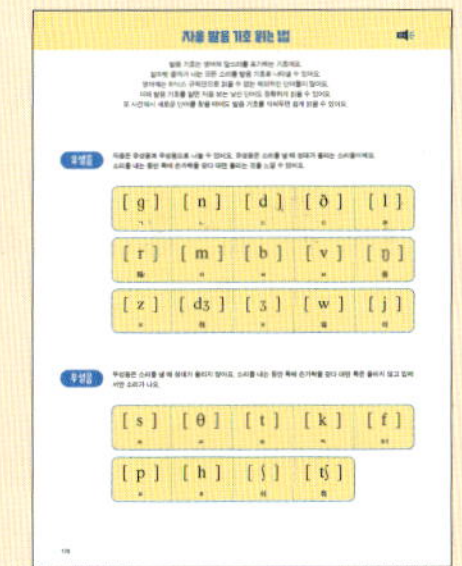

파닉스 진단 테스트

파닉스 규칙을 얼마나 알고 있는지 파악하고, 진단을 통해서 부족한 부분을 찾아 영어 읽기에 성공할 수 있는 학습 가이드를 제시합니다.

사이트 워드 120

문장 읽기에 꼭 필요한 사이트 워드! 파닉스 규칙과 더불어 사이트 워드를 익히면 영어 문장을 빠르고 정확하게 읽을 수 있습니다.

발음 기호 읽는 법

단어의 정확한 발음을 안내해 주는 발음 기호! 발음 기호를 읽는 방법을 알아두면 낯선 단어도 정확하게 읽을 수 있습니다.

❶ 영어 읽기에 필요한 소리 규칙 한 권으로 마스터

알파벳 소릿값부터 단모음, 장모음, 이중자음, 이중모음과 같은 파닉스 규칙과 규칙에서 벗어나는 예외 단어들까지 영어 읽기에 필요한 모든 소리 규칙을 한 권에 몽땅 담았습니다. 또 통째로 눈에 익혀야 하는 사이트 워드와 발음 기호 읽는 법까지 이 책 한 권이면 영어 읽기를 쉽게 시작할 수 있습니다.

❷ 초등 필수 어휘로 파닉스 익히기

잘 쓰이지 않는 활용도 낮은 단어들은 빼고, 초등 필수 영단어를 중심으로 파닉스 규칙을 익힙니다. 파닉스를 익히면서 자연스럽게 필수 어휘까지 연습할 수 있어 초등 영어의 기본 바탕을 탄탄하게 다질 수 있습니다.

❸ 파닉스를 빠르게 끝낼 수 있는 효과적인 구성

영어 단어를 읽을 수 있어야 파닉스를 제대로 아는 것! 알파벳 음가를 빠르게 익힌 다음, 아이들이 어려워하는 소리 결합 과정을 반복 연습하는 체계적인 구성으로 '단어 읽기'라는 목표에 쉽게 도달할 수 있습니다.

❹ 듣고 따라 읽으며 파닉스를 떼는 MP3 제공

단어의 소리 결합 과정을 친절하게 들려주는 음성 파일을 제공합니다. 듣고 따라 읽다 보면 소리와 철자를 연결하여 단어를 읽는 원리를 자연스럽게 이해할 수 있습니다.

❺ 다양한 연습 문제와 리뷰 테스트로 확실한 마무리

다양한 테스트를 통해 소리와 철자의 연결을 제대로 이해했는지 점검합니다. 개별 음가에서 시작해 단어와 문장으로 확장하며 읽고 쓰는 연습으로 파닉스를 확실하게 마무리합니다.

＊ 일러 두기

알파벳 철자의 음가와 영어 단어의 발음을 우리말로 표기하였습니다. 가까운 소리로 썼으나 우리말에는 없는 영어 소리가 있기 때문에 정확한 소릿값과 단어의 발음은 원어민이 녹음한 음성 파일을 듣고 따라 읽어 주세요. 음성 파일은 미국 발음을 기준으로 제작되었습니다.

파닉스 학습 계획표

* 시작하기에 앞서 이 책의 학습 계획표를 세워 보세요. 스스로 지킬 수 있는 목표를 정해 꾸준히 실천해 보세요.
매일 꾸준하게 학습하는 계획을 세우고 공부하는 습관을 만드는 것도 좋아요.

학습일

1주	진단 테스트 Part 1 ❶ ___월___일	Part 1 ❷ ___월___일	Part 1 ❸ ___월___일	Part 1 ❹ ___월___일	Part 1 ❺ ___월___일	Part 1 ❻ ___월___일
2주	Part 1 ❼ ___월___일	Part 1 ❽ ___월___일	Part 1 ❾ ___월___일	Part 1 Review Test ___월___일	Part 2 ❶ ___월___일	Part 2 ❷ ___월___일
3주	Part 2 ❸ ___월___일	Part 2 ❹ ___월___일	Part 2 ❺ ___월___일	Part 2 Review Test ___월___일	Part 3 ❶ ___월___일	Part 3 ❷ ___월___일
4주	Part 3 ❸ ___월___일	Part 3 ❹ ___월___일	Part 3 Review Test ___월___일	Part 4 ❶ ___월___일	Part 4 ❷ ___월___일	Part 4 ❸ ___월___일
5주	Part 4 ❹ ___월___일	Part 4 ❺ ___월___일	Part 4 Review Test ___월___일	Part 5 ❶ ___월___일	Part 5 ❷ ___월___일	Part 5 ❸ ___월___일
6주	Part 5 ❹ ___월___일	Part 5 ❺ ___월___일	Part 5 ❻ ___월___일	Part 5 ❼ ___월___일	Part 5 ❽ ___월___일	Part 5 ❾ ___월___일
7주	Part 5 ❿ ___월___일	Part 5 Review Test ___월___일	Part 6 ❶~❷ ___월___일	Part 6 ❸~❹ ___월___일	Part 6 ❺~❻ ___월___일	Part 6 ❼~❽ ___월___일
8주	Part 6 ❾~❿ ___월___일	Part 6 ⓫~⓬ ___월___일	Part 6 ⓭~⓮ ___월___일	Part 6 ⓯~⓰ ___월___일	사이트 워드 발음 기호 ___월___일	Final Test ___월___일

알파벳 소릿값 Alphabet Sounds

Aa [애]	Bb [ㅂ]	Cc [ㅋ]	Dd [ㄷ]	Ee [에]
Ff [ㅍf]	Gg [ㄱ]	Hh [ㅎ]	Ii [이]	Jj [쥐]
Kk [ㅋ]	Ll [ㄹ]	Mm [ㅁ]	Nn [ㄴ]	Oo [아]
Pp [ㅍ]	Qq [ㅋ]	Rr [뤄r]	Ss [ㅆ]	Tt [ㅌ]
Uu [어]	Vv [ㅂ]	Ww [워]	Xx [ㅋㅅ]	Yy [이(야)]	Zz [ㅈ]

단모음 Short Vowels

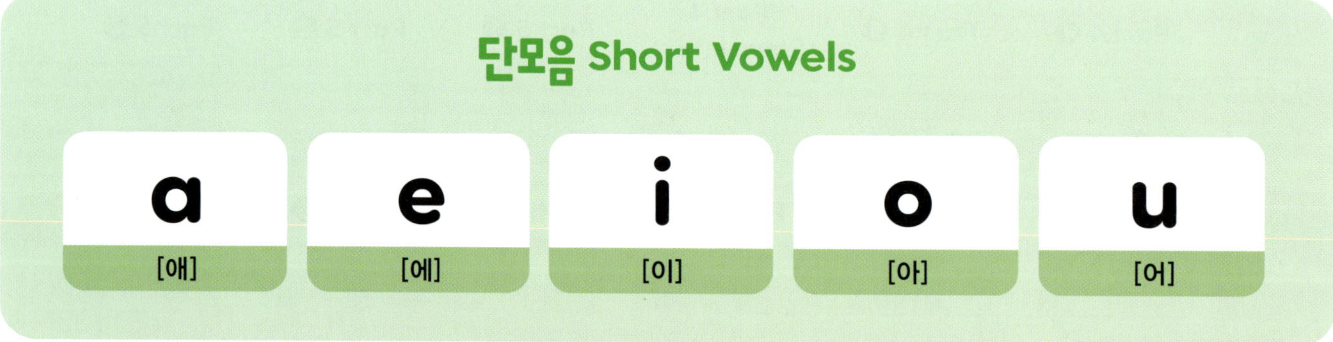

장모음 Long Vowels

이중자음 Double Consonants

bl	cl	fl	gl	pl	sl
[블ㄹ]	[클ㄹ]	[플f ㄹ]	[글ㄹ]	[플ㄹ]	[슬ㄹ]
br	cr	dr	fr	gr	pr
[브뤄r]	[ㅋ뤄r]	[드뤄r]	[ㅍf뤄r]	[ㄱ뤄r]	[ㅍ뤄r]
tr	sc	sk	sm	sn	sp
[트뤄r]	[ㅅㅋ]	[ㅅㅋ]	[ㅅㅁ]	[ㅅㄴ]	[ㅅㅍ]
sq	st	sw	nd	nt	nk
[ㅅㅋ]	[ㅅㅌ]	[ㅅ워]	[은ㄷ]	[은ㅌ]	[응ㅋ]
ng	ch	ph	sh	th	wh
[응]	[취]	[ㅍf]	[쉬]	[ㅆ]	[우]

이중모음 Double Vowels

ai	ay	ea	ee	ei
에이	에이	[이-]	[이-]	[이-]
ie	oa	oi	ou	ow
[아이/이-]	[오우]	[오이]	[아우]	[오우/아우]
oy	ue	ui	ar	er
[오이]	[우-/유-]	[우-]	[아알]	[얼]
ir	or	ur	oo	
[얼]	[오얼]	[얼]	[우/우-]	

알파벳 소릿값 익히기
Alphabet Sounds

알파벳(Alphabet)은 영어를 표기하기 위해 사용하는 문자를 말해요.
알파벳에는 모두 26개의 글자가 있고, 글자마다 각각의 이름과 소리가 있어요.
A는 '에이', B는 '비', C는 '씨'라는 이름을 갖고 있죠.

알파벳 소릿값은 알파벳 글자가 가지고 있는 고유의 소리를 말해요.
알파벳이 모여 단어를 만드는데, 단어 속에서 알파벳 글자가 내는 소리예요.
A는 /애/, B는 /ㅂ/라는 대표 소릿값을 가지고 있어요. 알파벳 이름과는 다르죠?

지금부터 알파벳의 소릿값을 차근차근 알아볼게요.

🔔 알파벳 소릿값 익히기   알파벳의 소리에 집중하면서 잘 듣고 따라 읽어 보세요. 001 🔈

Aa /애/

Aa는 /애/라고 소리가 나요.
입을 벌리고 입꼬리를 양쪽으로 당기면서 /애/라고 소리 내어 보세요.

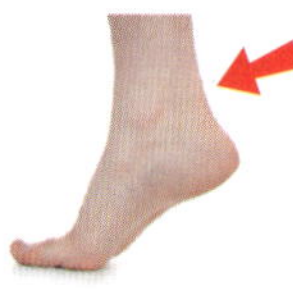

ankle

ant

apple

arrow

Bb /ㅂ/

Bb가 단어의 첫 글자일 때 /ㅂ/라고 소리가 나요.
입술을 붙이고 '읍'하고 준비한 다음 숨을 뱉어내면서 목을 울리며 /ㅂ/라고 소리 내어 보세요.

bag

ball

bear

book

Cc /ㅋ/

Cc는 /ㅋ/라고 소리가 나요.
'크으~'하고 힘을 주지 않고, 바람만 뺀다고 생각하면서 가볍게 /ㅋ/하고 소리 내요.

can

car

cat

cup

ankle 발목   ant 개미   apple 사과   arrow 화살표   bag 가방   ball 공   bear 곰   book 책   can 깡통, 캔   car 자동차
cat 고양이   cup 컵

A 잘 듣고 알맞은 첫소리 글자를 골라 연결하세요.

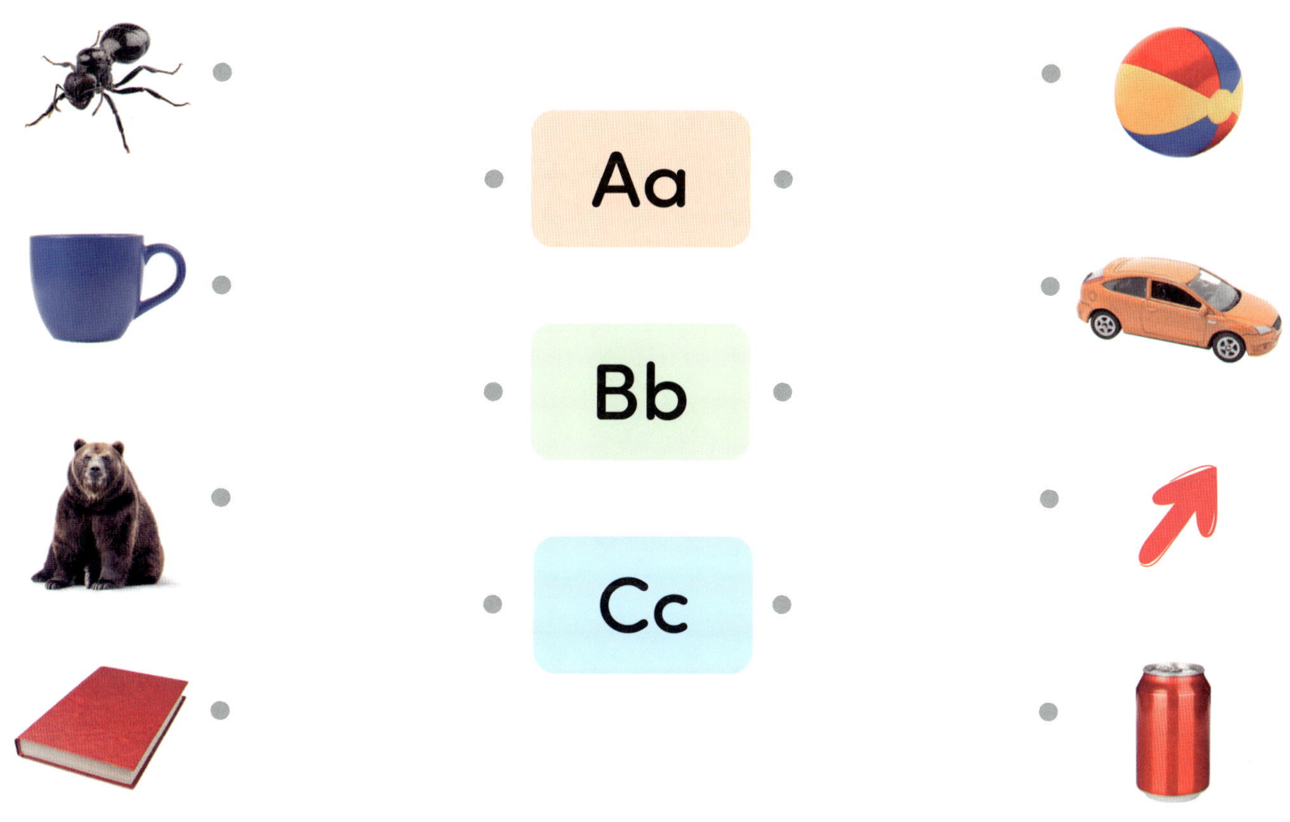

B 잘 듣고 첫소리에 해당하는 글자를 쓰세요.

② Dd, Ee, Ff

 알파벳의 소리에 집중하면서 잘 듣고 따라 읽어 보세요. 003

Dd /ㄷ/

Dd가 단어의 첫 글자일 때 /ㄷ/라고 소리가 나요.
혀끝을 윗니 안쪽에 대고 '읃'하고 준비한 다음 목을 울리며 /ㄷ/라고 소리 내요.

 **d**esk

 **d**og

 **d**oll

 **d**uck

Ee /에/

Ee는 /에/라고 소리가 나요. 앞에서 배운 Aa의 /애/ 소리와는 조금 달라요.
웃을 때처럼 입꼬리를 양쪽으로 길게 당기면서 /에/라고 소리 내어 보세요.

 **e**gg

 **e**lbow

 **e**lephant

 **e**xit

Ff /ㅍf/

Ff를 잘 들어보면 바람 소리만 들려요. 우리말의 ㅍ(피읖)이나 ㅎ(히읗)과도 달라요.
아랫입술을 윗니로 살짝 물고 이와 입술 사이로 바람을 통과시키면서 소리 내어 보세요.

 **f**an

 **f**ish

 **f**ork

 **f**our

desk 책상   dog 개   doll 인형   duck 오리   egg 달걀   elbow 팔꿈치   elephant 코끼리   exit 출구   fan 선풍기   fish 물고기
fork 포크   four 4, 넷

A 잘 듣고 제시된 알파벳으로 시작하는 단어의 그림을 골라 동그라미 하세요.

B 잘 듣고 첫소리에 해당하는 글자를 골라 동그라미 하세요.

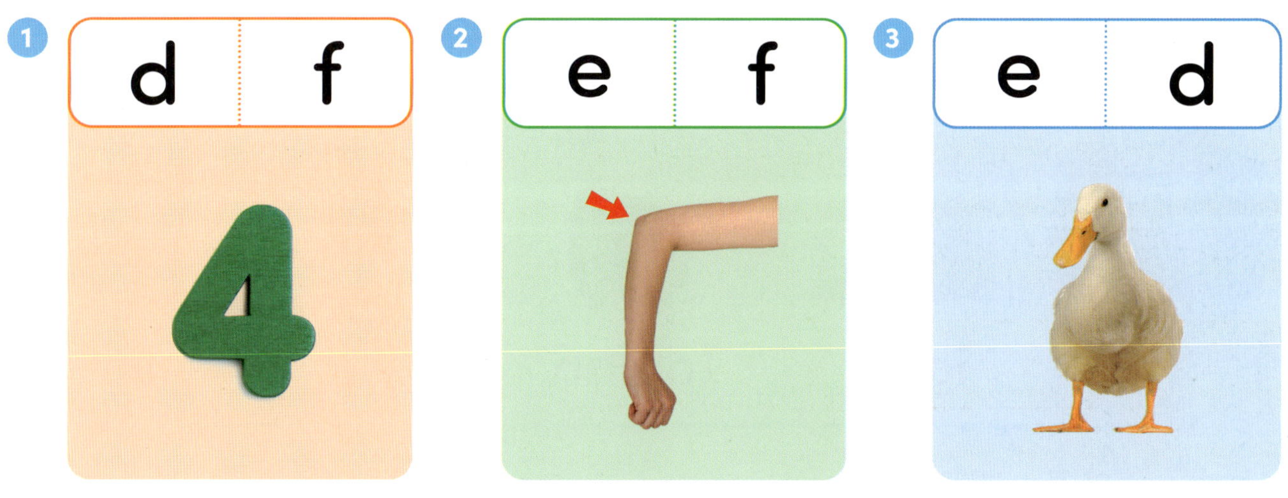

3 Gg, Hh, Ii

 알파벳의 소리에 집중하면서 잘 듣고 따라 읽어 보세요. 005

Gg /ㄱ/

Gg는 /ㄱ/라고 소리가 나요.
혀의 뒷부분을 입천장에 대고 '윽'하고 준비한 다음 목 깊숙한 곳에서부터 /ㄱ/하고 소리 내요.

game

gift

girl

gold

Hh /ㅎ/

Hh는 /ㅎ/라고 소리가 나요.
목에 힘을 주지 않고, 입을 살짝 벌려 바람을 빼면서 /ㅎ/하고 소리 내어 보세요.

ham

hand

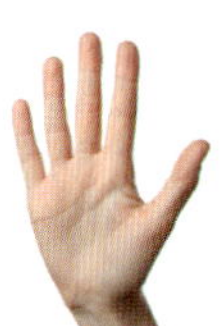

hat

hen

Ii /이/

Ii는 /이/라고 소리가 나요.
이가 많이 보이지 않게 입을 조금만 벌려서 '으'와 '이'의 중간 소리로 /이/하고 소리 내요.

igloo

Indian

ink

insect

game 게임, 경기   gift 선물   girl 여자아이   gold 금   ham 햄   hand 손   hat 모자   hen 암탉   igloo 이글루   Indian 인디언
ink 잉크   insect 곤충

Quick Check

A 잘 듣고 단어에 공통으로 들어가는 첫소리 글자를 골라 동그라미 하세요.

1 Gg Hh

2 Gg Ii

3 Hh Ii

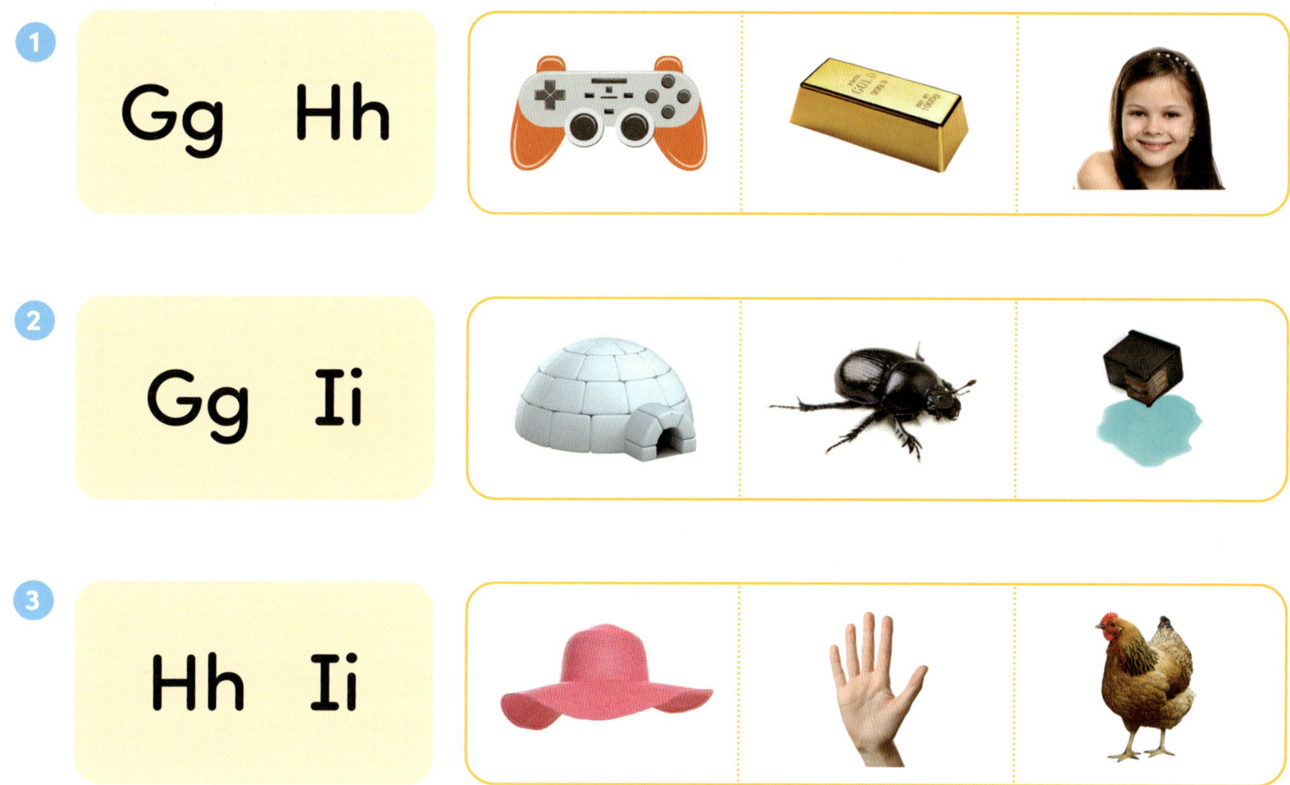

B 잘 듣고 첫소리에 해당하는 글자를 골라 동그라미 하세요.

🔔 **알파벳 소릿값 익히기** 알파벳의 소리에 집중하면서 잘 듣고 따라 읽어 보세요. 007

Jj /쥐/

Jj는 /쥐/라고 소리가 나요. 입술을 둥글게 모아 내밀고
혀끝을 앞니 뒤에 붙여 '웆'하고 준비한 다음 /쥐/하고 소리 내어 보세요.

jam

jelly

juice

jump

Kk /ㅋ/

Kk는 /ㅋ/라고 소리가 나요. 앞에서 배운 Cc의 /ㅋ/ 소리와 비슷해요.
목을 울리면서 '크으~'하고 소리 내지 않고, 바람만 빼듯이 가볍게 /ㅋ/하고 소리 내요.

kangaroo

kick

king

kitchen

Ll /ㄹ/

Ll은 /ㄹ/라고 소리가 나요.
혀끝을 앞니 안쪽에 가볍에 대고 '을'하고 준비한 다음 /ㄹ/하고 소리 내요.

lamp

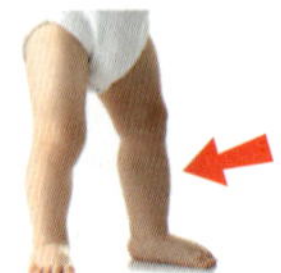
leg

lemon

lion

jam 잼   jelly 젤리   juice 주스   jump 뛰다, 점프하다   kangaroo 캥거루   kick (발로) 차다   king 왕   kitchen 부엌   lamp 램프
leg 다리   lemon 레몬   lion 사자

A 잘 듣고 알맞은 첫소리 글자를 골라 연결하세요.

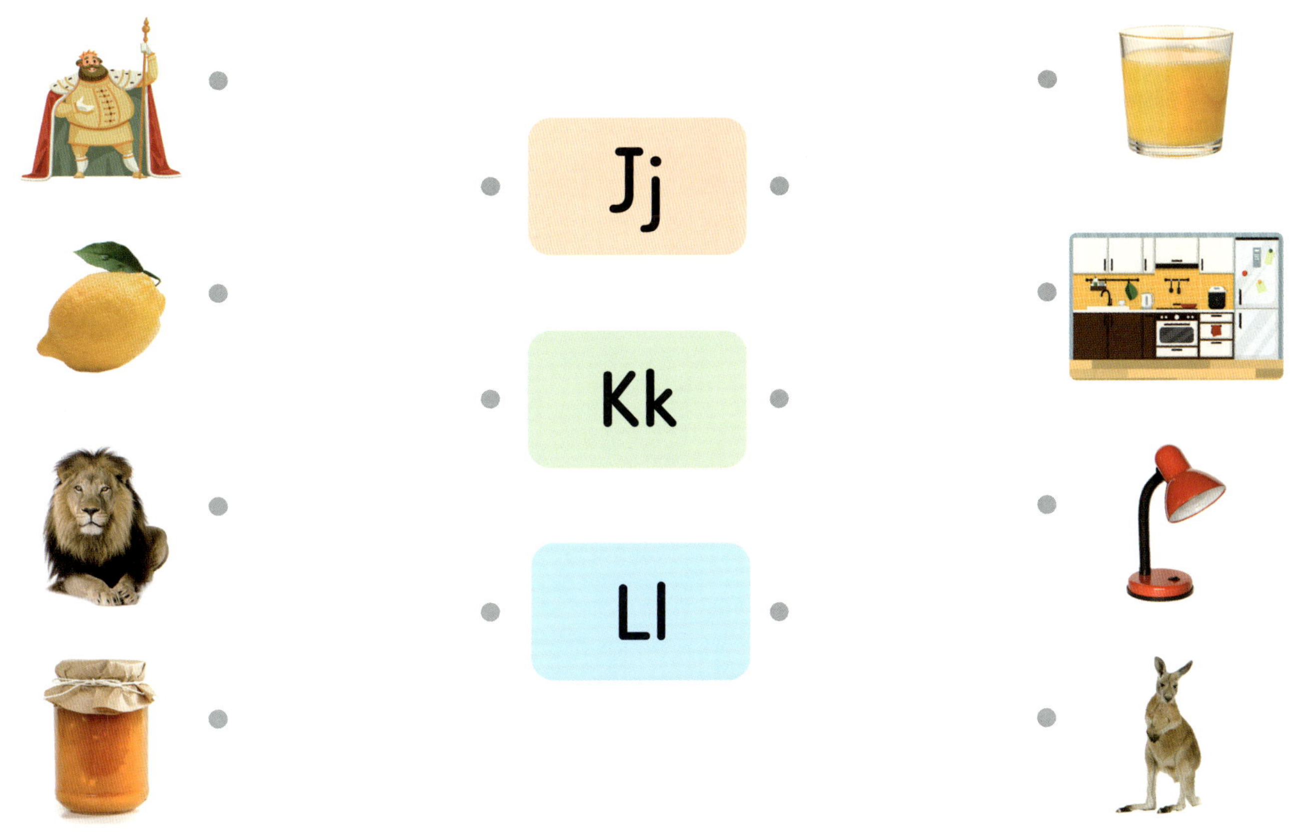

B 잘 듣고 첫소리에 해당하는 글자를 쓰세요.

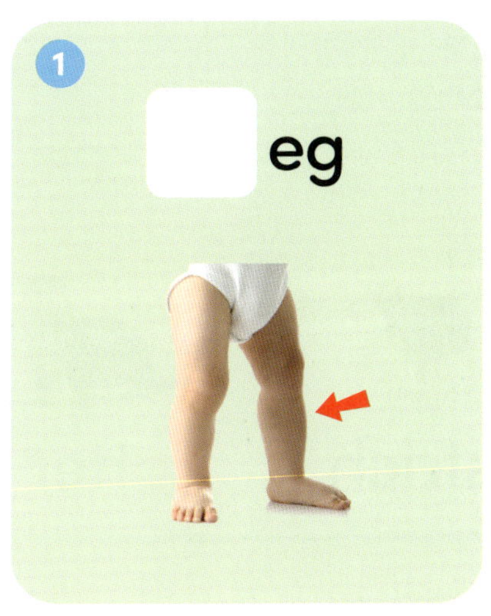

 5 Mm, Nn, Oo

 알파벳의 소리에 집중하면서 잘 듣고 따라 읽어 보세요. 009

Mm /ㅁ/

Mm은 /ㅁ/라고 소리가 나요.
입술을 붙이고 '음'하고 준비한 다음 콧소리가 섞인 느낌으로 /ㅁ/하고 소리 내요.

map

milk

monkey

mouse

Nn /ㄴ/

Nn은 /ㄴ/라고 소리가 나요.
혀로 윗잇몸을 밀면서 '은'하고 준비한 다음 콧소리가 섞인 느낌으로 /ㄴ/하고 소리 내요.

name

nest

nine

nose

Oo /아/

Oo는 단어 속에서 /아/, /어/, /오우/와 같이 여러 가지 소리가 나요.
여기서는 /아/라고 소리가 나는 단어들을 읽어볼게요.

octopus

olive

ostrich

otter

---

map 지도   milk 우유   monkey 원숭이   mouse 쥐   name 이름   nest 둥지   nine 9, 아홉   nose 코   octopus 문어
olive 올리브   ostrich 타조   otter 수달

A 잘 듣고 제시된 알파벳으로 시작하는 단어의 그림을 골라 동그라미 하세요.

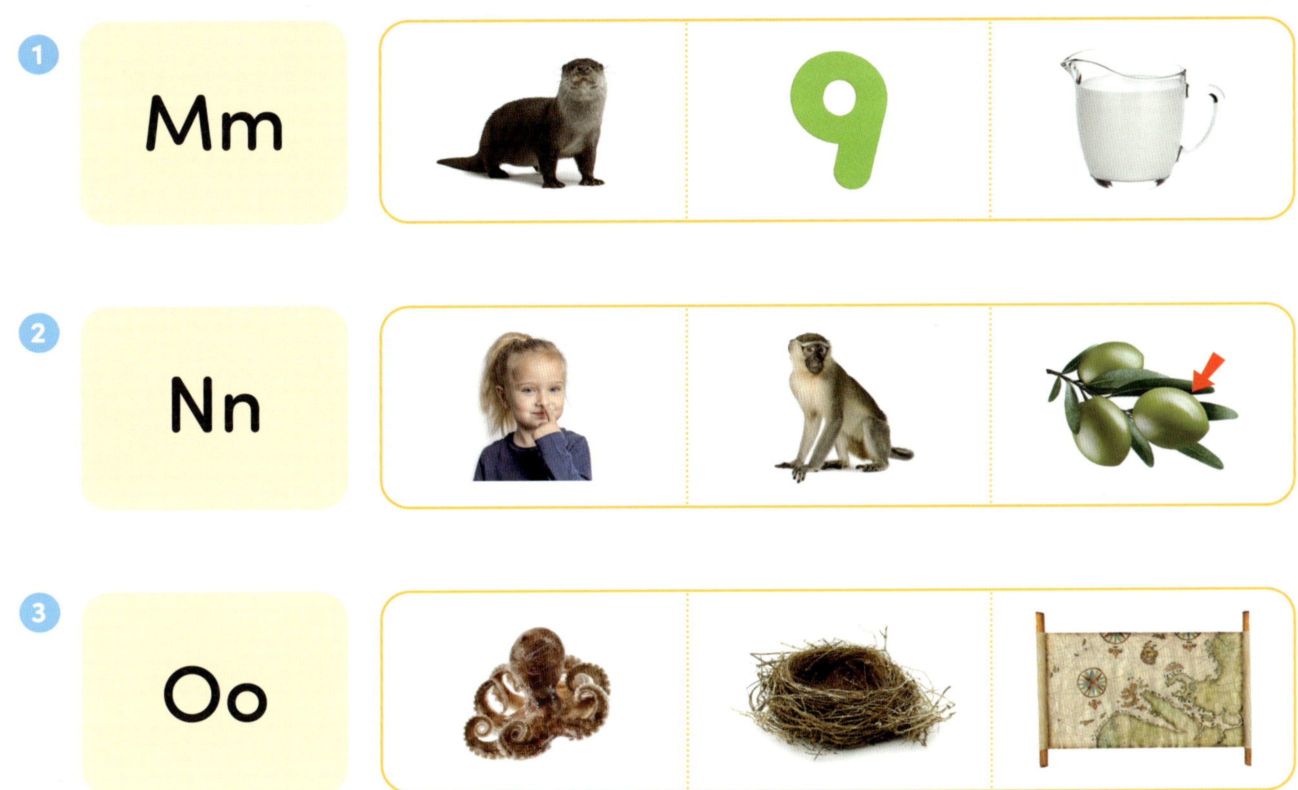

1 Mm

2 Nn

3 Oo

B 잘 듣고 첫소리에 해당하는 글자를 골라 동그라미 하세요.

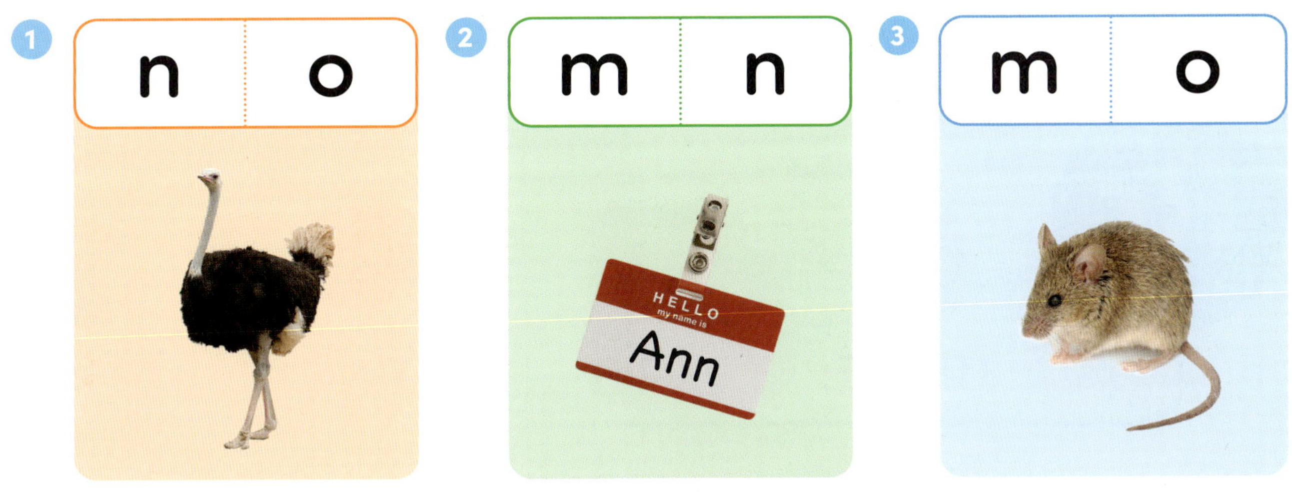

1 n o

2 m n

3 m o

 **알파벳 소릿값 익히기** 알파벳의 소리에 집중하면서 잘 듣고 따라 읽어 보세요. `011`

Pp /ㅍ/

Pp는 /ㅍ/라고 소리가 나요.
입술을 꼭 붙이고 '읖'하고 준비한 다음 바람을 터뜨리듯이 /ㅍ/하고 소리 내요.

 **pan**

 **party**

 **pig**

 **pizza**

Qq /ㅋ/

Qq는 /ㅋ/라고 소리가 나요. 앞에서 배운 Cc나 Kk처럼요.
q는 주로 u와 함께 쓰이는데 이때 qu는 /ㅋ우/라고 소리가 나요.

 **queen**

 **question**

 **quiet**

 **quilt**

Rr /뤄r/

Rr은 우리말로 정확한 발음을 쓰기는 어려워요.
혀를 동그랗게 말고 혀끝을 입천장에서 떨어뜨리며 /뤄r/라고 소리 내요.

 **rabbit**

 **rain**

 **red**

 **robot**

pan 팬 party 파티 pig 돼지 pizza 피자 queen 여왕 question 질문 quiet 조용한 quilt 누비이불 rabbit 토끼 rain 비
red 빨간색의 robot 로봇

Quick Check

012

A 잘 듣고 단어에 공통으로 들어가는 첫소리 글자를 골라 동그라미 하세요.

1. Qq Rr
2. Pp Qq
3. Pp Rr

B 잘 듣고 첫소리에 해당하는 글자를 골라 동그라미 하세요.

1. p q r
2. p q r
3. p q r

 **알파벳 소릿값 익히기** 알파벳의 소리에 집중하면서 잘 듣고 따라 읽어 보세요. **013**

Ss /ㅆ/

Ss는 /ㅆ/라고 소리가 나요. 혀의 넓은 부분을 윗니 뒤에 붙여
'웃'하고 준비한 다음 혀와 입천장 사이로 바람을 강하게 빼면서 /ㅆ/하고 소리 내요.

salt   **s**and   **s**oup   **s**un

Tt /ㅌ/

Tt는 /ㅌ/라고 소리가 나요.
혀를 입천장에 붙여 '읕'하고 준비한 다음 바람을 세게 뱉으며 /ㅌ/하고 소리 내요.

tent   **t**iger   **t**op   **t**oy

Uu /어/

Uu는 단어 속에서 /어/, /유/와 같이 여러 가지 소리가 나요.
여기서는 /어/라고 짧게 소리가 나는 단어들을 읽어볼게요.

umbrella   **u**ncle   **u**nder   **u**p

salt 소금   sand 모래   soup 수프   sun 해, 태양   tent 텐트   tiger 호랑이   top 꼭대기   toy 장난감   umbrella 우산   uncle 삼촌
under 아래에   up 위로

A 잘 듣고 알맞은 첫소리 글자를 골라 연결하세요.

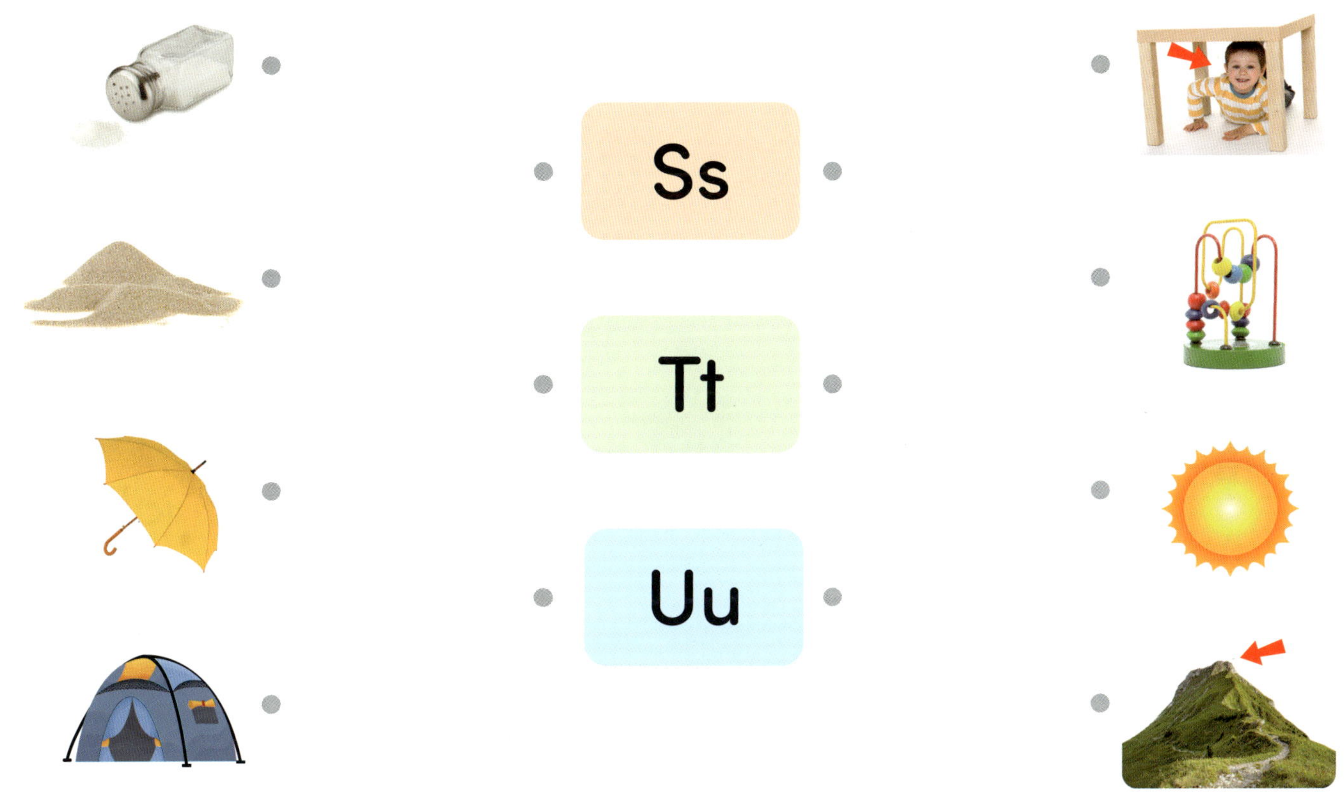

B 잘 듣고 첫소리에 해당하는 글자를 쓰세요.

Vv, Ww, Xx

알파벳의 소리에 집중하면서 잘 듣고 따라 읽어 보세요. 015

Vv는 /ㅂ/라고 소리 나지만 앞에서 배운 Bb의 /ㅂ/ 소리와는 달라요.
아랫입술을 윗니에 가볍게 붙이고 목을 울리면서 /ㅂ/하고 소리 내어 보세요.

Vv
/ㅂ/

van

vase

vest

violin

Ww는 /워/라고 소리가 나요.
'우'하고 준비한 다음 빠르게 /워/를 붙여서 /워/라고 소리를 내요.

Ww
/워/

watch

water

web

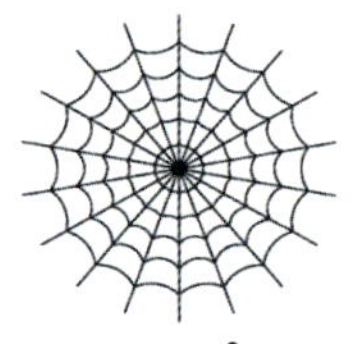

window

Xx는 단어 속에서 /엑쓰/, /ㅋㅅ/, /ㄱㅈ/, /ㅈ/와 같이 여러 가지 소리가 나요.
x가 단어 끝에 올 때는 /ㅋㅅ/하고 바람을 빼듯이 소리를 내요.

Xx
/ㅋㅅ/

box

fox

ox

six

van 승합차   vase 꽃병   vest 조끼   violin 바이올린   watch 손목시계   water 물   web 거미줄   window 창문   box 상자
fox 여우   ox 황소   six 6, 여섯

A 잘 듣고 제시된 알파벳으로 시작하거나 끝나는 단어의 그림을 골라 동그라미 하세요.

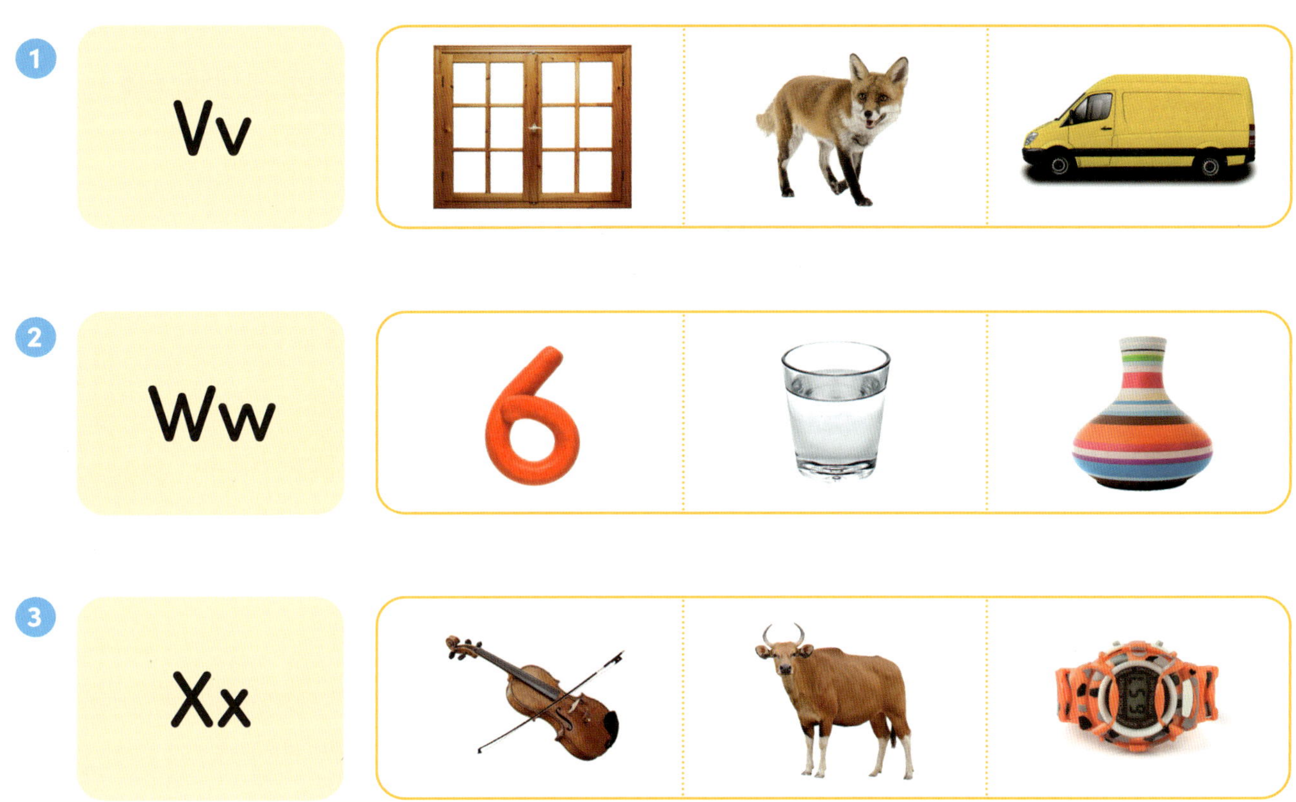

B 잘 듣고 첫소리 또는 끝소리에 해당하는 글자를 골라 동그라미 하세요.

9 Yy, Zz

 **알파벳 소릿값 익히기** 알파벳의 소리에 집중하면서 잘 듣고 따라 읽어 보세요. 

Yy /이(야)/

Yy는 /이(야)/라고 소리가 나요.
/이/ 소리 뒤에 /야/가 있다고 생각하고 아주 빠르게 붙여서 /이(야)/하고 소리 내요.

yacht

yawn

yellow

you

Zz /ㅈ/

Zz는 /ㅈ/에 가까운 소리가 나요.
혀를 윗니 뒤쪽에 두고, 혀와 목에 진동을 느끼면서 /ㅈ/하고 소리 내요.

zebra

zero

zipper

zoo

yacht 요트   yawn 하품하다   yellow 노란색의   you 너   zebra 얼룩말   zero 0, 영   zipper 지퍼   zoo 동물원

A 잘 듣고 알맞은 첫소리 글자를 골라 연결하세요.

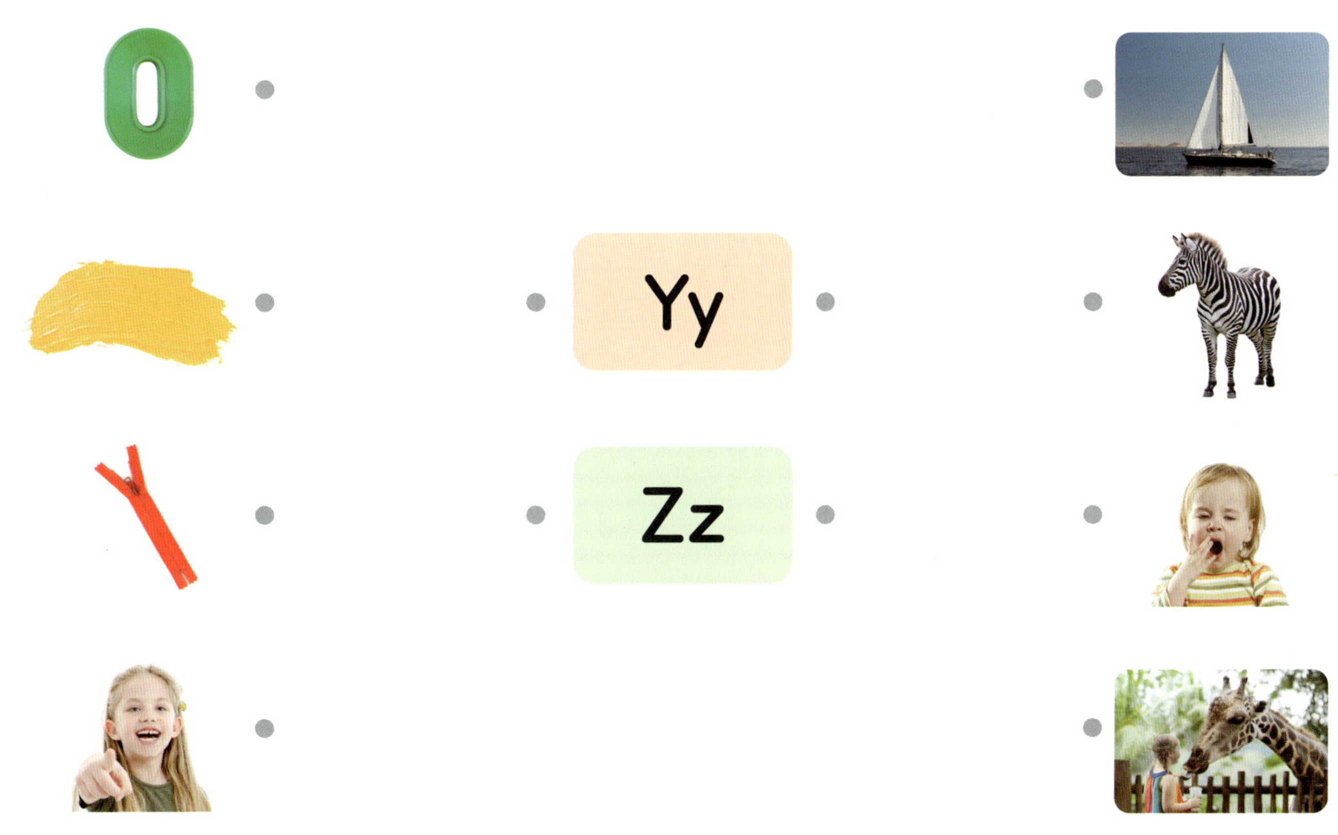

B 잘 듣고 첫소리에 해당하는 글자를 쓰세요.

점수　　　/ 30개

A 그림을 보고 첫소리에 해당하는 글자를 골라 동그라미 하세요.

1.

a　b　c

2.

d　e　f

3.

g　h　i

4.

j　k　l

5.

m　n　o

6.

p　q　r

7.

s　t　u

8.

v　w　y

B 잘 듣고 주어진 글자로 시작하는 단어의 그림을 골라 동그라미 하세요.

9. Cc

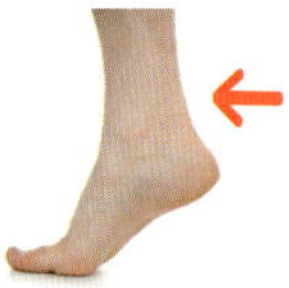

10. Ff

11. Jj

12. Oo

13. Tt

14. Ww

15. □ all

16. □ ork

17. □ and

18. □ ing

19. □ est

20. □ alt

21. □ ncle

22. □ oo

D 잘 듣고 그림에 알맞은 단어가 되도록 빈칸을 채우세요.

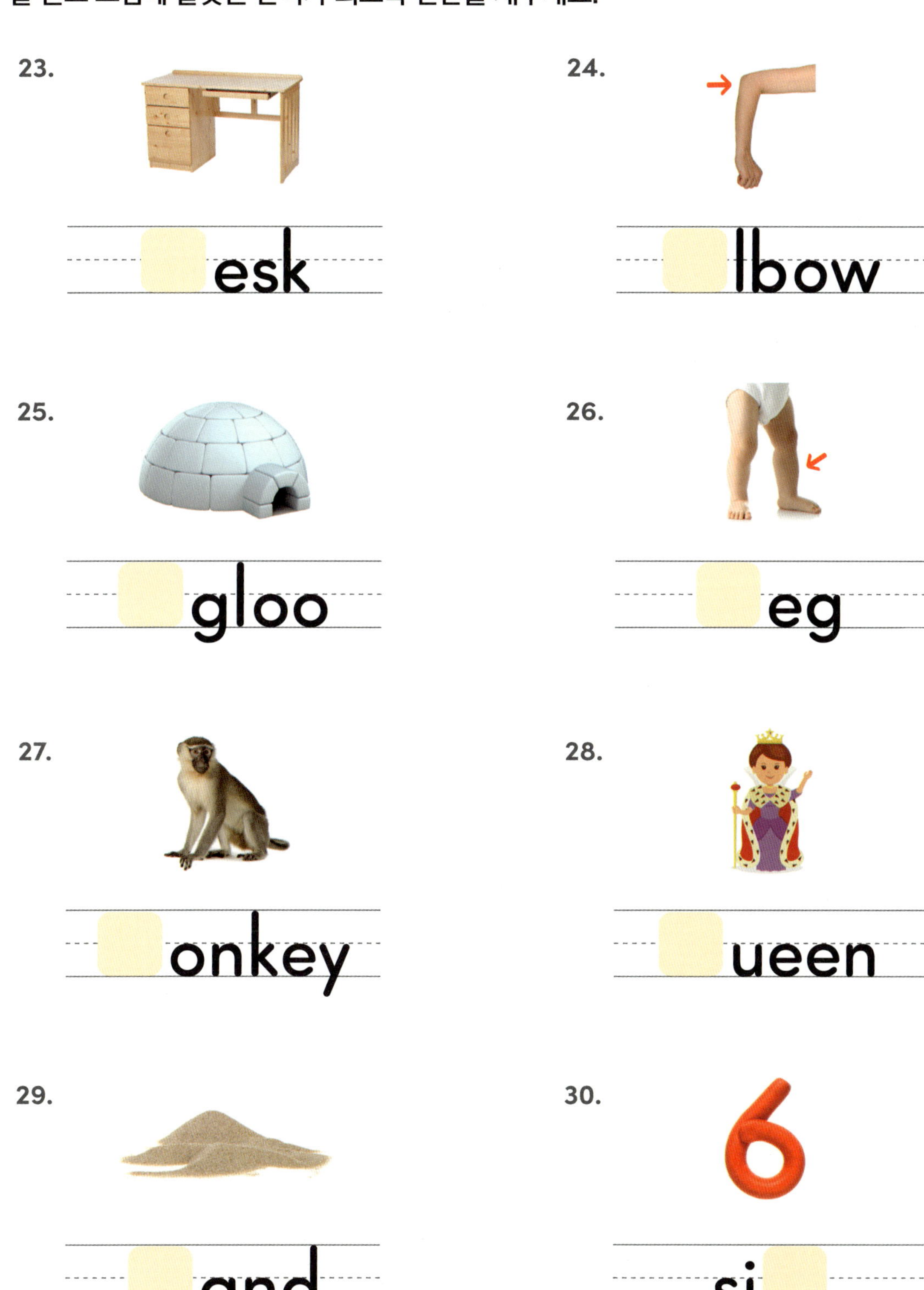

23. ___esk

24. ___lbow

25. ___gloo

26. ___eg

27. ___onkey

28. ___ueen

29. ___and

30. si___

단모음 익히기

Short Vowels

알파벳 26개의 글자 중에는 5개의 모음이 있어요.
a, e, i, o, u가 모음이고, 나머지는 모두 자음이에요.

단모음은 짧게 소리 나는 모음을 말해요.
〈자음＋모음＋자음〉으로 구성된 단어에서 주로 모음이 짧게 소리 나요.
단모음은 a는 /애/, e는 /에/, i는 /이/, o는 /아/, u는 /어/라고 소리가 나요.

자, 그럼 단어 속에서 단모음이 어떻게 소리가 나는지 더 알아볼게요.

1 단모음 a

파닉스 규칙

자음	a /애/	자음

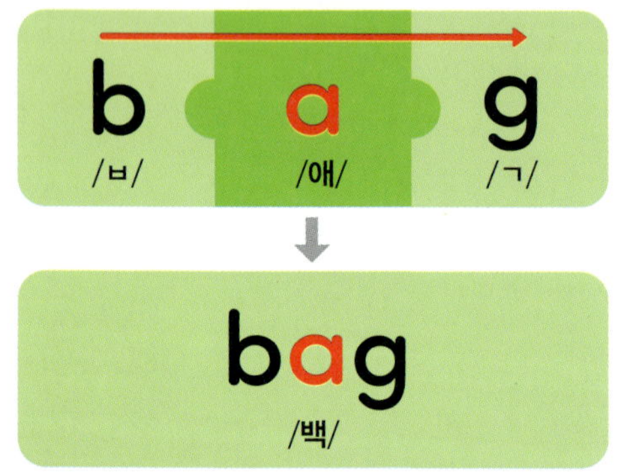

자음과 자음 사이에 오는 a는 /애/라고 소리가 나요. 입을 크게 벌리고 혀를 아래로 누르면서 /애/하고 소리 내어 보세요.

b	a	g
/ㅂ/	/애/	/ㄱ/

↓ bag /백/

c	a	t
/ㅋ/	/애/	/ㅌ/

↓ cat /캩/

단모음 소리 익히기

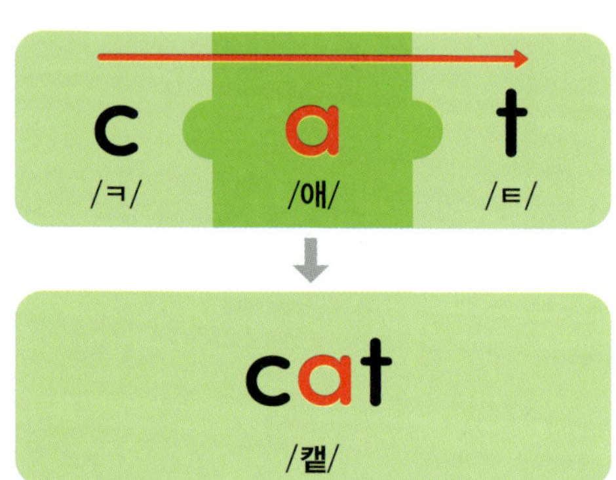

단모음 a의 소리에 집중하면서 잘 듣고 따라 읽어 보세요. 020

1. d + a + d → dad
/ㄷ/ /애/ /ㄷ/ /댇/

2. b + a + g → bag
/ㅂ/ /애/ /ㄱ/ /백/

3. j + a + m → jam
/쥐/ /애/ /ㅁ/ /잼/

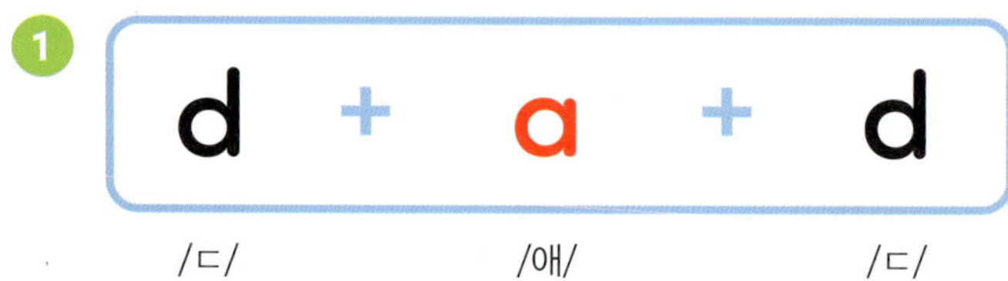

dad 아빠 bag 가방 jam 잼 can 깡통, 캔 cap (챙이 있는) 모자 map 지도 bat 박쥐 cat 고양이

④ c + a + n → c**an**
/ㅋ/ /애/ /ㄴ/ /캔/

⑤ c + a + p → c**ap**
/ㅋ/ /애/ /ㅍ/ /캡/

⑥ m + a + p → m**ap**
/ㅁ/ /애/ /ㅍ/ /맵/

⑦ b + a + t → b**at**
/ㅂ/ /애/ /ㅌ/ /뱉/

⑧ c + a + t → c**at**
/ㅋ/ /애/ /ㅌ/ /캩/

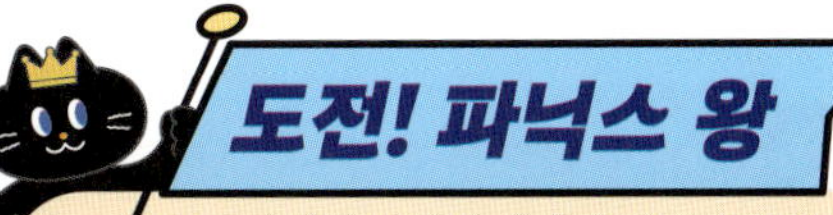

도전! 파닉스 왕

- 단모음 a의 소리 규칙을 적용해서 새로운 단어를 읽어 보세요.

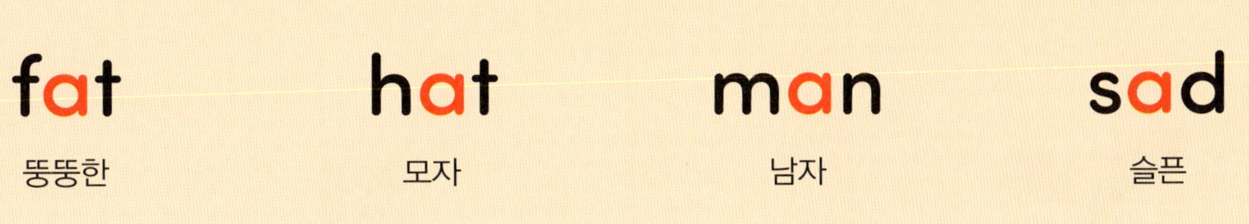

fat	hat	man	sad
뚱뚱한	모자	남자	슬픈

A 잘 듣고 그림에 알맞은 단어를 골라 동그라미 하세요.

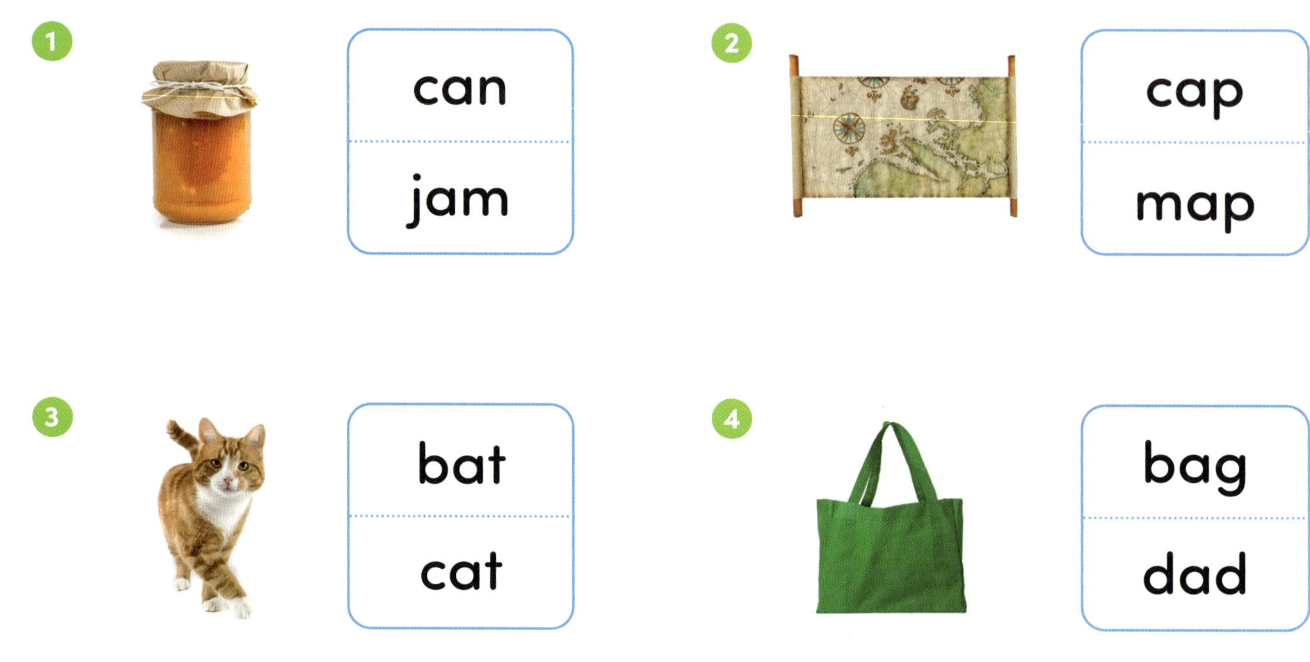

1
can
jam

2
cap
map

3
bat
cat

4
bag
dad

B 잘 듣고 흩어져 있는 글자들을 조합해서 알맞은 단어를 완성하세요.

j   c   m   am   ag   ad
b   d   ap   at

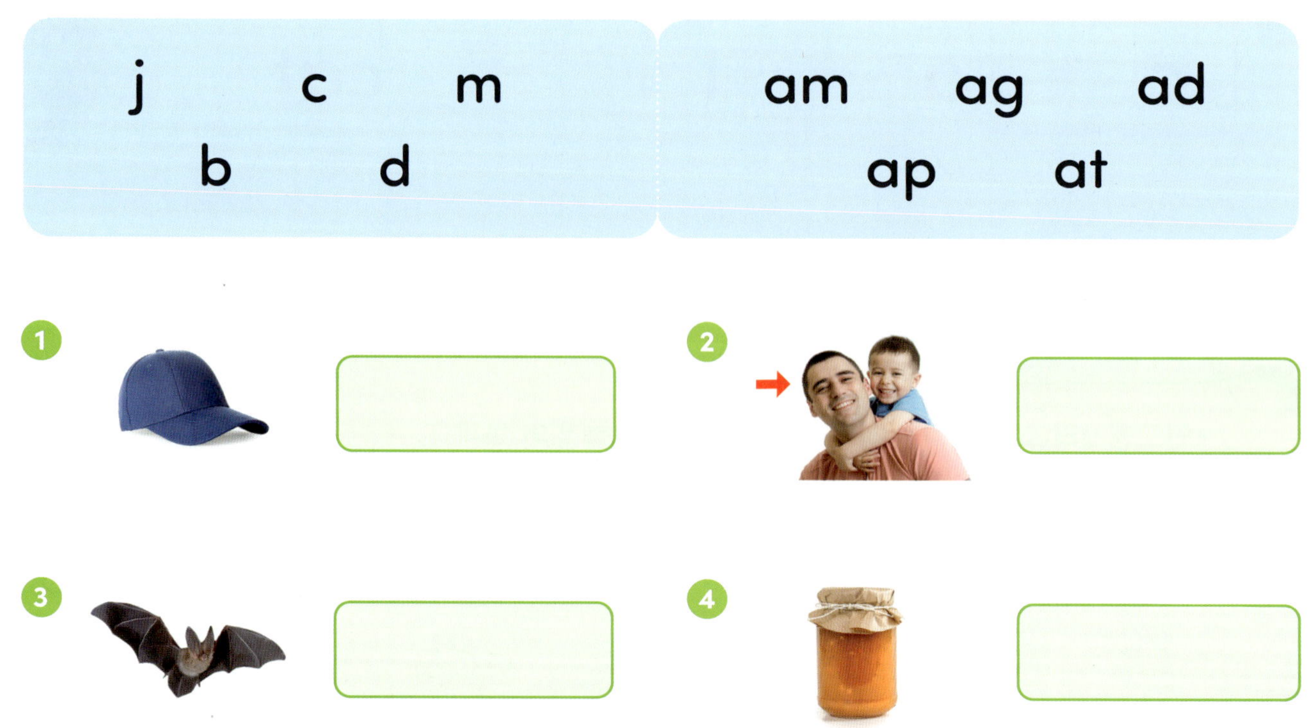

C 잘 듣고 그림에 알맞은 단어를 찾아 연결하세요.

1

2

3

4

5

bag

dad

cat

jam

can

D 잘 듣고 빈칸에 알맞은 단어를 찾아 문장을 완성하세요.

1 The ☐☐☐ is mine. 그 **가방**은 내 것이에요.

2 I like ☐☐☐. 나는 **잼**을 좋아해요.

3 I put on a ☐☐☐. 나는 **모자**를 썼어요.

4 A ☐☐☐ doesn't sleep at night. **박쥐**는 밤에 잠을 자지 않는다.

cap   jam   bag   bat

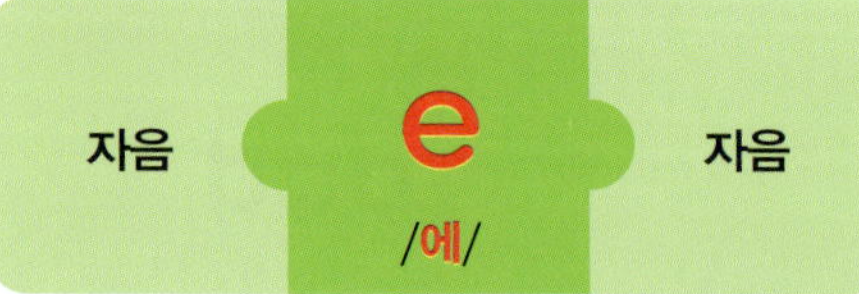

2 단모음 e

자음   **e** /에/   자음

자음과 자음 사이에 오는 e는 /에/라고 소리가 나요. 입을 크게 벌리지 않고 힘을 주지 않으면서 /에/하고 소리 내어 보세요.

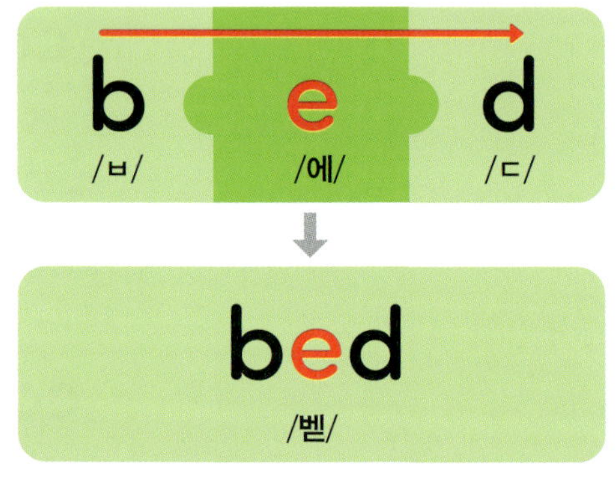

b /ㅂ/   e /에/   d /ㄷ/ → **bed** /벧/

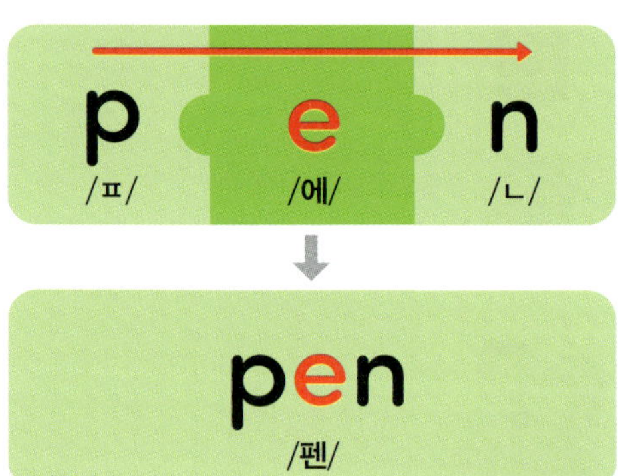

p /ㅍ/   e /에/   n /ㄴ/ → **pen** /펜/

 단모음 e의 소리에 집중하면서 잘 듣고 따라 읽어 보세요. 022

1 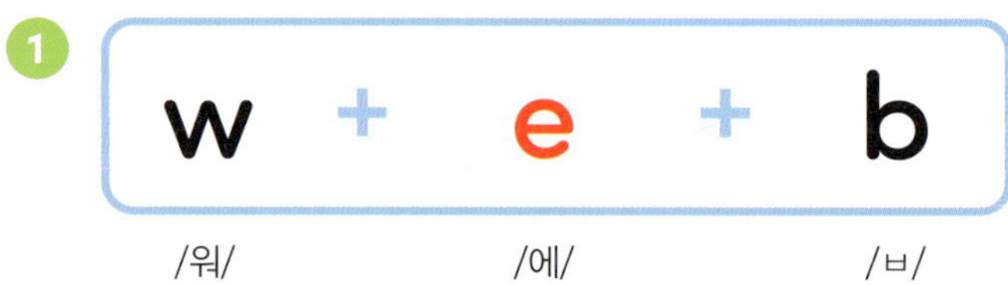

w /워/ + e /에/ + b /ㅂ/ → **web** /웹/

2 

b /ㅂ/ + e /에/ + d /ㄷ/ → **bed** /벧/

3 

r /뤄r/ + e /에/ + d /ㄷ/ → **red** /뤧/

web 거미줄   bed 침대   red 빨간색의   leg 다리   pen 펜   ten 10, 열   jet 제트기   net 그물

4

l + e + g → leg

/ㄹ/ /에/ /ㄱ/ /렉/

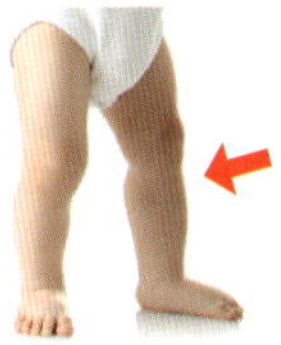

5

p + e + n → pen

/ㅍ/ /에/ /ㄴ/ /펜/

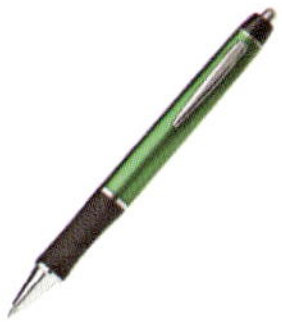

6

t + e + n → ten

/ㅌ/ /에/ /ㄴ/ /텐/

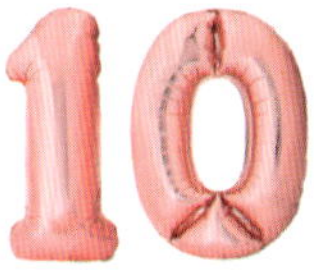

7

j + e + t → jet

/쥐/ /에/ /ㅌ/ /쥍/

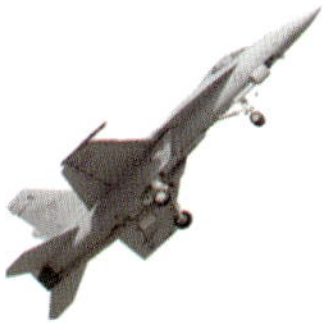

8

n + e + t → net

/ㄴ/ /에/ /ㅌ/ /넽/

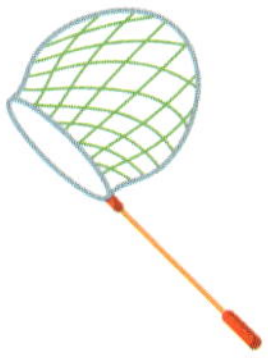

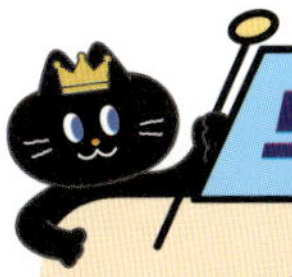

• 단모음 e의 소리 규칙을 적용해서 새로운 단어를 읽어 보세요.

get	let	pet	wet
얻다	허락하다	반려동물	젖은

A 잘 듣고 그림에 알맞은 단어를 골라 동그라미 하세요.

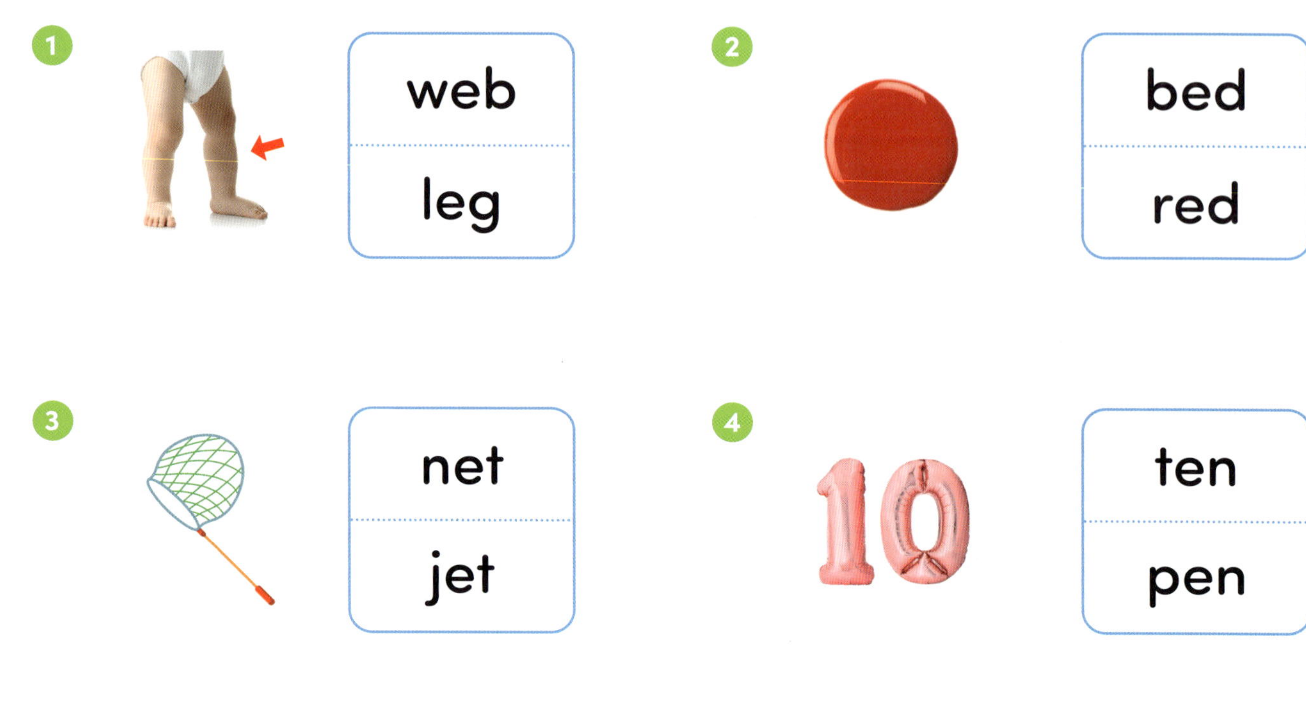

B 잘 듣고 알맞은 그림을 골라 동그라미 하세요.

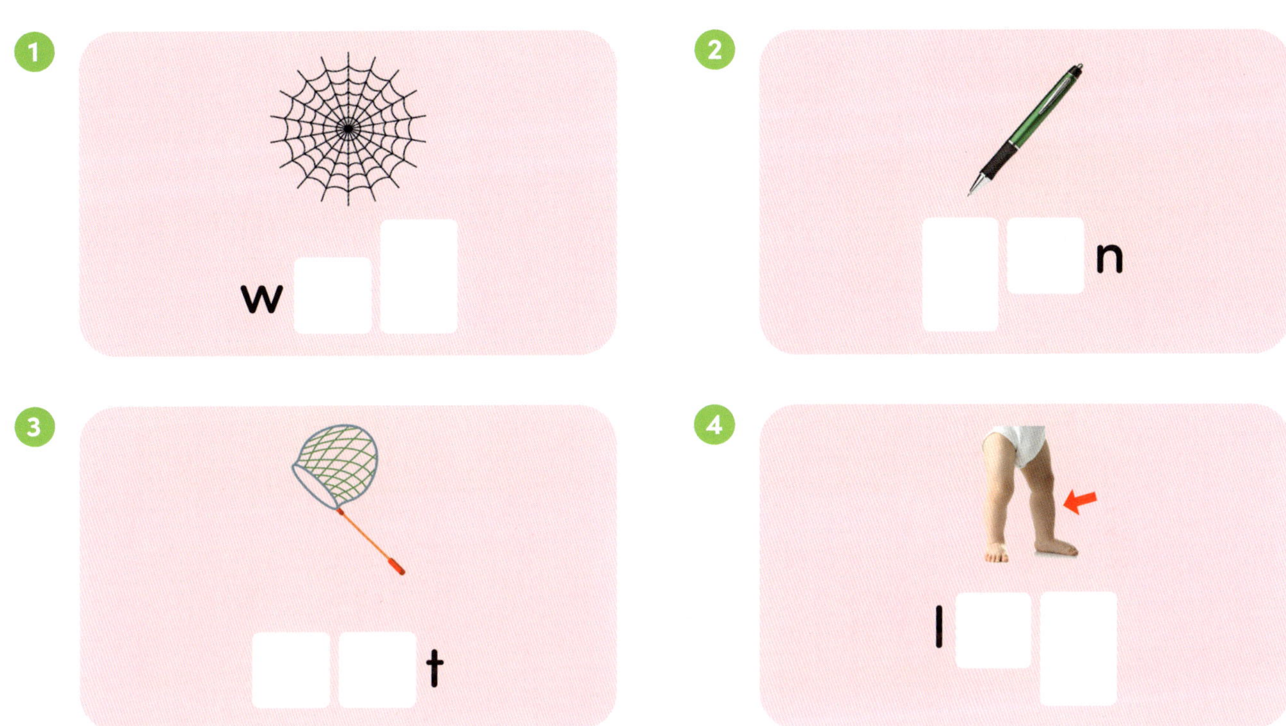

D 잘 듣고 빈칸에 알맞은 단어를 찾아 문장을 완성하세요.

1 This ⬜⬜⬜ is ⬜⬜⬜ . 이 **침대**는 **빨간색**이에요.

2 The farmer has ⬜⬜⬜ hens. 그 농부는 **열** 마리의 암탉이 있어요.

3 My pet has four ⬜⬜⬜ s. 내 반려동물은 **다리**가 네 개 있어요.

4 I get the toy ⬜⬜⬜ . 나는 장난감 **제트기**를 받아요.

jet   red   bed   leg   ten

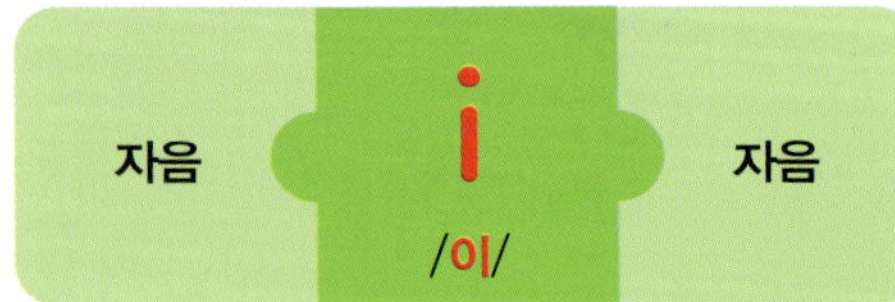 3 단모음 i

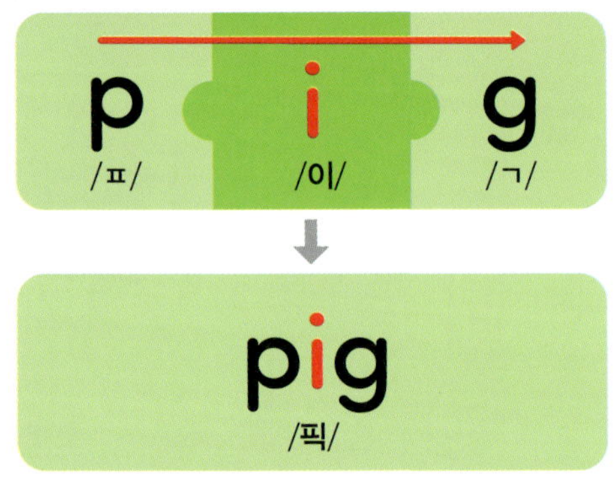

자음과 자음 사이에 오는 i는 /이/라고 소리가 나요.
'이-'하고 길게 발음하지 않고 입을 길게 벌려 /이/하고
소리 내어 보세요.

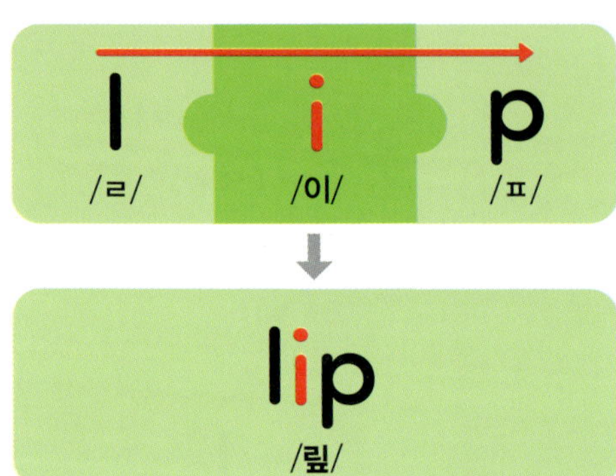

단모음 소리 익히기 단모음 i의 소리에 집중하면서 잘 듣고 따라 읽어 보세요. 024

1

k + i + d → kid
/ㅋ/ /이/ /ㄷ/ /킫/

2

l + i + d → lid
/ㄹ/ /이/ /ㄷ/ /맅/

3

p + i + g → pig
/ㅍ/ /이/ /ㄱ/ /픽/

kid 아이 lid 뚜껑 pig 돼지 wig 가발 pin 핀 lip 입술 hit 때리다, 치다 six 6, 여섯

4 w + i + g → wig 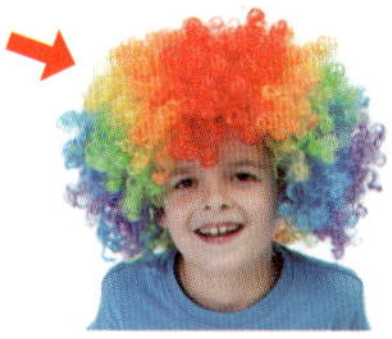
/우/ /이/ /ㄱ/ /윅/

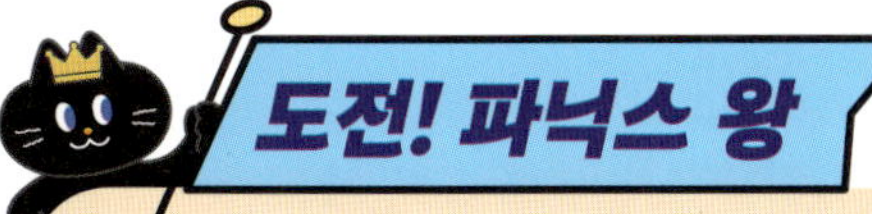

5 p + i + n → pin 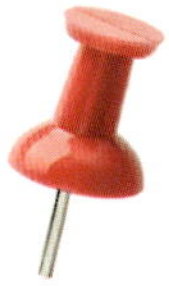
/ㅍ/ /이/ /ㄴ/ /핀/

6 l + i + p → lip 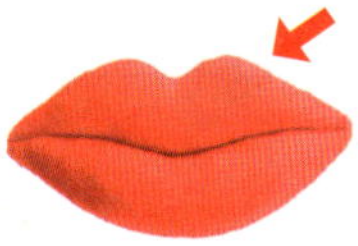
/ㄹ/ /이/ /ㅍ/ /립/

7 h + i + t → hit 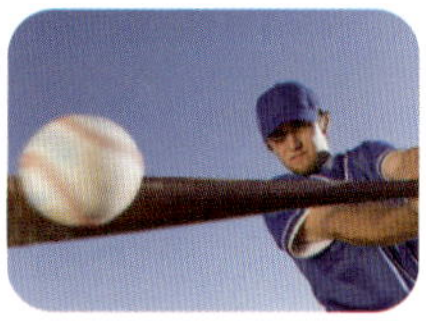
/ㅎ/ /이/ /ㅌ/ /힡/

8 s + i + x → six 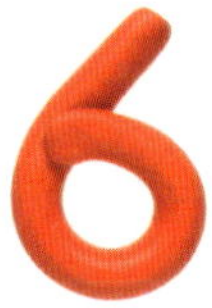
/ㅆ/ /이/ /ㅋㅅ/ /씩ㅅ/

도전! 파닉스 왕

• 단모음 i의 소리 규칙을 적용해서 새로운 단어를 읽어 보세요.

big	mix	sit	win
큰	섞다	앉다	이기다

A 잘 듣고 그림에 알맞은 단어를 골라 동그라미 하세요.

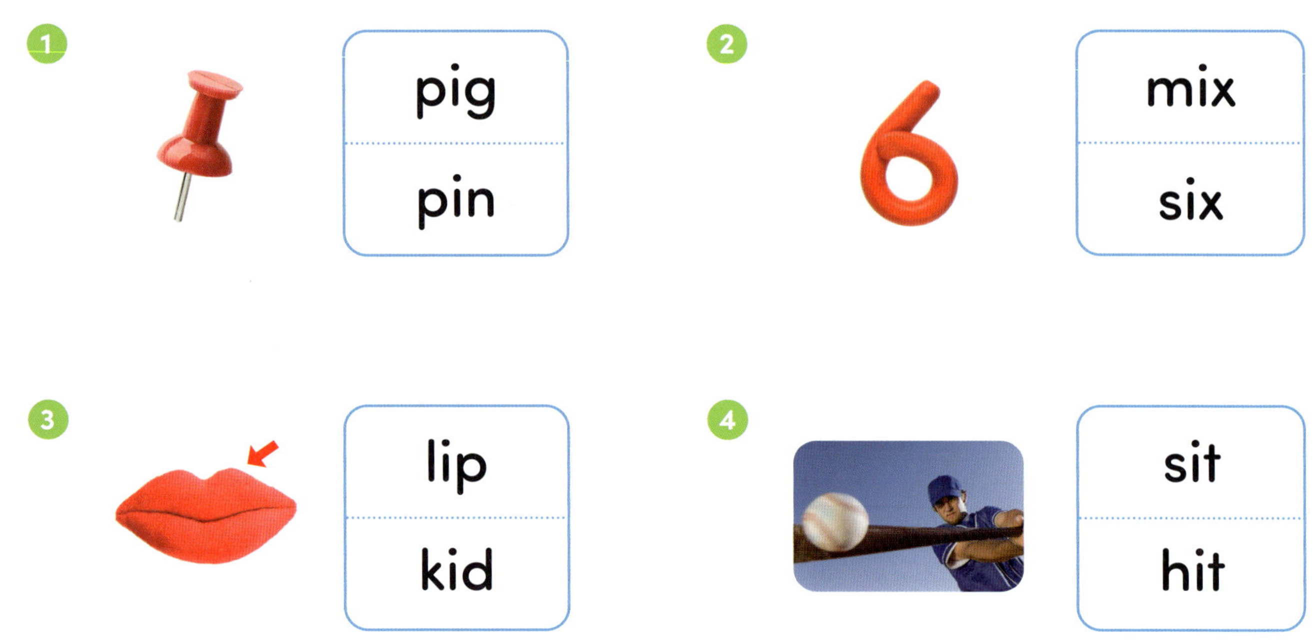

1.
pig
pin

2.
mix
six

3.
lip
kid

4.
sit
hit

B 잘 듣고 알맞은 순서대로 번호를 쓰세요.

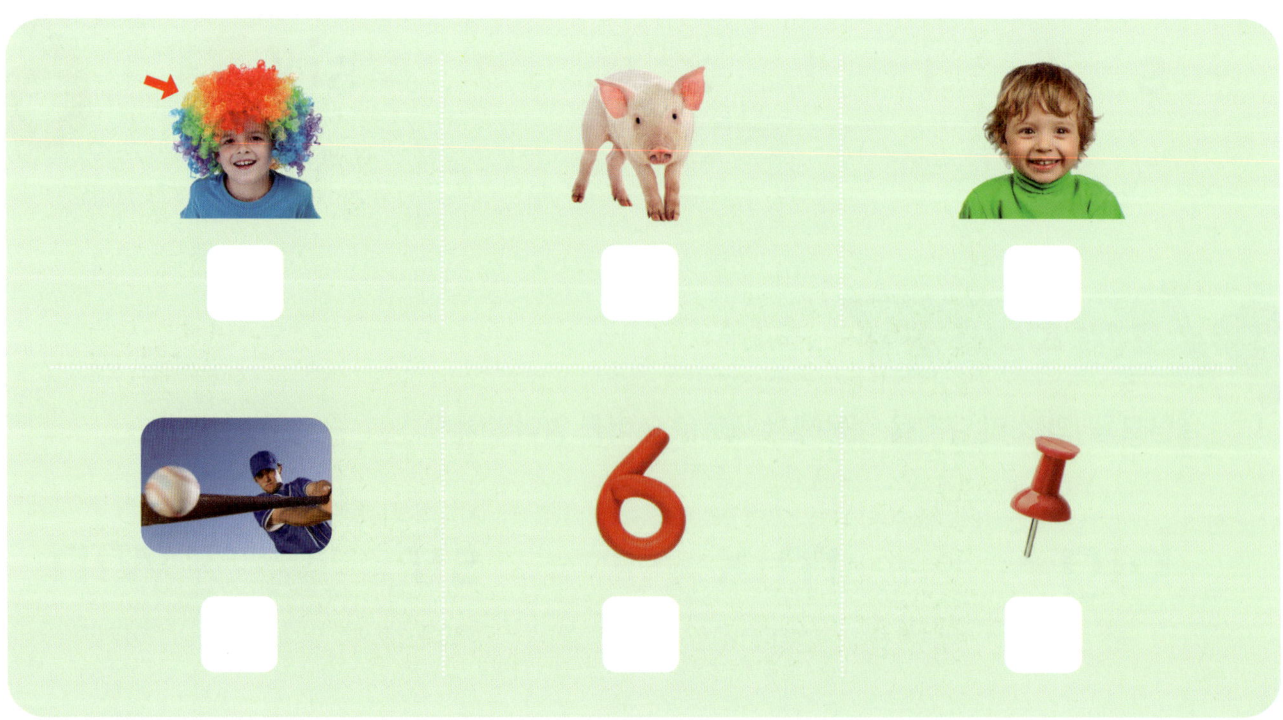

C 잘 듣고 그림에 알맞은 단어를 연결하고 따라 읽어 보세요.

1　　　　　　**2**　　　　　　**3**

pin　　　　lid　　　　wig

D 잘 듣고 빈칸에 알맞은 단어를 찾아 문장을 완성하세요.

1 The ☐☐☐ has a ☐☐☐. 　그 **아이**는 **가발**을 가지고 있어요.

2 Six ☐☐☐s are in the sun. 　여섯 마리 **돼지**들이 햇볕을 쬐고 있어요.

3 Put the ☐☐☐ in the bin. 　그 **핀**을 용기에 넣으세요.

4 The boy ☐☐☐s the ball. 　그 남자아이가 공을 **친다**.

hit　　　pig　　　wig　　　pin　　　kid

파닉스 규칙

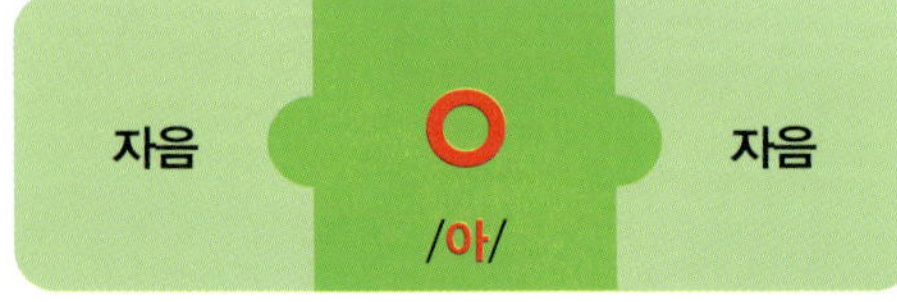

자음과 자음 사이에 오는 o는 /아/라고 소리가 나요.
'아-'하고 길게 발음하지 않고 입을 동그랗게 벌리고
/아/하고 소리 내어 보세요.

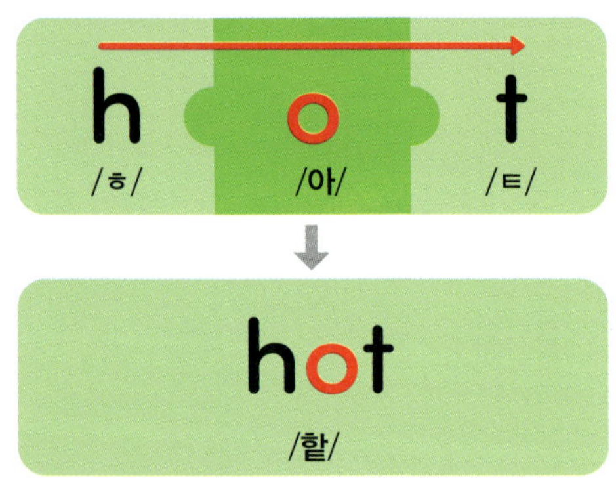

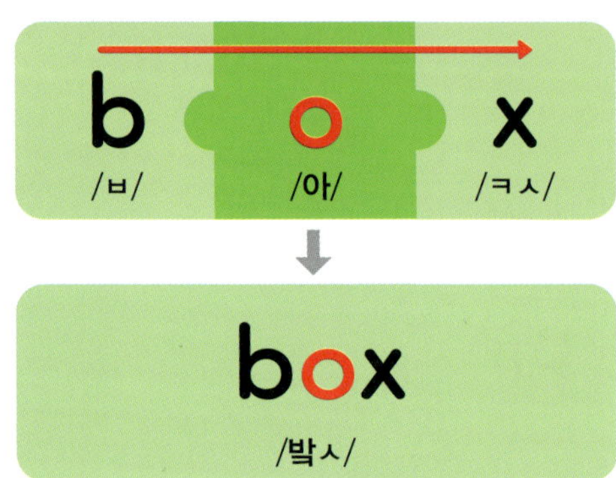

단모음 소리 익히기

단모음 o의 소리에 집중하면서 잘 듣고 따라 읽어 보세요. 026

1 j + o + b → job
/쥐/ /아/ /브/ /좝/

2 j + o + g → jog
/쥐/ /아/ /그/ /좍/

3 m + o + p → mop
/므/ /아/ /프/ /맢/

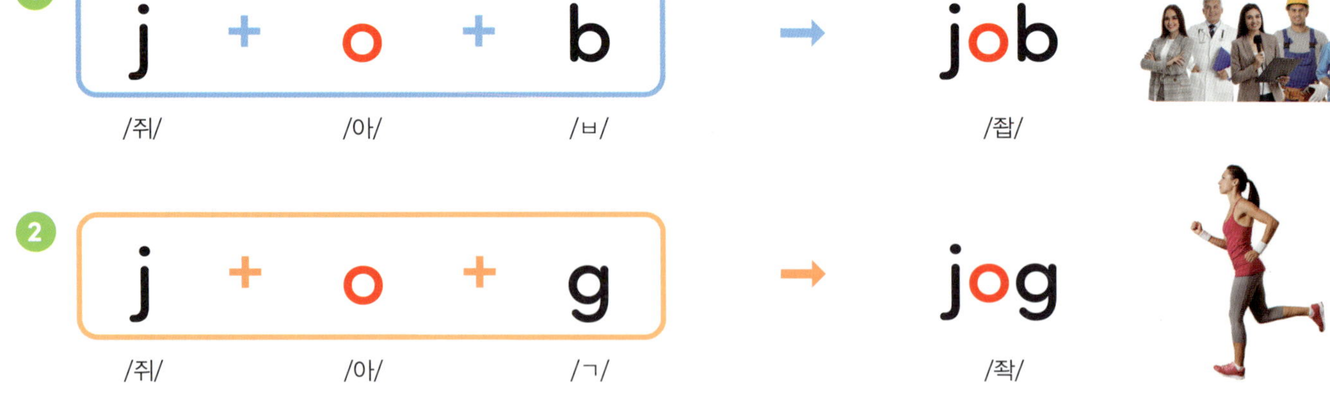

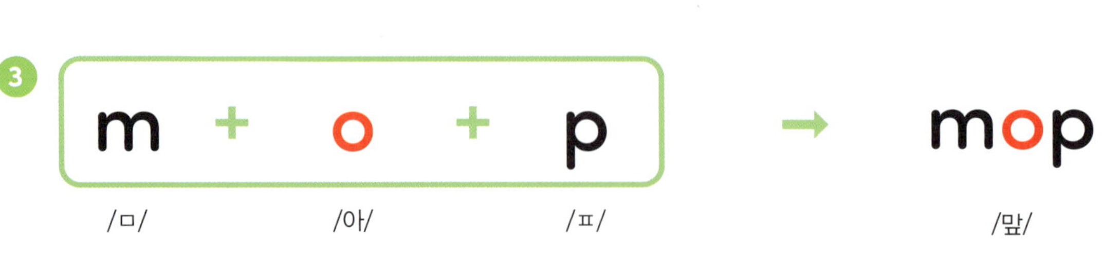

job 일, 직업   jog 조깅하다   mop 대걸레   top 꼭대기   hot 뜨거운   pot 냄비   box 상자   fox 여우

4 t + o + p → top 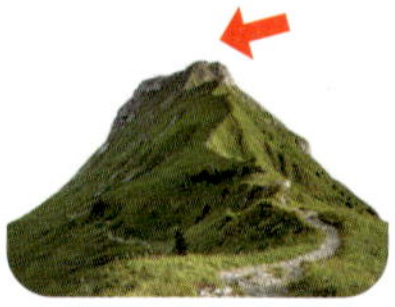 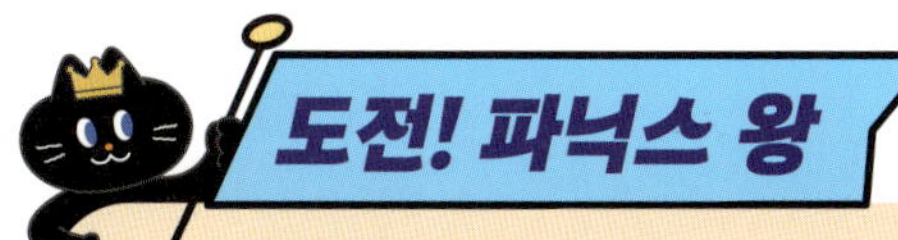
/ㅌ/ /아/ /ㅍ/   /탑/

5 h + o + t → hot 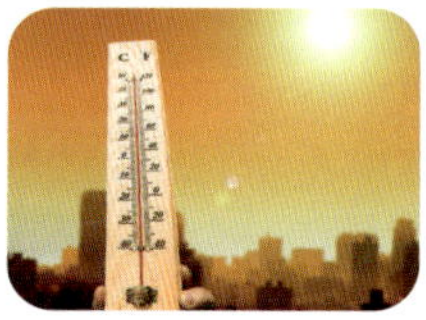
/ㅎ/ /아/ /ㅌ/   /핱/

6 p + o + t → pot 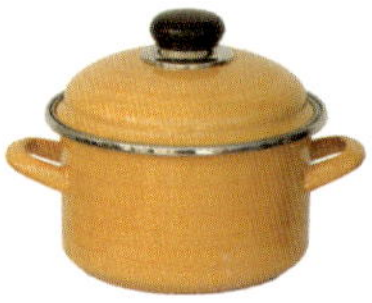
/ㅍ/ /아/ /ㅌ/   /팥/

7 b + o + x → box 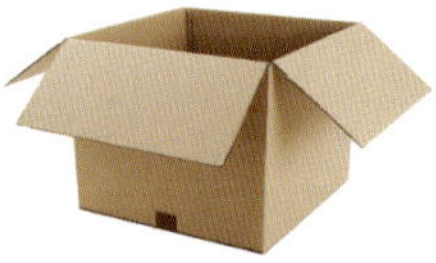
/ㅂ/ /아/ /ㅋㅅ/   /밙ㅅ/

8 f + o + x → fox 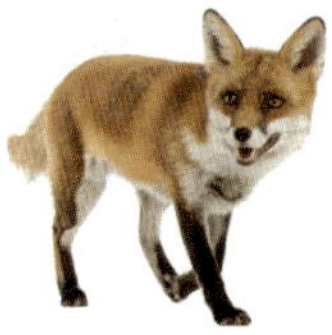
/ㅍf/ /아/ /ㅋㅅ/   /팍ㅅ/

- 단모음 o의 소리 규칙을 적용해서 새로운 단어를 읽어 보세요.

dot	mom	not	pop
점	엄마	~이 아니다	팡 터지다

A 잘 듣고 알맞은 그림을 골라 동그라미 하세요.

B 숨어 있는 단어들을 찾아 동그라미 하세요.

h	j	t	v	n	z	p	o	t	r
z	u	o	g	s	w	h	l	k	b
i	m	p	u	l	t	d	f	m	t
x	s	i	e	d	r	j	o	g	b
l	f	k	n	q	y	o	f	i	s
r	h	o	t	u	k	b	s	t	h
q	w	j	z	g	n	c	f	l	g
t	y	h	v	r	c	h	o	w	j
s	l	n	m	k	b	o	x	a	v
m	o	p	s	t	e	k	g	r	n

job

jog

mop

top

hot

pot

box

fox

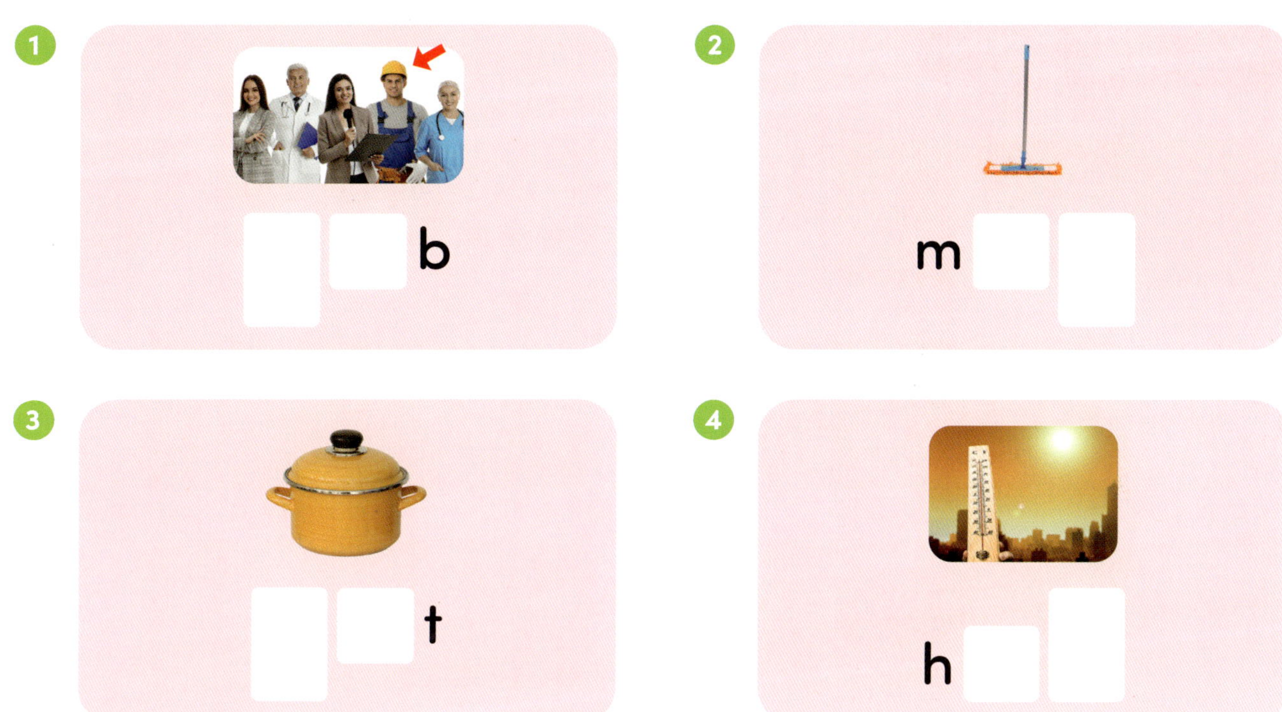

1 ☐ ☐ b

2 m ☐ ☐

3 ☐ ☐ t

4 h ☐ ☐

D 잘 듣고 빈칸에 알맞은 단어를 찾아 문장을 완성하세요.

1 It's hard to ☐ ☐ ☐ in the fog. 안개 속에서 **조깅하기**가 어렵다.

2 Let's hop to the ☐ ☐ ☐. **꼭대기**까지 깡충 뛰어보자.

3 Don't touch the hot ☐ ☐ ☐. 그 뜨거운 **냄비**를 만지지 마세요.

4 The ☐ ☐ ☐ is in the ☐ ☐ ☐. **여우**는 **상자** 안에 있어요.

box   top   jog   pot   fox

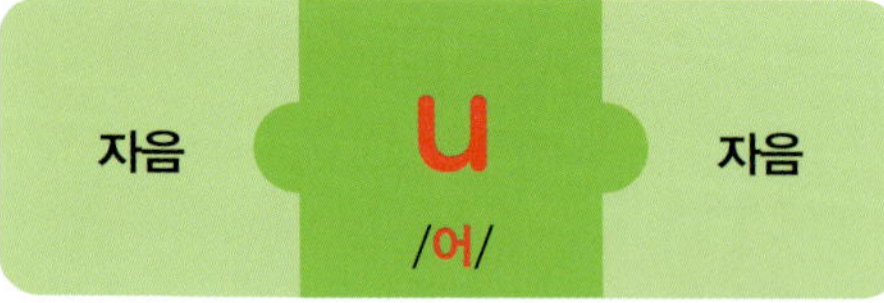 5 단모음 u

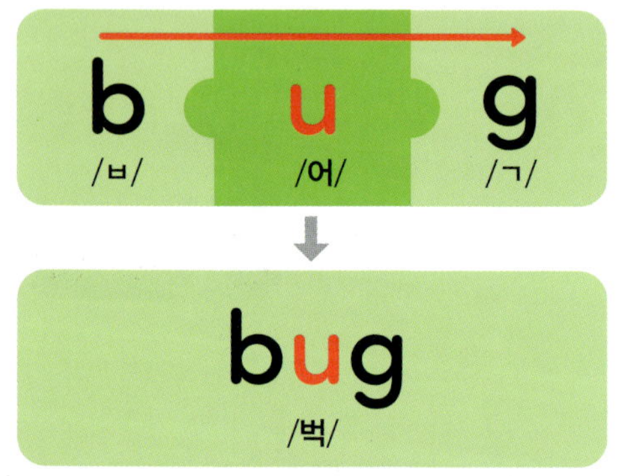

자음과 자음 사이에 오는 u는 /어/라고 소리가 나요.
알파벳 이름은 '유'이지만 /어/ 소리가 나니까 헷갈리지 마세요.

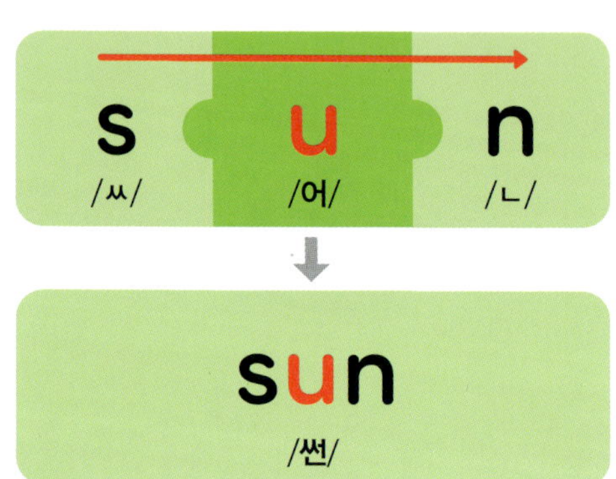

단모음 소리 익히기 단모음 u의 소리에 집중하면서 잘 듣고 따라 읽어 보세요. 028

1 m + u + d → mud
/ㅁ/ /어/ /ㄷ/ /먿/

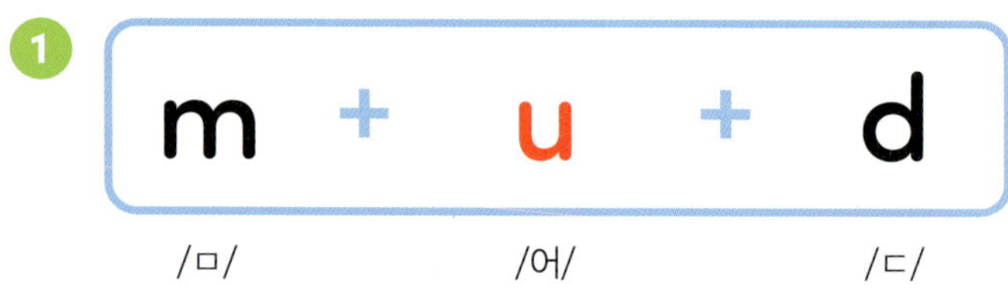

2 b + u + g → bug
/ㅂ/ /어/ /ㄱ/ /벅/

3 h + u + g → hug
/ㅎ/ /어/ /ㄱ/ /헉/

mud 진흙   bug 벌레   hug 껴안다   gum 껌   sun 태양, 해   cup 컵   bus 버스   cut 자르다

4 g + u + m → gum 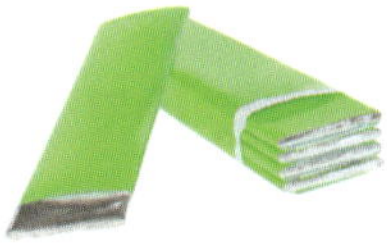

/ㄱ/ /어/ /ㅁ/ /검/

5 s + u + n → sun 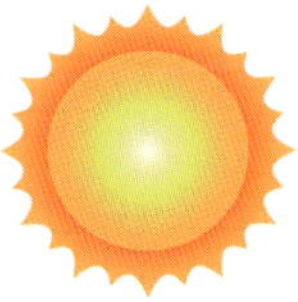

/ㅆ/ /어/ /ㄴ/ /썬/

6 c + u + p → cup 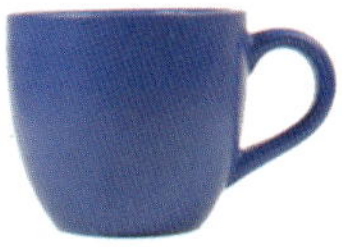

/ㅋ/ /어/ /ㅍ/ /컾/

7 b + u + s → bus 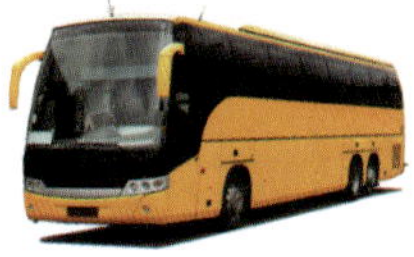

/ㅂ/ /어/ /ㅆ/ /버ㅆ/

8 c + u + t → cut 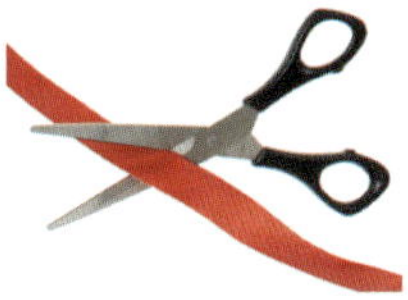

/ㅋ/ /어/ /ㅌ/ /컽/

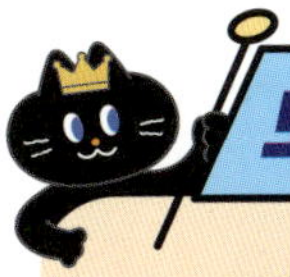

도전! 파닉스 왕

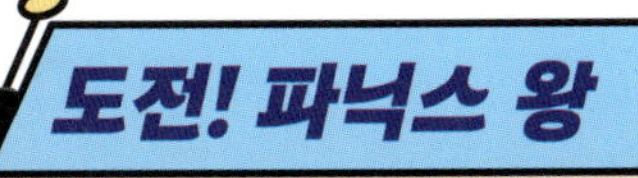

• 단모음 u의 소리 규칙을 적용해서 새로운 단어를 읽어 보세요.

fun	mug	nut	run
재미	머그잔	견과	달리다

A 잘 듣고 그림에 알맞은 단어를 골라 동그라미 하세요.

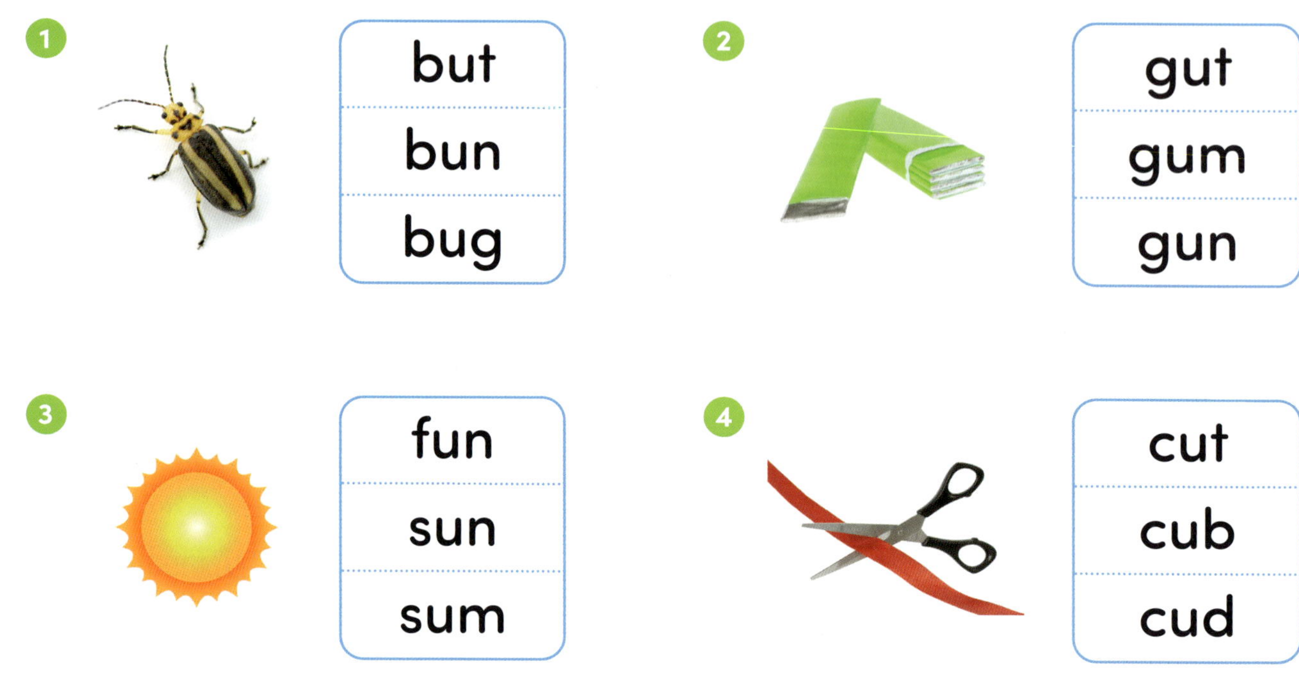

1.
- but
- bun
- bug

2.
- gut
- gum
- gun

3.
- fun
- sun
- sum

4.
- cut
- cub
- cud

B 숨어 있는 단어들을 찾아 동그라미 하세요.

b	h	j	a	n	g	f	k	c	q
m	c	u	p	r	d	i	w	o	w
o	u	x	s	y	g	j	h	f	i
i	t	s	d	l	z	t	u	v	a
h	n	g	m	a	b	u	g	p	d
y	b	h	v	c	p	e	i	m	s
e	l	n	k	m	o	h	z	j	u
q	j	v	b	u	s	t	q	h	n
c	w	e	k	d	f	r	a	y	p
g	u	m	t	s	l	c	x	b	g

mud
bug
hug
gum
sun
cup
bus
cut

C 잘 듣고 알맞은 순서대로 번호를 쓰세요.

D 잘 듣고 빈칸에 알맞은 단어를 찾아 문장을 완성하세요.

1 The ☐☐☐ is in my ☐☐☐. 벌레가 내 컵 속에 있어요.

2 My ☐☐☐ is sweet. 내 껌은 달콤해요.

3 I run under the ☐☐☐. 나는 태양 아래에서 달려요.

4 I can ☐☐☐ the paper. 나는 종이를 자를 수 있어요.

cut　　sun　　gum　　cup　　bug

A 그림을 보고 단어에 들어가는 글자를 골라 동그라미 하세요.

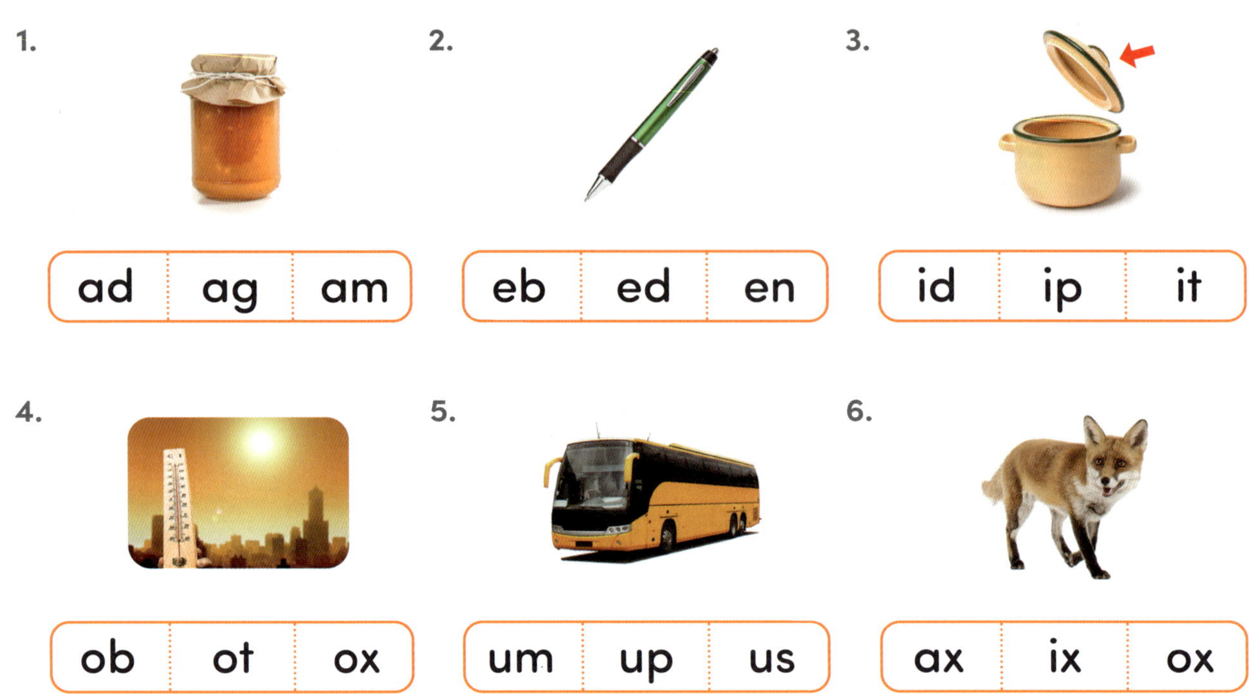

1. | ad | ag | am |

2. | eb | ed | en |

3. | id | ip | it |

4. | ob | ot | ox |

5. | um | up | us |

6. | ax | ix | ox |

B 잘 듣고 주어진 글자가 들어가는 단어의 그림을 골라 동그라미 하세요.

7. **ig**

8. **ed**

9. **at**

10. **up**

11.

p ☐ n

12.

h ☐ g

13.

m ☐ p

14.

n ☐ t

15.

16.

17.

18.

19.

20.

Part 3

장모음 익히기

Long Vowels

장모음은 길게 소리 나는 모음을 말해요.
〈자음+모음+자음〉 뒤에 e가 붙으면, 단어의 끝에 오는 모음 e는 소리가 나지
않고 앞에 오는 모음은 긴 소리로 변해요.
이때 a는 /에이/, i는 /아이/, o는 /오우/, u는 /유-/ 소리가 나요.
맞아요! 알파벳 이름 그대로 좀 더 길게 발음할 때를 장모음 소리라고 해요.

cake(케이크)를 예로 들어볼까요?
cake에서 맨 끝의 e는 소리가 나지 않고, 앞에 있는 모음 a가 /에이/로
소리가 나요.

단어 속에서 장모음이 어떻게 소리가 나는지 알아볼게요.

파닉스 규칙

〈자음+a+자음〉 뒤에 e가 붙으면, 단어의 끝에 오는 모음 e는 소리 나지 않고 a는 /에이/로 소리가 나요.
알파벳 이름 그대로 /에이/를 소리 내어 보세요.

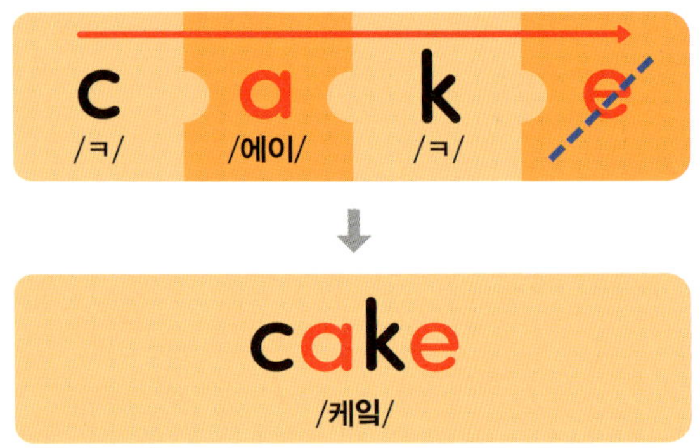

c /ㅋ/　a /에이/　k /ㅋ/　e

↓

cake
/케잌/

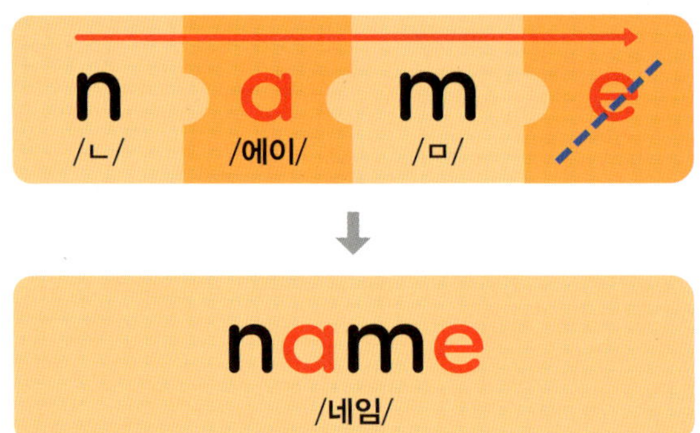

n /ㄴ/　a /에이/　m /ㅁ/　e

↓

name
/네임/

장모음 소리 익히기

장모음 a의 소리에 집중하면서 잘 듣고 따라 읽어 보세요. **031**

1

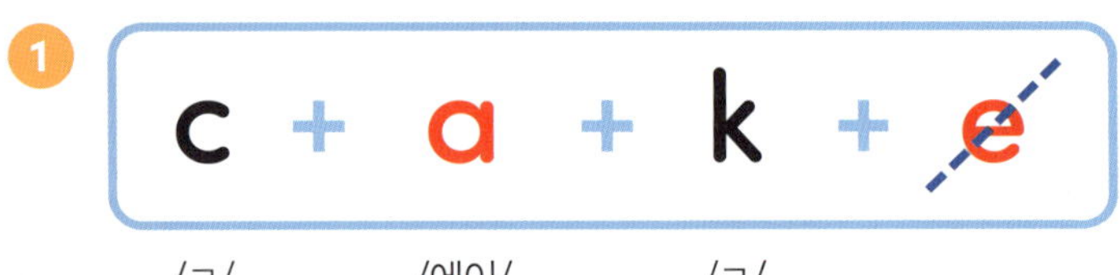

c + a + k + e → **cake**
/ㅋ/　/에이/　/ㅋ/　　　　/케잌/

2

l + a + k + e → **lake**
/ㄹ/　/에이/　/ㅋ/　　　　/레잌/

3

g + a + m + e → **game**
/ㄱ/　/에이/　/ㅁ/　　　　/게임/

cake 케이크　lake 호수　game 게임　name 이름　cane 지팡이　tape 테이프　gate 대문　cave 동굴

4 n + a + m + e → name

/ㄴ/　/에이/　/ㅁ/　　/네임/

5 c + a + n + e → cane

/ㅋ/　/에이/　/ㄴ/　　/케인/

6 t + a + p + e → tape

/ㅌ/　/에이/　/ㅍ/　　/테잎/

7 g + a + t + e → gate

/ㄱ/　/에이/　/ㅌ/　　/게잍/

8 c + a + v + e → cave

/ㅋ/　/에이/　/ㅂ/　　/케입/

도전! 파닉스 왕

• 장모음 a의 소리 규칙을 적용해서 새로운 단어를 읽어 보세요.

bake	hate	safe	wake
굽다	싫어하다	안전한	깨다

A 잘 듣고 그림에 알맞은 단어를 골라 동그라미 하세요.

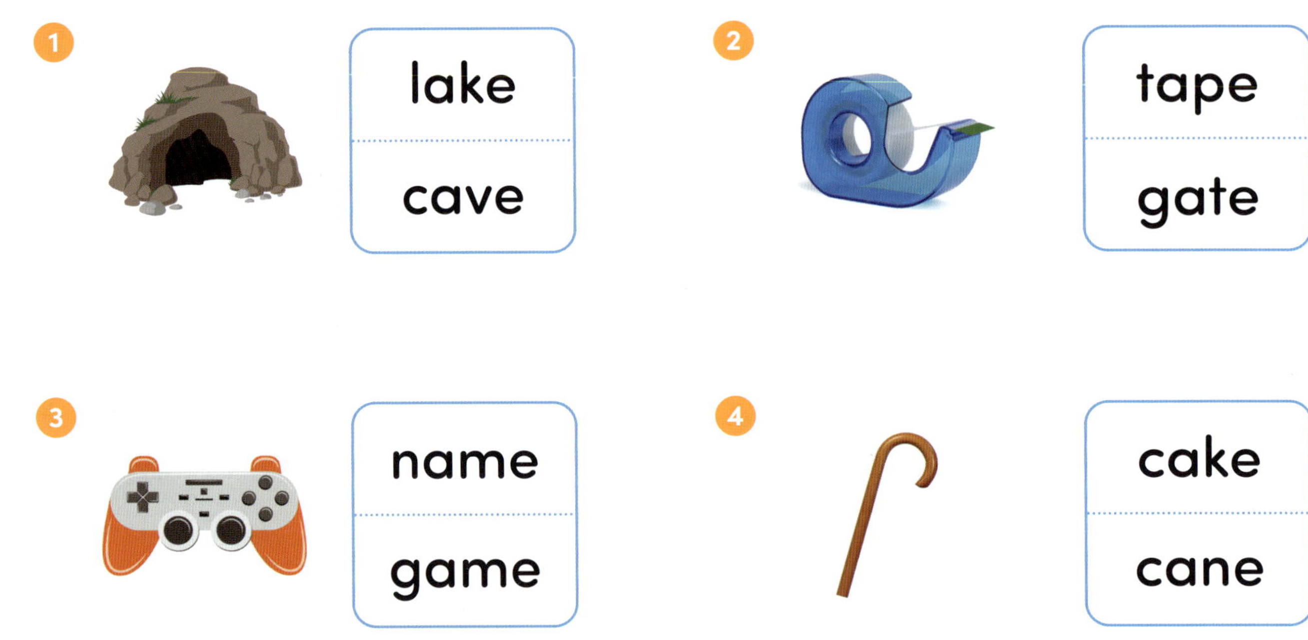

1. lake / cave
2. tape / gate
3. name / game
4. cake / cane

B 잘 듣고 흩어져 있는 글자들을 조합해서 알맞은 단어를 완성하세요.

n	g	c	ake	ave	ame
	t	l		ape	ate

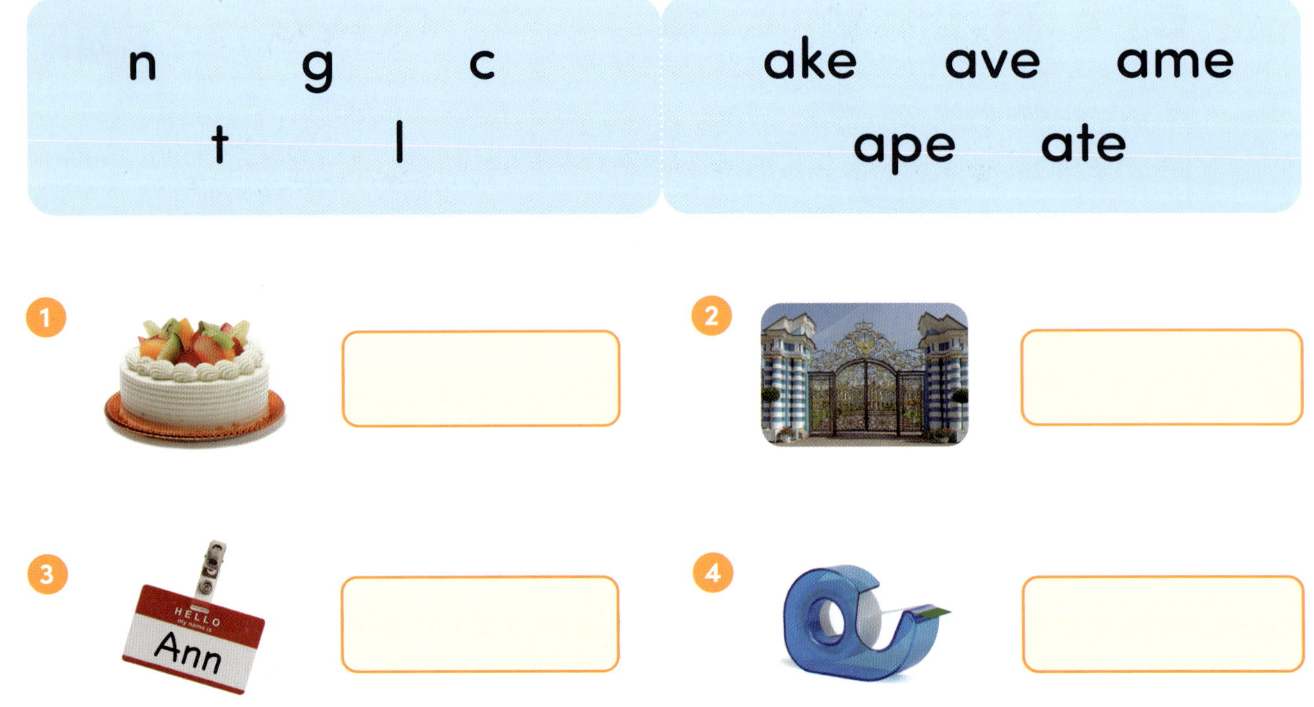

 잘 듣고 그림과 끝소리가 같은 단어를 골라 동그라미 하세요.

1		cave	game	cane
2		cake	tape	gate
3		gate	bake	name
4		cane	lake	hate

D 잘 듣고 빈칸에 알맞은 단어를 찾아 문장을 완성하세요.

1 **I like to bake** ☐☐☐☐ **S.** 나는 **케이크** 굽는 것을 좋아해요.

2 **I don't know her** ☐☐☐☐ **.** 나는 그녀의 **이름**을 몰라요.

3 **Jane likes candy** ☐☐☐☐ **S.** 제인은 **지팡이** 사탕을 좋아해요.

4 **The fish are in the** ☐☐☐☐ **.** 물고기들이 **호수**에 있다.

name	cake	cane	lake

파닉스 규칙

자음 · i /아이/ · 자음 · ~~e~~

〈자음+i+자음〉 뒤에 e가 붙으면, 단어의 끝에 오는 모음 e는 소리 나지 않고 i는 /아이/로 소리가 나요.
알파벳 이름 그대로 /아이/를 소리 내어 보세요.

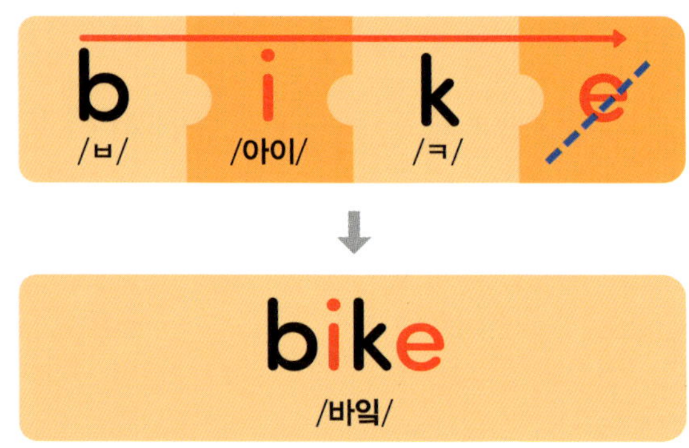

b /ㅂ/ · i /아이/ · k /ㅋ/ · ~~e~~
↓
bike /바익/

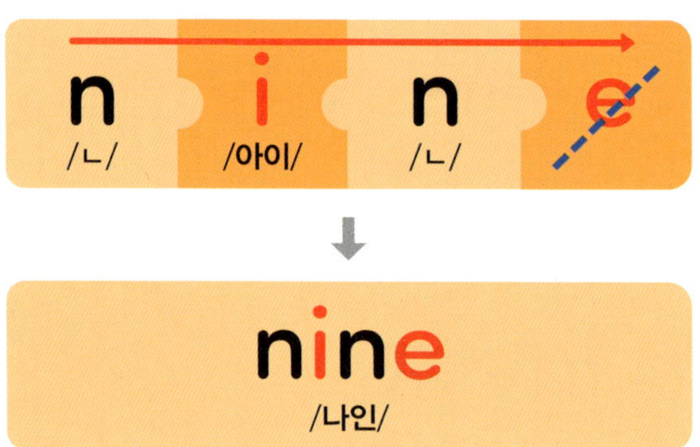

n /ㄴ/ · i /아이/ · n /ㄴ/ · ~~e~~
↓
nine /나인/

장모음 소리 익히기

장모음 i의 소리에 집중하면서 잘 듣고 따라 읽어 보세요. 033

1 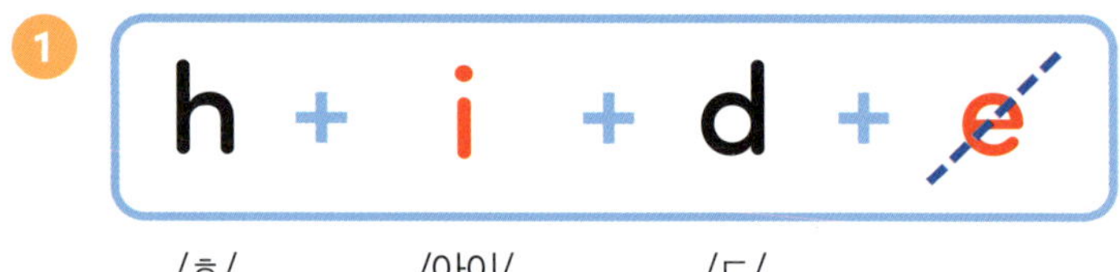

h + i + d + ~~e~~ → hide
/ㅎ/ /아이/ /ㄷ/ /하읻/

2

r + i + d + ~~e~~ → ride
/뤄r/ /아이/ /ㄷ/ /롸읻/

3 

b + i + k + ~~e~~ → bike
/ㅂ/ /아이/ /ㅋ/ /바익/

hide 숨다   ride 타다   bike 자전거   time 시간   line 선   nine 9, 아홉   kite 연   five 5, 다섯

④ t + i + m + e → time
/ㅌ/ /아이/ /ㅁ/ /타임/

⑤ l + i + n + e → line
/ㄹ/ /아이/ /ㄴ/ /라인/

⑥ n + i + n + e → nine
/ㄴ/ /아이/ /ㄴ/ /나인/

⑦ k + i + t + e → kite
/ㅋ/ /아이/ /ㅌ/ /카잍/

⑧ f + i + v + e → five
/ㅍf/ /아이/ /ㅂ/ /파입/

도전! 파닉스 왕

• 장모음 i의 소리 규칙을 적용해서 새로운 단어를 읽어 보세요.

bite	hike	hive	like
물다	하이킹을 가다	벌집	좋아하다

A 잘 듣고 그림에 알맞은 단어를 골라 동그라미 하세요.

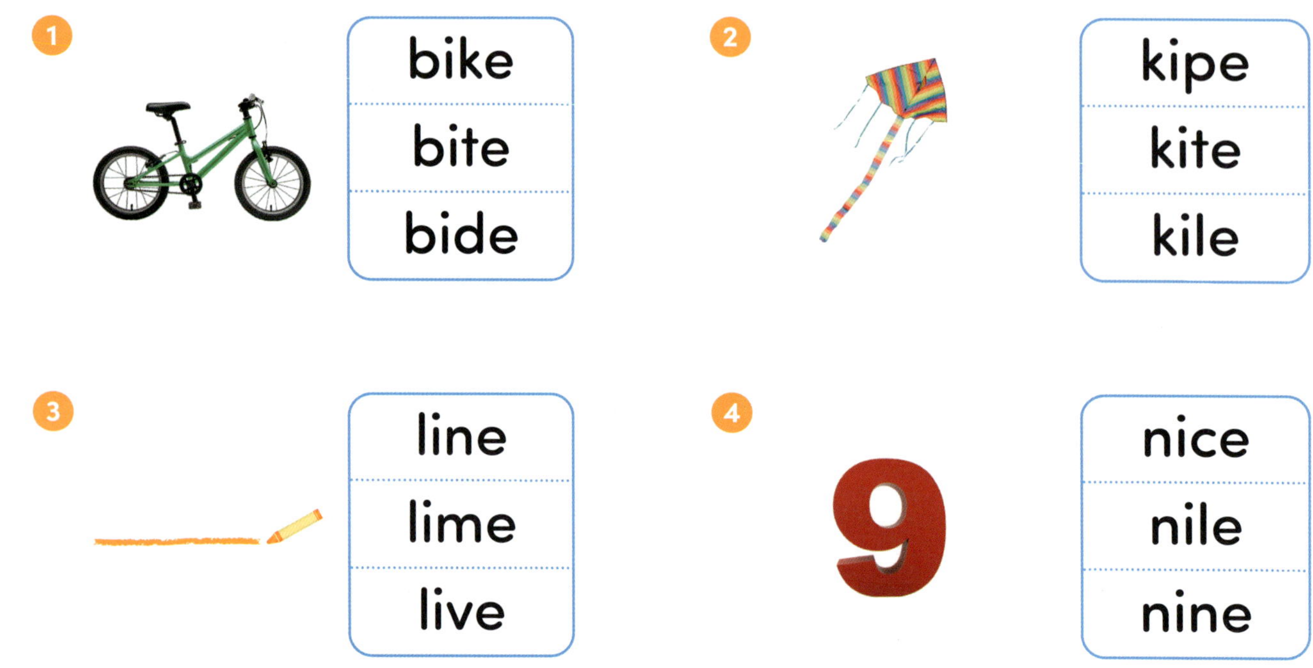

B 잘 듣고 알맞은 순서대로 번호를 쓰세요.

C 잘 듣고 글자를 연결하여 단어를 완성하고 알맞은 그림에 연결하세요.

1 t •   • ide •

2 h •   • ike •

3 l •   • ine •

4 b •   • ime •

D 잘 듣고 빈칸에 알맞은 단어를 찾아 문장을 완성하세요.

1 He rides a ⬚⬚⬚⬚ fast. 그는 **자전거를** 빠르게 탄다.

2 I like to fly a ⬚⬚⬚⬚. 나는 **연** 날리는 것을 좋아해요.

3 Have a good ⬚⬚⬚⬚. 좋은 **시간** 보내세요.

4 I have ⬚⬚⬚⬚ books on my desk. 내 책상 위에 책 **아홉** 권이 있다.

nine   time   kite   bike

3 장모음 o

자음 · o /오우/ · 자음 · ~~e~~

〈자음+o+자음〉 뒤에 e가 붙으면, 단어의 끝에 오는 모음 e는 소리 나지 않고 o는 /오우/로 소리가 나요.
알파벳 이름 그대로 /오우/를 소리 내어 보세요.

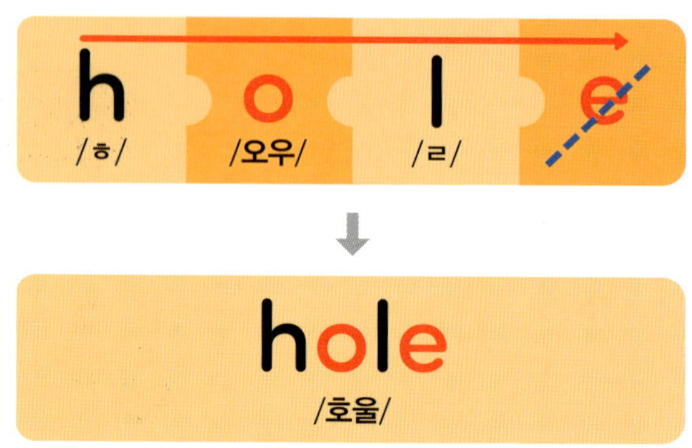

h /ㅎ/ · o /오우/ · l /ㄹ/ · ~~e~~

↓

hole
/호울/

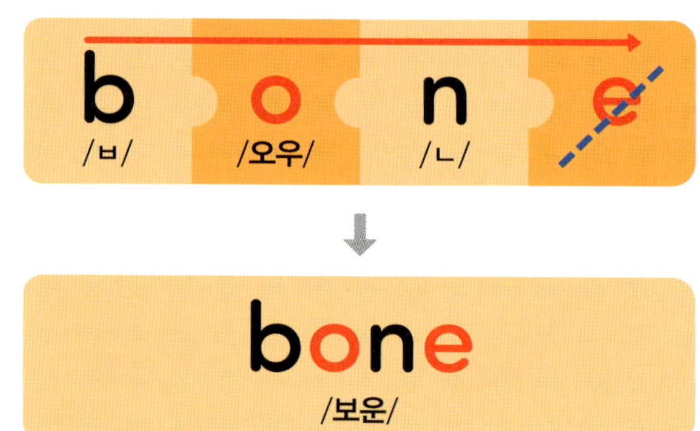

b /ㅂ/ · o /오우/ · n /ㄴ/ · ~~e~~

↓

bone
/보운/

장모음 o의 소리에 집중하면서 잘 듣고 따라 읽어 보세요. **035**

1 r + o + b + ~~e~~ → robe
/뤄r/ /오우/ /ㅂ/ /로웁/
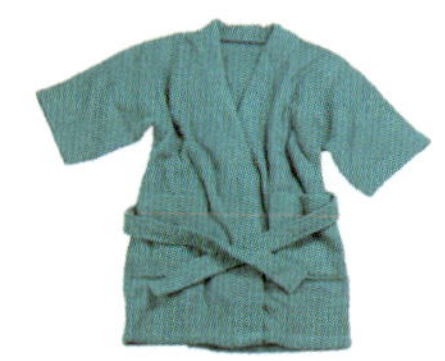

2 h + o + l + ~~e~~ → hole
/ㅎ/ /오우/ /ㄹ/ /호울/

3 d + o + m + ~~e~~ → dome
/ㄷ/ /오우/ /ㅁ/ /도움/

robe 가운   hole 구멍   dome 둥근 지붕   home 집   bone 뼈   cone 원뿔, 콘   rope 밧줄   note 메모

4   h + o + m + ~~e~~ → **home**

/ㅎ/   /오우/   /ㅁ/   /호움/

5   b + o + n + ~~e~~ → **bone**

/ㅂ/   /오우/   /ㄴ/   /보운/

6   c + o + n + ~~e~~ → **cone**

/ㅋ/   /오우/   /ㄴ/   /코운/

7   r + o + p + ~~e~~ → **rope**

/뤄r/   /오우/   /ㅍ/   /로웊/

8   n + o + t + ~~e~~ → **note**

/ㄴ/   /오우/   /ㅌ/   /노웉/

도전! 파닉스 왕

• 장모음 o의 소리 규칙을 적용해서 새로운 단어를 읽어 보세요.

hope	joke	pole	zone
희망	농담	막대기	지역

A 잘 듣고 그림에 알맞은 단어를 골라 동그라미 하세요.

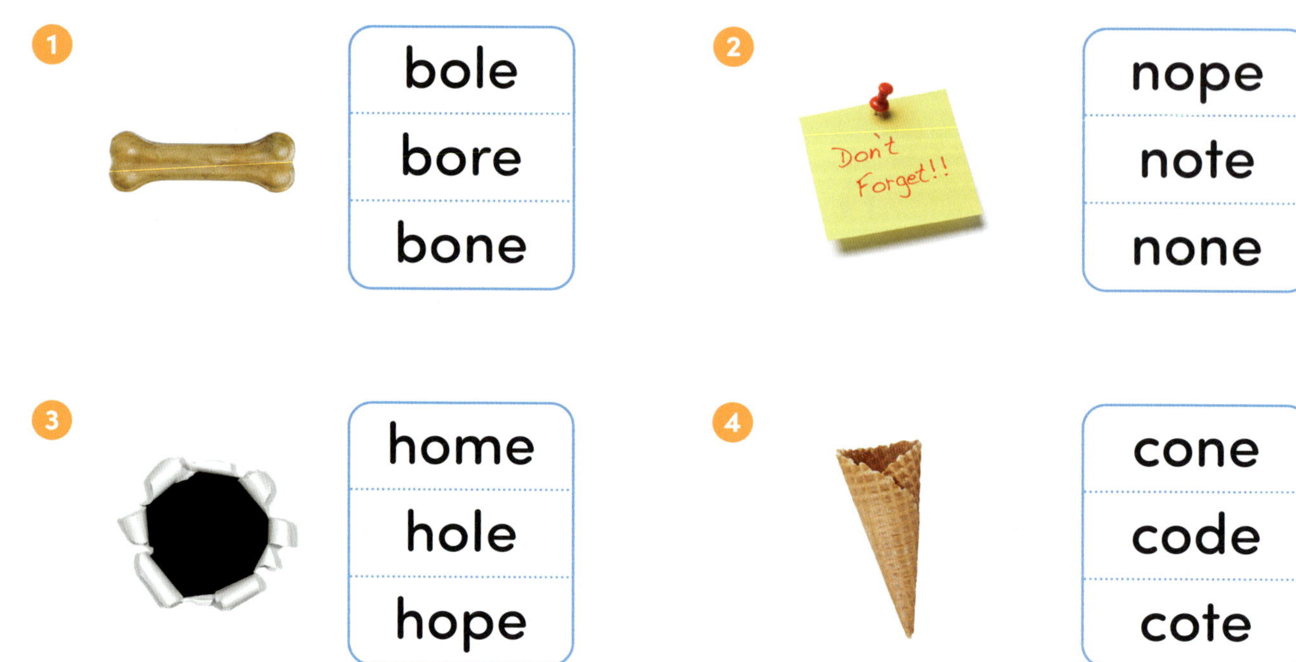

1. bole / bore / bone
2. nope / note / none
3. home / hole / hope
4. cone / code / cote

B 잘 듣고 알맞은 그림을 골라 동그라미 하세요.

C 잘 듣고 흩어져 있는 글자들을 조합해서 알맞은 단어를 완성하세요.

c r n h r d	ope ome obe one ote

1

2

3

4

D 잘 듣고 빈칸에 알맞은 단어를 찾아 문장을 완성하세요.

1 She wears a long ☐☐☐☐ . 그녀는 긴 **가운**을 입고 있어요.

2 He climbed the tree with a ☐☐☐☐ . 그는 **밧줄**로 나무를 올라갔다.

3 My dog smells the ☐☐☐☐ . 내 개가 **뼈다귀** 냄새를 맡아요.

4 I make a ☐☐☐☐ on the paper. 나는 종이 위에 **메모**를 해요.

robe　　note　　bone　　rope

④ 장모음 u

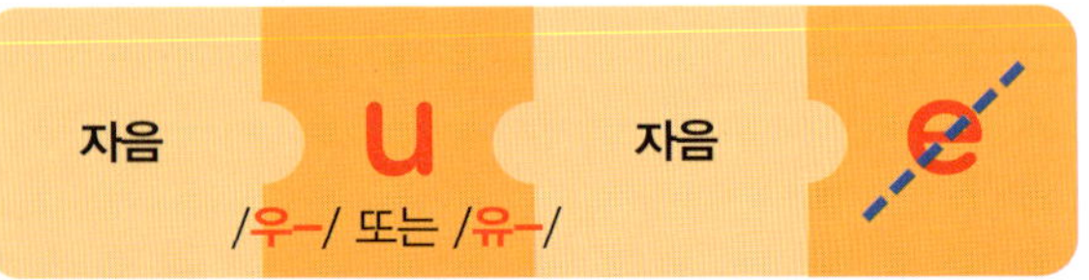

〈자음+u+자음〉 뒤에 e가 붙으면, 단어의 끝에 오는 모음 e는 소리 나지 않고 u는 /우-/ 또는 /유-/로 소리가 나요.
단어 속에서 /우-/ 또는 /유-/를 소리 내어 보세요.

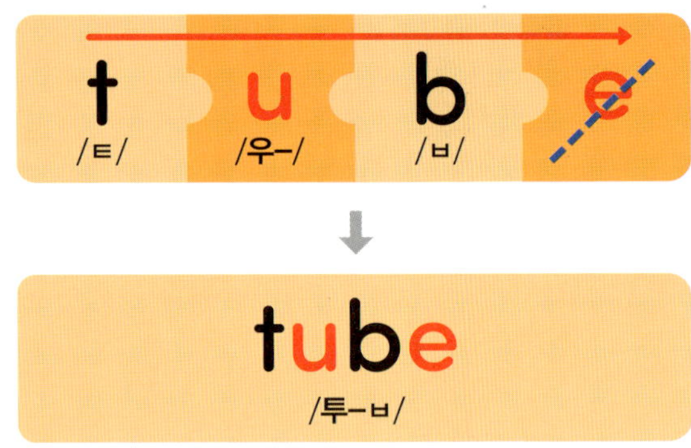

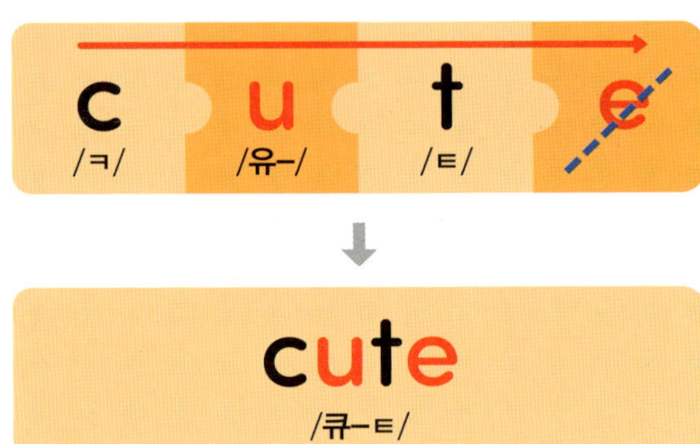

장모음 u의 소리에 집중하면서 잘 듣고 따라 읽어 보세요. 037

1

2

3

tube 튜브　dune 모래 언덕　June 6월　tune 선율　cube 정육면체　mule 노새　cute 귀여운　mute 말없는

4

t + u + n + ~~e~~ → tune 

/ㅌ/ /우-/ /ㄴ/ /투-ㄴ/

5

c + u + b + ~~e~~ → cube 

/ㅋ/ /유-/ /ㅂ/ /큐-ㅂ/

6

m + u + l + ~~e~~ → mule 

/ㅁ/ /유-/ /ㄹ/ /뮤-ㄹ/

7

c + u + t + ~~e~~ → cute 

/ㅋ/ /유-/ /ㅌ/ /큐-ㅌ/

8

m + u + t + ~~e~~ → mute 

/ㅁ/ /유-/ /ㅌ/ /뮤-ㅌ/

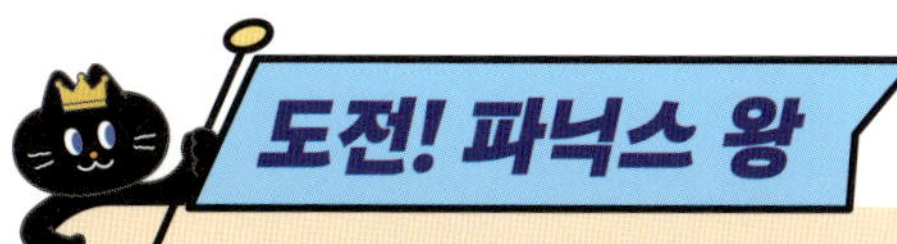

- 장모음 u의 소리 규칙을 적용해서 새로운 단어를 읽어 보세요.

rude	rule	fuse	muse
무례한	규칙	퓨즈	뮤즈

A 잘 듣고 그림에 알맞은 단어를 골라 동그라미 하세요.

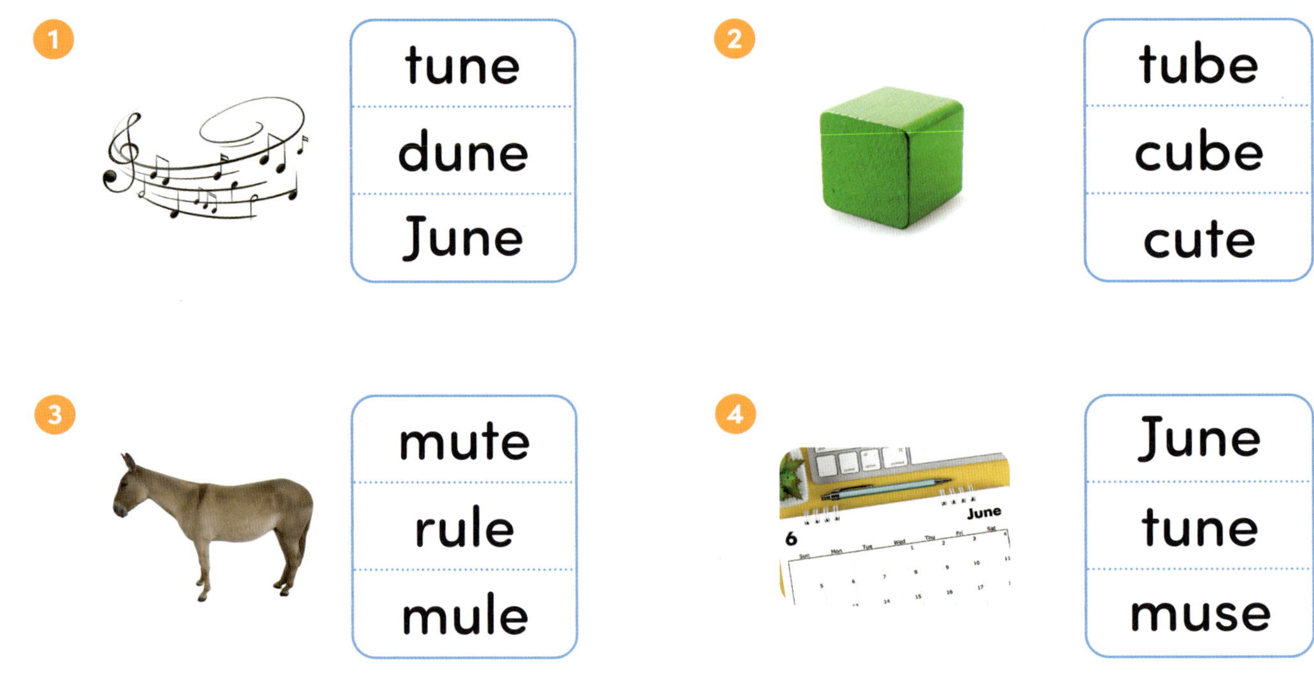

1. tune / dune / June

2. tube / cube / cute

3. mute / rule / mule

4. June / tune / muse

B 잘 듣고 알맞은 순서대로 번호를 쓰세요.

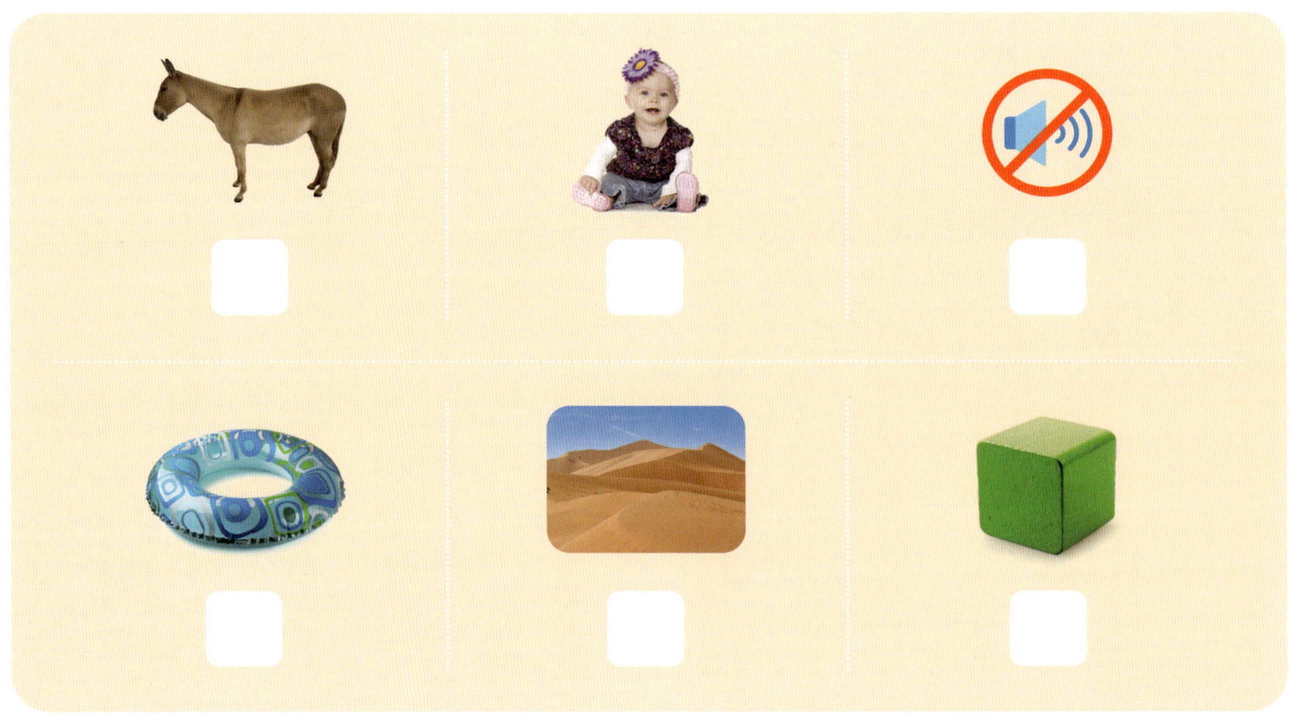

 잘 듣고 빈칸에 알맞은 글자를 써서 단어를 완성하세요.

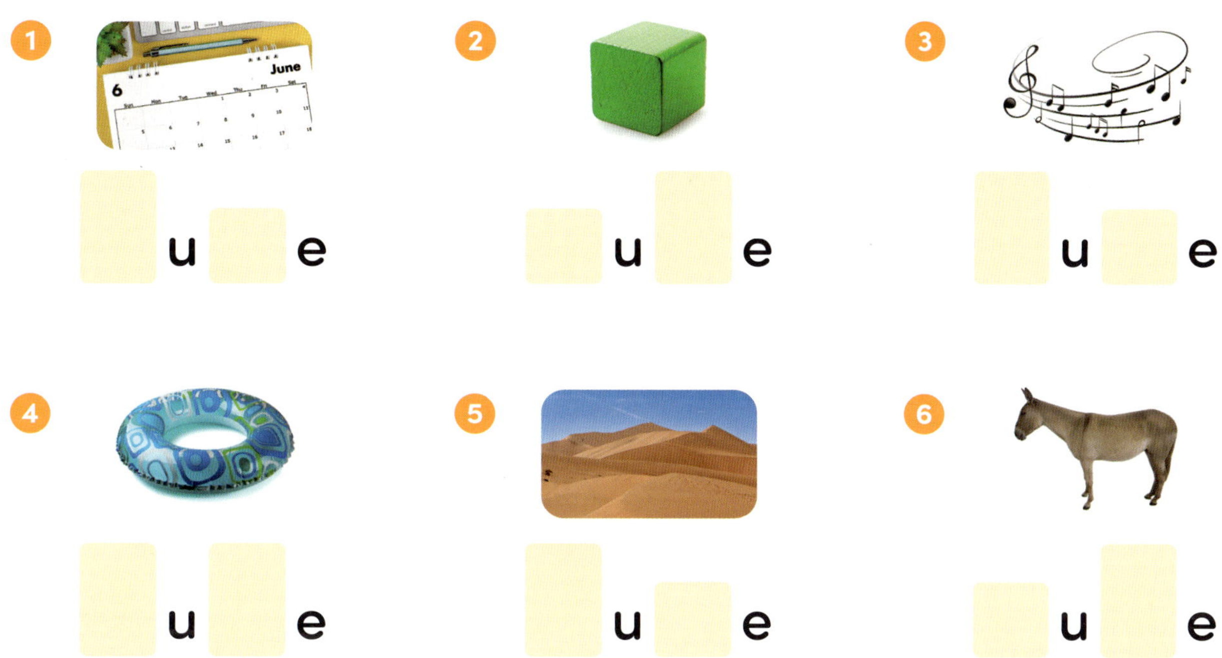

1 __ u __ e

2 __ u __ e

3 __ u __ e

4 __ u __ e

5 __ u __ e

6 __ u __ e

D 잘 듣고 빈칸에 알맞은 단어를 찾아 문장을 완성하세요.

1 I put ice ☐☐☐☐ s in my juice. 나는 주스에 **네모조각** 얼음을 넣었다.

2 He rides on the ☐☐☐☐. 그는 **노새**를 타요.

3 She plays a good ☐☐☐☐. 그녀는 좋은 **멜로디**를 연주해요.

4 My puppy is so ☐☐☐☐. 내 강아지는 무척 **귀여워요.**

tune	mule	cube	cute

039

A 그림을 보고 단어에 들어가는 글자를 골라 동그라미 하세요.

1.
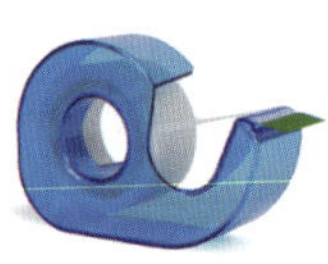

ake ｜ ape

2.

ube ｜ ule

3.

ime ｜ ive

4.
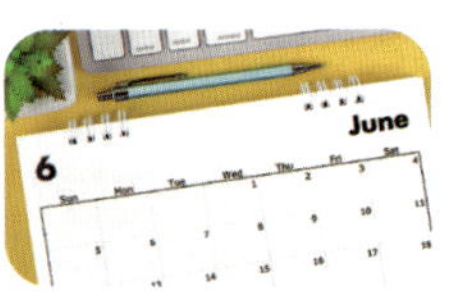

une ｜ ute

5.

ole ｜ ome

6.

ame ｜ ane

B 잘 듣고 주어진 글자가 들어가는 단어의 그림을 골라 동그라미 하세요.

7. **ake**

8. **ite**

9. **one**

10. **ube**

C 잘 듣고 빈칸에 알맞은 글자를 쓰고 해당하는 그림을 골라 동그라미 하세요.

11.

c ___ k ___

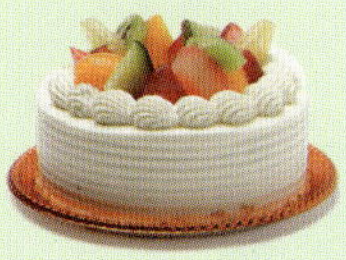
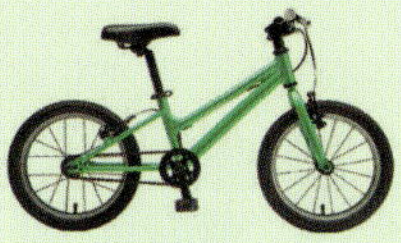

12.

d ___ n ___

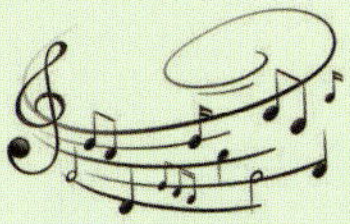
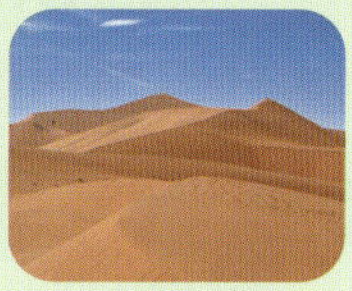

13.

r ___ b ___

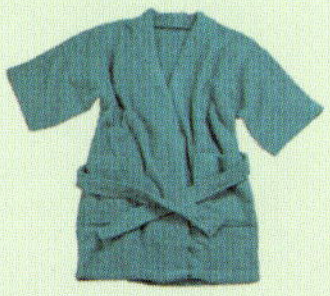
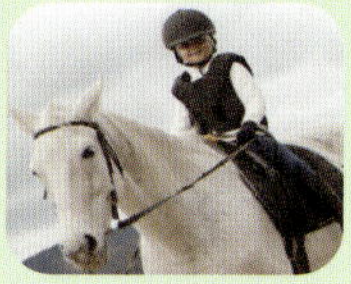

14.

k ___ t ___

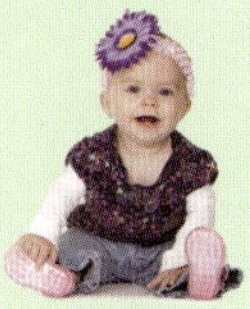
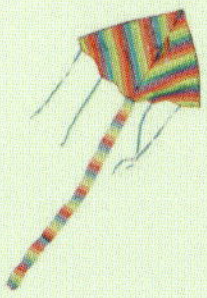

D 잘 듣고 그림에 알맞은 단어를 쓰세요.

15.

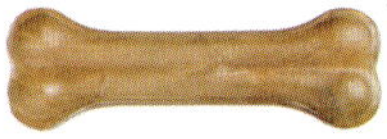

16.

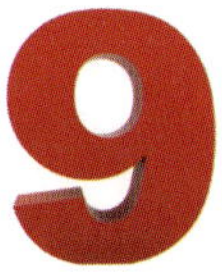

17.

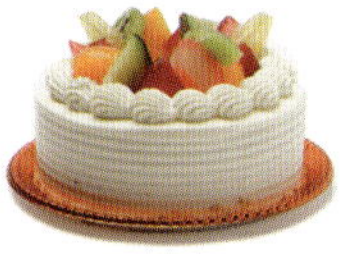

18.

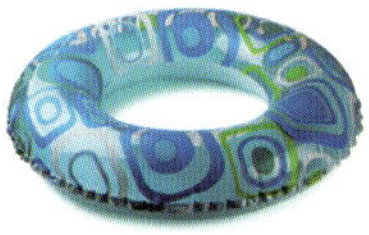

19.

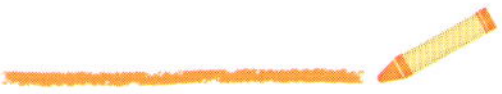

20.

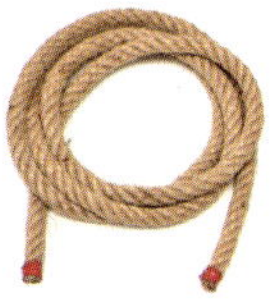

이중자음 익히기

Double Consonants

이중자음은 자음 두 개가 나란히 붙어 있는 것을 말해요.
이때, 각각의 자음 소리 그대로를 연이어 붙여서 소리 내기도 하고,
자음 두 개가 합쳐져 새로운 소리를 내기도 해요.

예를 들어, st는 각각의 자음 소리를 연이어서 /ㅅㅌ/로 소리 내요.
ph는 새로운 소리인 /ㅍf/로 소리 내요.

지금부터 여러 이중자음의 소리를 알아보도록 해요.

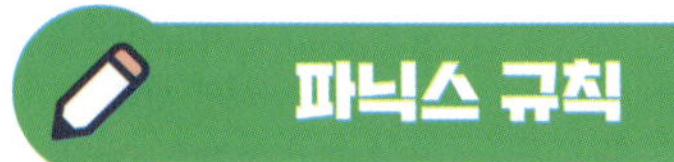 이중자음 bl, cl, fl, gl, pl, sl

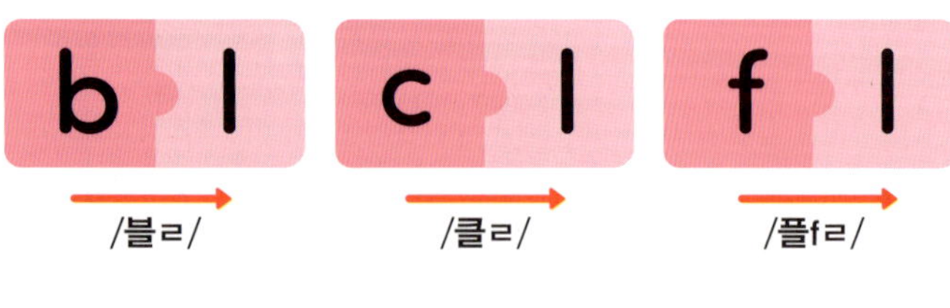

여러 가지 자음 뒤에 l이 붙은 이중자음은 /블ㄹ/, /클ㄹ/, /플f ㄹ/, /글ㄹ/, /플ㄹ/, /슬ㄹ/와 같이 앞에 오는 자음에 자음 l의 /ㄹ/ 소리가 이어서 나요.

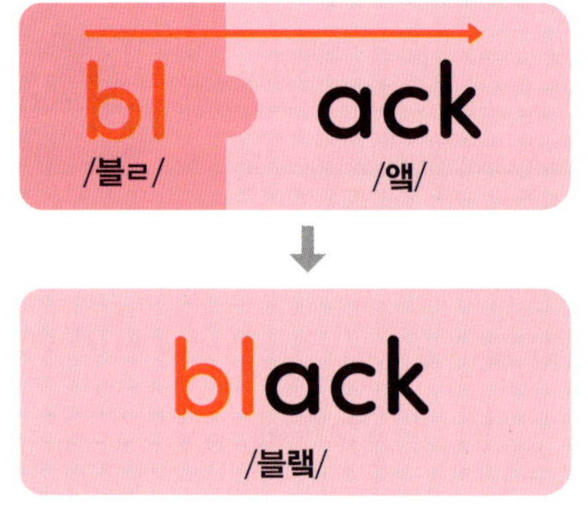

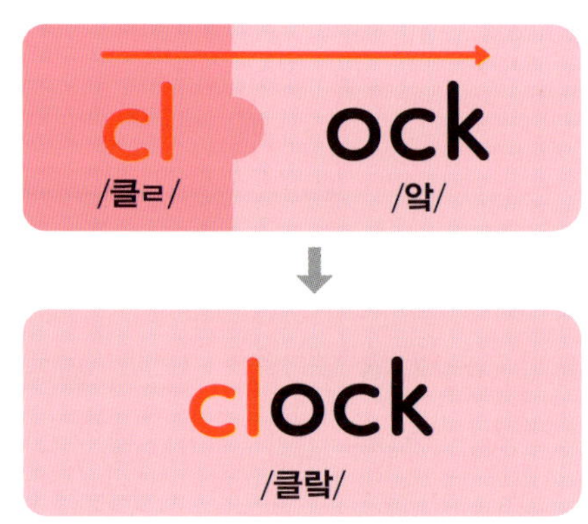

 이중자음 소리에 집중하면서 잘 듣고 따라 읽어 보세요. 040

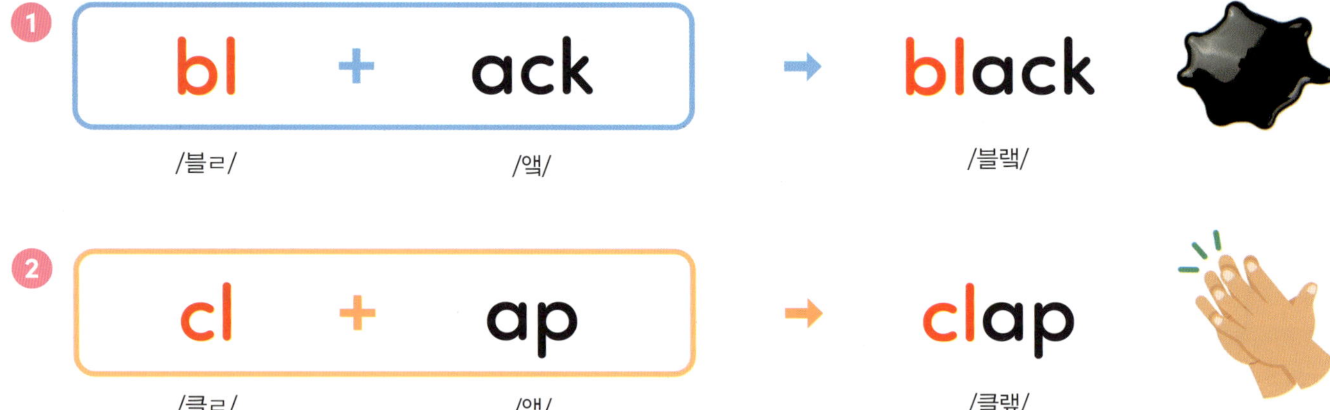

black 검은색의   clap 박수를 치다   clock 시계   flag 깃발   glass 유리잔   plate 접시   slide 미끄럼틀

③ cl + ock → clock

/클ㄹ/ /악/ /클락/

④ fl + ag → flag

/플f ㄹ/ /액/ /플f 랙/

⑤ gl + ass → glass

/글ㄹ/ /애ㅅ/ /글래ㅅ/

⑥ pl + ate → plate

/플ㄹ/ /에잍/ /플레잍/

⑦ sl + ide → slide

/슬ㄹ/ /아이드/ /슬라이드/

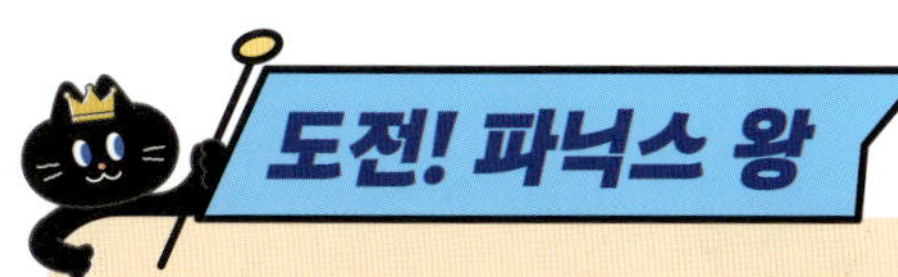

도전! 파닉스 왕

• <자음+l>의 소리 규칙을 적용해서 새로운 단어를 읽어 보세요.

block	cloud	flower
블록	구름	꽃
glove	plan	sleep
장갑	계획	자다

Practice 041

A 잘 듣고 알맞은 글자를 골라 단어를 완성하세요.

bl	cl	fl	gl	pl	sl

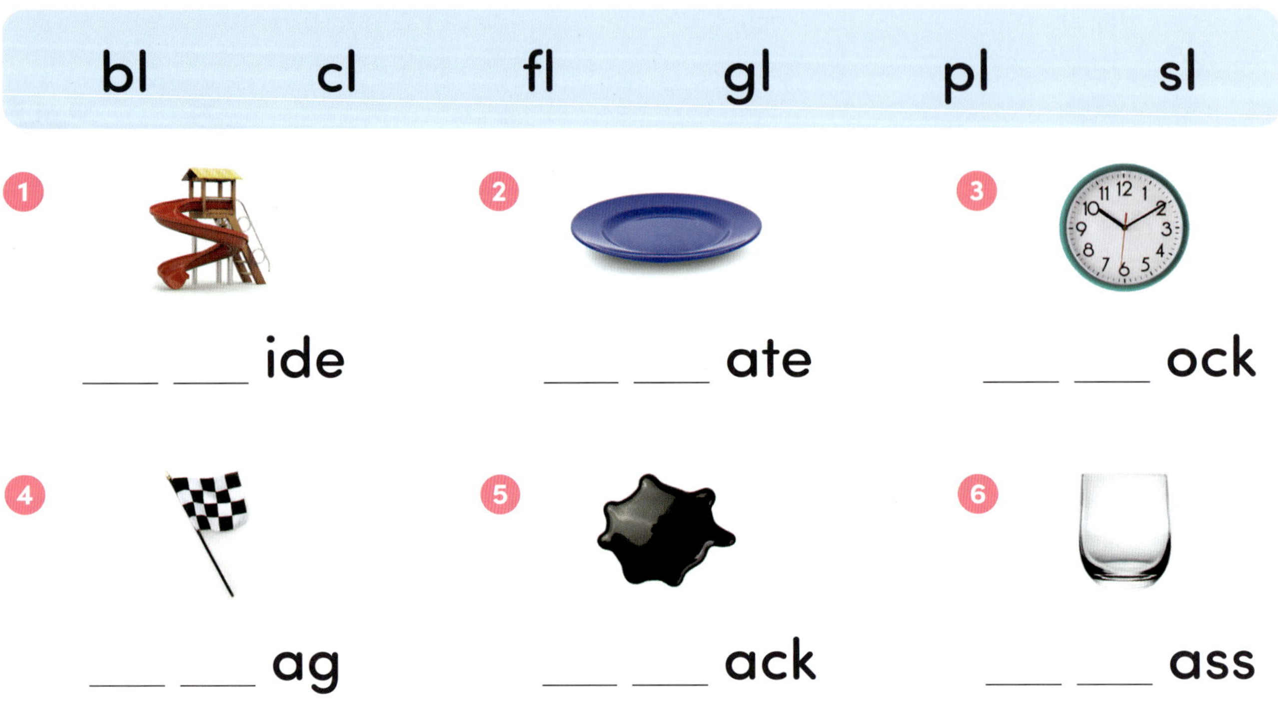

① ___ ___ ide

② ___ ___ ate

③ ___ ___ ock

④ ___ ___ ag

⑤ ___ ___ ack

⑥ ___ ___ ass

B 잘 듣고 단어를 완성하고 알맞은 그림과 연결한 후 단어를 쓰세요.

① cl •   • ap •

② gl •   • ate •

③ pl •   • ide •

④ sl •   • ass •

1 fl

2 bl

3 sl

4 pl

D 잘 듣고 빈칸에 알맞은 단어를 찾아 문장을 완성하세요.

1 I have ▢▢▢▢▢ shoes. 나는 **검정색** 신발이 있어요.

2 I drank a ▢▢▢▢▢ of milk. 나는 우유 한 **잔** 마셨다.

3 The ▢▢▢▢ is colorful. 그 **깃발**이 화려하다.

4 He washed the ▢▢▢▢▢ . 그는 **접시**를 닦았다.

plate   glass   black   flag

파닉스 규칙

b r → /브뤄r/ **c r** → /크뤄r/ **d r** → /드뤄r/

f r → /ㅍf뤄r/ **g r** → /ㄱ뤄r/ **p r** → /ㅍ뤄r/ **t r** → /트뤄r/

여러 가지 자음 뒤에 r이 붙은 이중자음은 /브뤄r/, /크뤄r/, /드뤄r/, /ㅍf뤄r/, /ㄱ뤄r/, /ㅍ뤄r/, /트뤄r/와 같이 앞에 오는 자음에 자음 r의 /뤄r/ 소리가 이어서 나요.

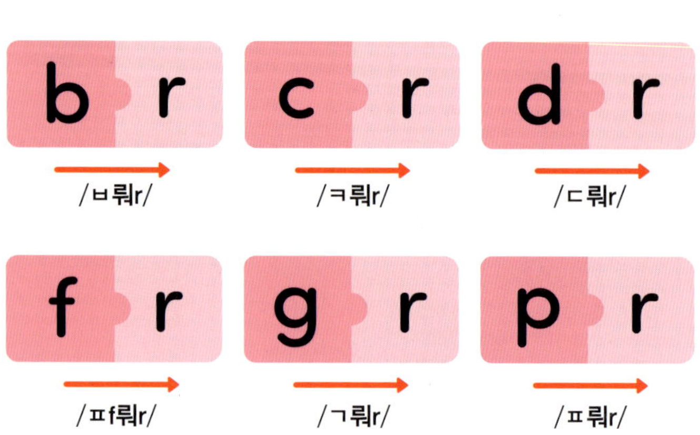

cr /크뤄r/ **ab** /앱/ → **crab** /크랩/

dr /드뤄r/ **um** /엄/ → **drum** /드럼/

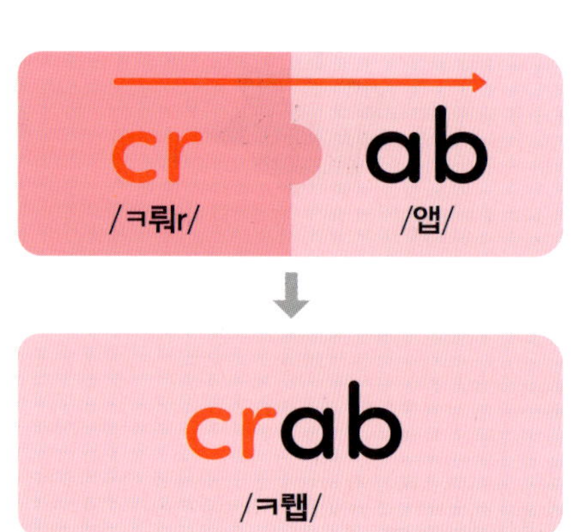
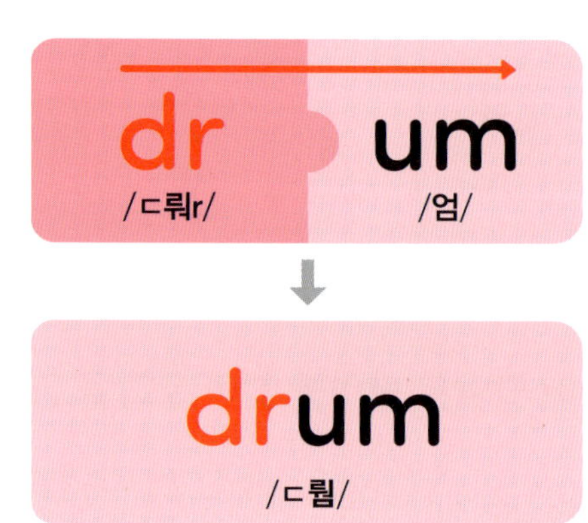

이중자음 소리 익히기

이중자음 소리에 집중하면서 잘 듣고 따라 읽어 보세요. 042

1 **br** /브뤄r/ **+** **ush** /어쉬/ → **brush** /브뤄쉬/

2 **cr** /크뤄r/ **+** **ab** /앱/ → **crab** /크랩/

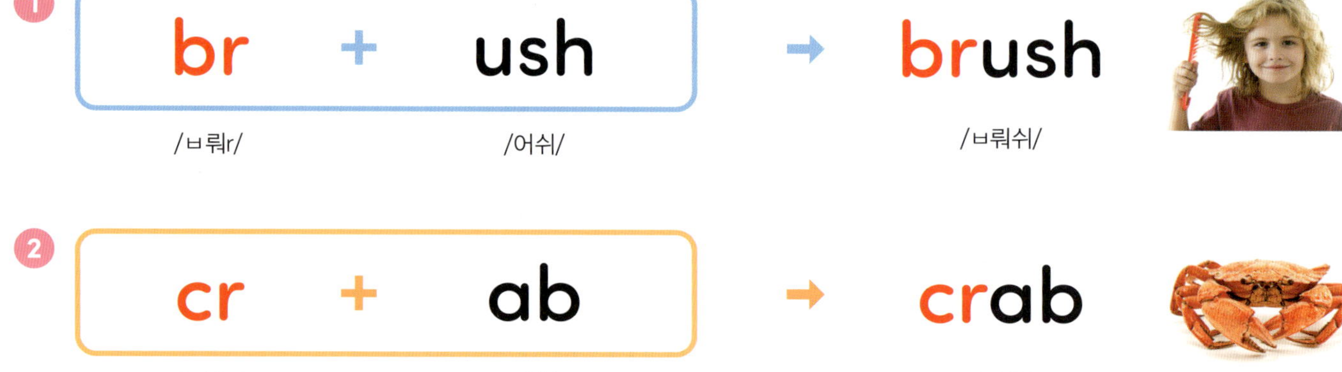

brush 빗질을 하다 crab 게 drum 드럼, 북 frog 개구리 grass 풀, 잔디 prince 왕자 truck 트럭

③ dr + um → drum

/ㄷ뤄r/ /엄/ /ㄷ뤔/

④ fr + og → frog

/ㅍf뤄r/ /악/ /ㅍf뤅/

⑤ gr + ass → grass

/ㄱ뤄r/ /애ㅅ/ /그뢔ㅅ/

⑥ pr + ince → prince

/ㅍ뤄r/ /인쓰/ /ㅍ뤈쓰/

⑦ tr + uck → truck

/ㅌ뤄r/ /억/ /ㅌ뤅/

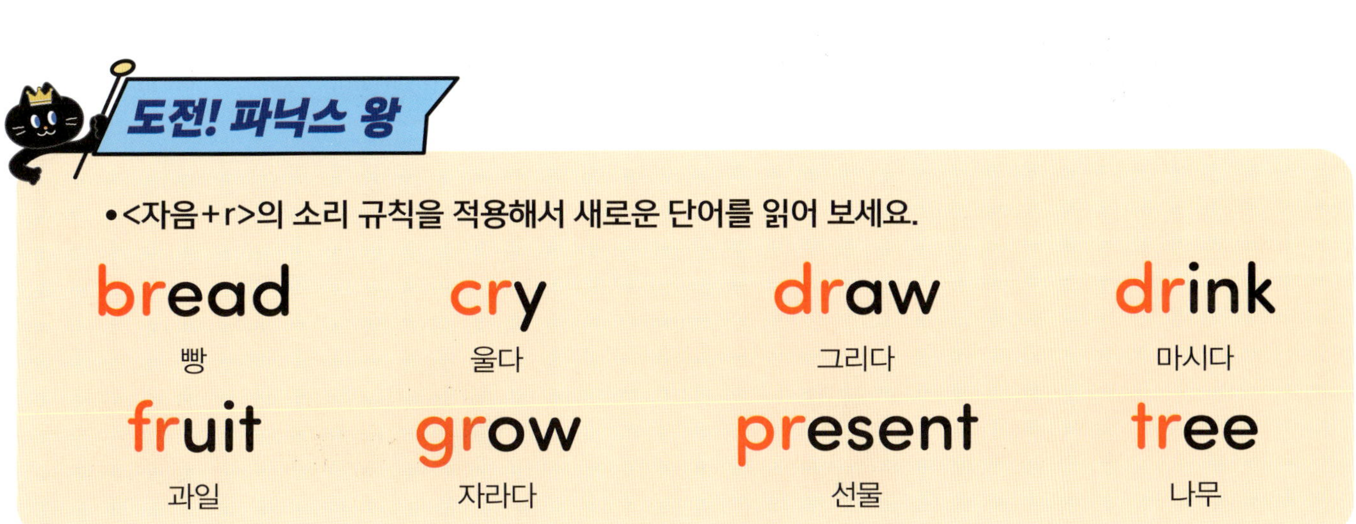

도전! 파닉스 왕

• <자음+r>의 소리 규칙을 적용해서 새로운 단어를 읽어 보세요.

bread
빵

cry
울다

draw
그리다

drink
마시다

fruit
과일

grow
자라다

present
선물

tree
나무

A 잘 듣고 알맞은 글자를 골라 단어를 완성하세요.

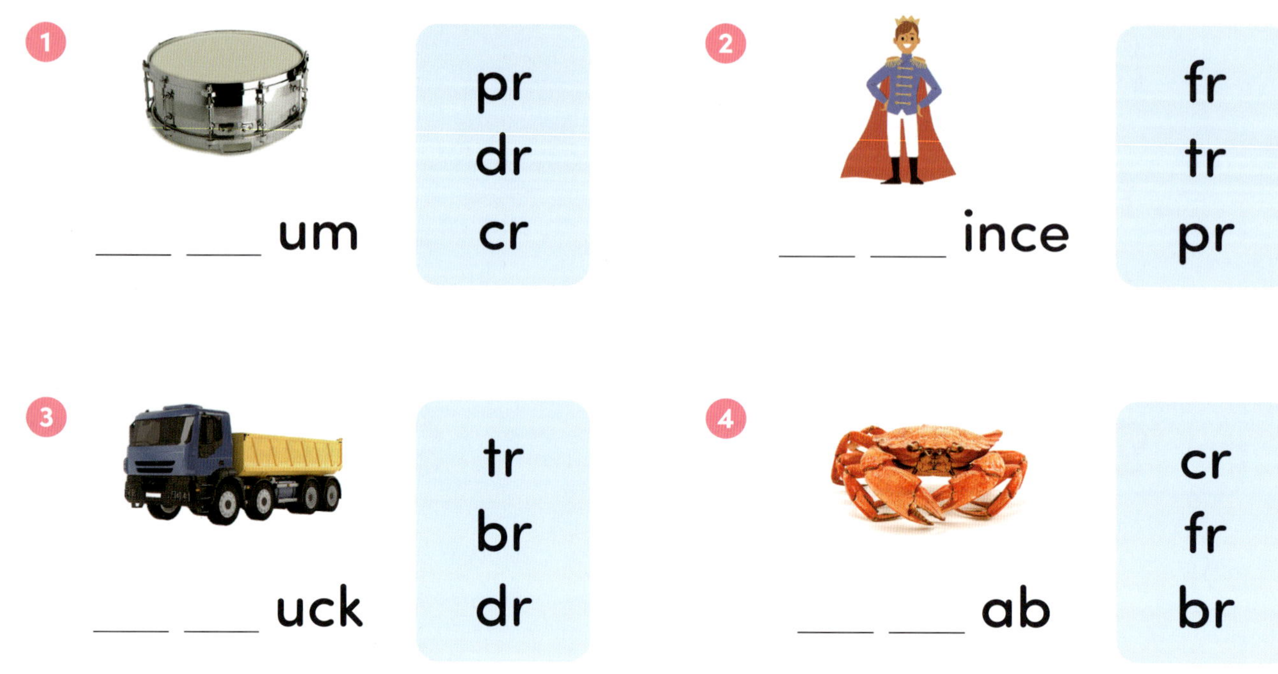

1. ___ ___ um — pr / dr / cr

2. ___ ___ ince — fr / tr / pr

3. ___ ___ uck — tr / br / dr

4. ___ ___ ab — cr / fr / br

B 잘 듣고 주어진 글자로 시작하는 단어의 그림을 골라 동그라미 하세요.

1. br

2. fr

3. pr

4. tr

C 잘 듣고 같은 소리로 시작하는 단어를 찾아 쓰세요.

br	cr	dr

fr	pr	tr

bread   cry
crab   brush
tree   frog
fruit   drum
drink   present
prince   truck

D 잘 듣고 빈칸에 알맞은 단어를 찾아 문장을 완성하세요.

1. I ☐☐☐☐☐ my hair. 나는 머리를 **빗어요**.

2. He likes to play the ☐☐☐☐s. 그는 **드럼**을 연주하는 것을 좋아해요.

3. She saw a ☐☐☐☐ at night. 그녀는 밤에 **개구리** 한 마리를 봤다.

4. He drives a big ☐☐☐☐☐. 그는 큰 **트럭**을 운전한다.

truck   frog   drum   brush

✏️ 파닉스 규칙

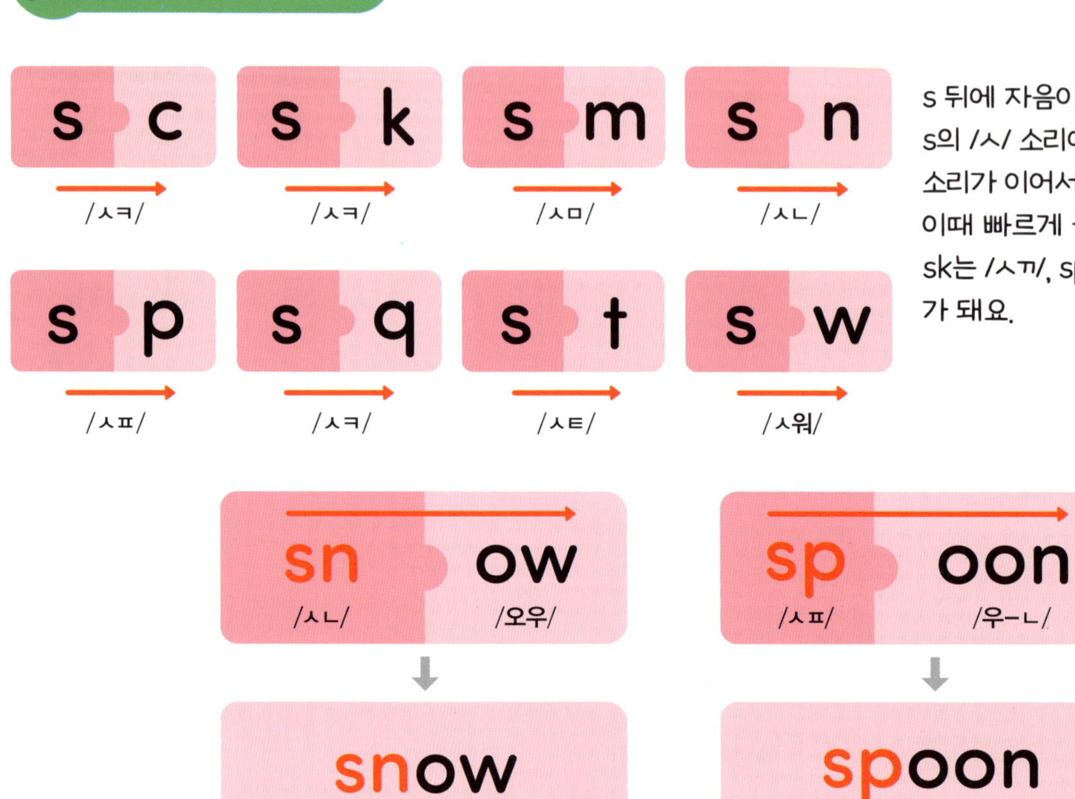

s c	s k	s m	s n
/스ㅋ/	/스ㅋ/	/스ㅁ/	/스ㄴ/

s p	s q	s t	s w
/스ㅍ/	/스ㅋ/	/스ㅌ/	/스워/

s 뒤에 자음이 붙은 이중자음은 s의 /ㅅ/ 소리에 뒤에 오는 자음의 소리가 이어서 나요.
이때 빠르게 붙여 소리 내면서 sc와 sk는 /스끼/, sp는 /스삐/, st는 /스띠/가 돼요.

sn /스ㄴ/	ow /오우/		sp /스ㅍ/	oon /우-ㄴ/
snow /스노우/			spoon /스뿌-ㄴ/	

📢 이중자음 소리 익히기

이중자음 소리에 집중하면서 잘 듣고 따라 읽어 보세요. **044** 🔈

①

sc	+	arf	→	scarf
/스ㅋ/		/알ㅍf/		/스깔ㅍf/

②

sk	+	ate	→	skate
/스ㅋ/		/에잍/		/스께잍/

scarf 스카프   skate 스케이트   smile 미소 짓다   snow 눈   spoon 숟가락   squid 오징어   star 별   swim 수영하다

③ **sm** + **ile** → **smile**
/ㅅ므/ /아일/ /ㅅ마일/

④ **sn** + **ow** → **snow**
/ㅅ느/ /오우/ /ㅅ노우/

⑤ **sp** + **oon** → **spoon**
/ㅅ프/ /우-ㄴ/ /ㅅ뿌-ㄴ/

⑥ **sq** + **uid** → **squid**
/ㅅ크/ /우읻/ /ㅅ퀻/

⑦ **st** + **ar** → **star**
/ㅅ트/ /아알/ /ㅅ따알/

⑧ **sw** + **im** → **swim**
/ㅅ워/ /임/ /ㅅ윔/

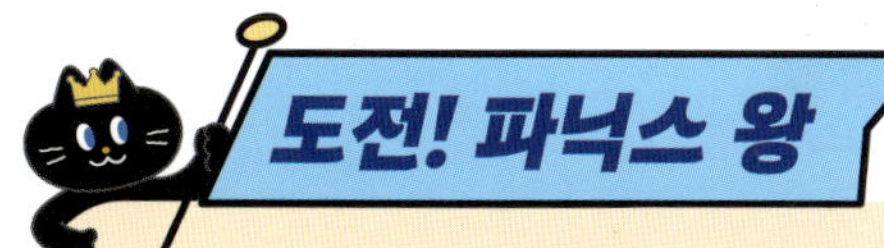

도전! 파닉스 왕

• <s+자음>의 소리 규칙을 적용해서 새로운 단어를 읽어 보세요.

score	skirt	small	snail
점수	치마	작은	달팽이
space	square	stop	sweet
공간	정사각형	멈추다	달콤한

A 잘 듣고 빈칸에 알맞은 글자를 써서 단어를 완성하세요.

B 잘 듣고 주어진 글자로 시작하는 단어의 그림을 골라 동그라미 하세요.

C 잘 듣고 알맞은 단어를 골라 동그라미 하세요.

1. swim | smile
2. scarf | snow
3. skate | squid
4. star | spoon
5. snow | swim
6. smile | skate

D 잘 듣고 빈칸에 알맞은 단어를 찾아 문장을 완성하세요.

1. They played in the ☐☐☐☐ . 그들은 **눈** 속에서 놀았어요.

2. He ate soup with a ☐☐☐☐☐ . 그는 **숟가락**으로 수프를 먹었어요.

3. I have a warm ☐☐☐☐☐ . 나는 따뜻한 **목도리**가 있어요.

4. The swan ☐☐☐☐ s in the lake. 백조는 호수에서 **헤엄쳐요.**

spoon   snow   scarf   swim

이중자음 nd, nt, nk, ng

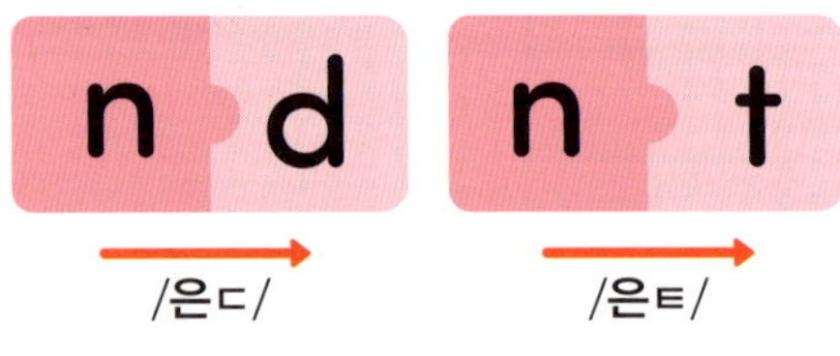

📝 파닉스 규칙

n d /은ㄷ/   **n t** /은ㅌ/

단어 끝에 〈n+자음〉이 올 때 두 자음이 연속으로 이어서 소리 나요.
자음 n의 /은/ 발음에 뒤에 오는 자음의 소리가 이어져서
nd는 /은ㄷ/, nt는 /은ㅌ/로 소리 나요.

nk /응ㅋ/   **ng** /응/

두 자음이 합쳐져 새로운 소리가 나기도 해요.
nk는 /은ㅋ/가 아니라 /응ㅋ/로 소리 나고, ng는 /응/으로 소리 나요.

* ng는 앞에 오는 모음에 따라 ang /앵/, ing /잉/,
ong /옹/, ung /엉/으로 소리 나요.

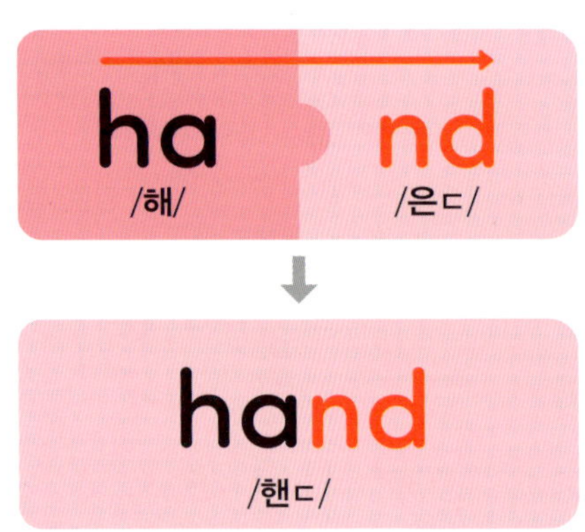

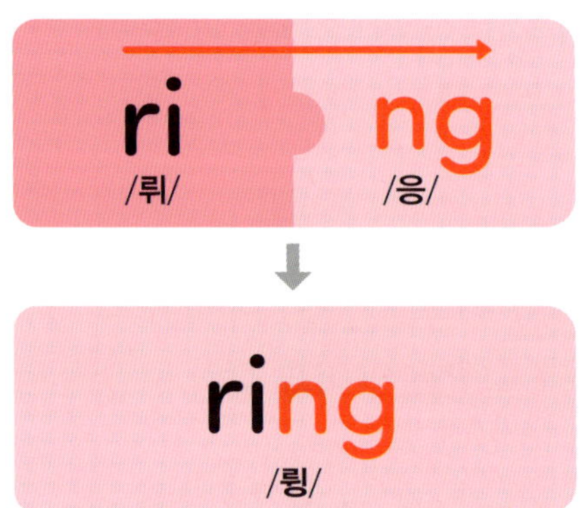

📣 이중자음 소리 익히기

이중자음 소리에 집중하면서 잘 듣고 따라 읽어 보세요. 046

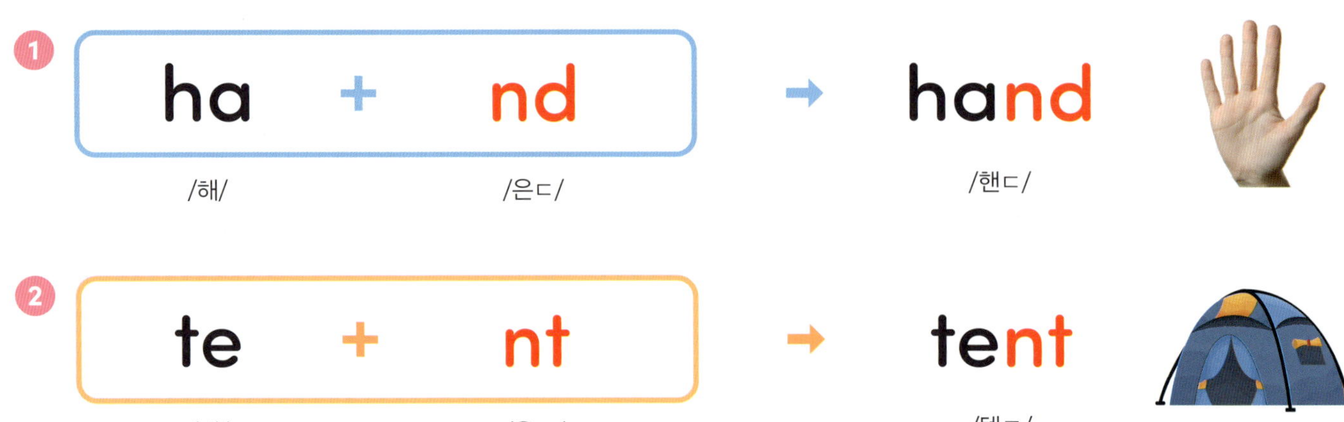

hand 손   tent 텐트   bank 은행   pink 분홍색의   king 왕   ring 반지   song 노래

③ ba + nk → **ba**nk

/배/ /응ㅋ/ /뱅ㅋ/

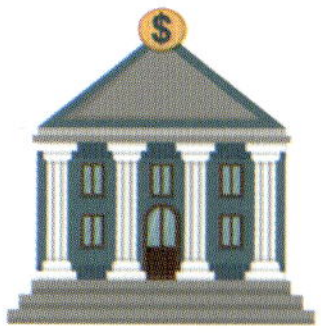

④ pi + nk → **pi**nk

/피/ /응ㅋ/ /핑ㅋ/

⑤ ki + ng → **ki**ng

/키/ /응/ /킹/

⑥ ri + ng → **ri**ng

/뤼/ /응/ /링/

⑦ so + ng → **so**ng

/쏘/ /응/ /쏭/

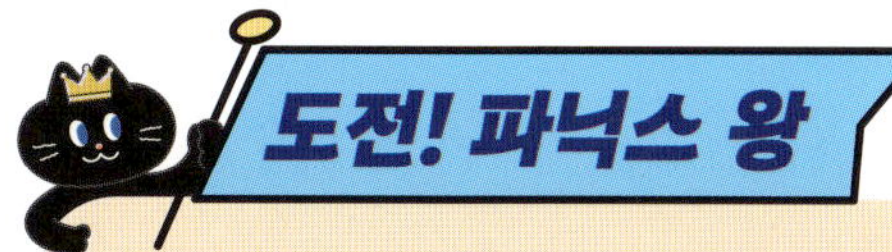

도전! 파닉스 왕

• <n+자음>의 소리 규칙을 적용해서 새로운 단어를 읽어 보세요.

wind	want	sink
바람	원하다	가라앉다
long	sing	wrong
길이가 긴	노래하다	틀린

A 잘 듣고 알맞은 글자를 골라 단어를 완성하세요.

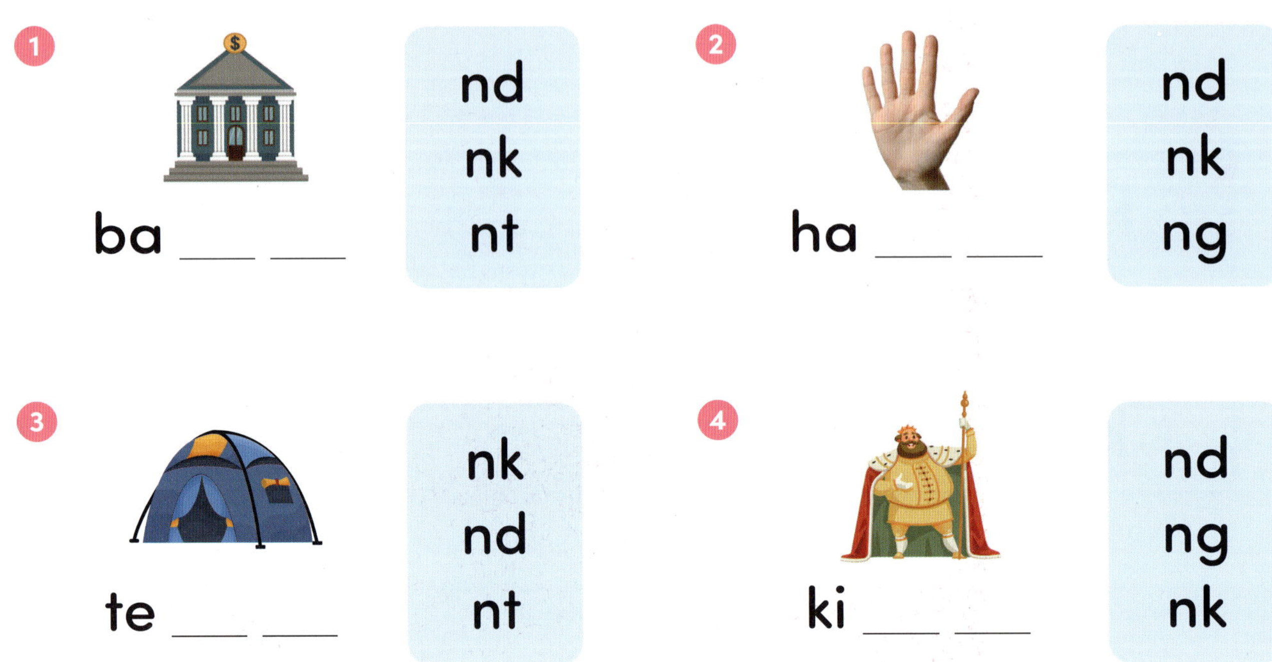

1. ba ___ ___   nd / nk / nt

2. ha ___ ___   nd / nk / ng

3. te ___ ___   nk / nd / nt

4. ki ___ ___   nd / ng / nk

B 잘 듣고 알맞은 순서대로 번호를 쓰세요.

C 잘 듣고 단어를 완성하고 알맞은 그림과 연결한 후 단어를 쓰세요.

1 r •   • ong •   •
2 t •   • ank •   •
3 s •   • ent •   •
4 b •   • ing •   •

D 잘 듣고 빈칸에 알맞은 단어를 찾아 문장을 완성하세요.

1 I put my [   ] in the sand.   나는 모래 속에 내 손을 넣었어요.

2 My mom works at the [   ].   나의 엄마는 은행에서 일하신다.

3 We sing a happy [   ].   우리는 행복한 노래를 불러요.

4 She wears a pretty [   ].   그녀는 예쁜 반지를 끼고 있어요.

bank   song   hand   ring

파닉스 규칙

ch /취/ **ph** /ㅍf/

두 자음이 합쳐지면서 새로운 소리로 변하는 경우도 있어요.
ch는 /ㅋㅎ/가 아니라 /취/라고 소리 내요.
ph는 /ㅍㅎ/가 아니라 /ㅍf/하고 소리 내요.

sh /쉬/ **th** /ㅆ/ 또는 /ㄷ/ **wh** /우/

sh는 /ㅅㅎ/가 아니라 /쉬/라고 소리 내요.
th는 /ㅌㅎ/가 아니라 /ㅆ/ 또는 /ㄷ/라고 소리 내요.
wh는 /워ㅎ/가 아니라 /우/하고 소리 내요.

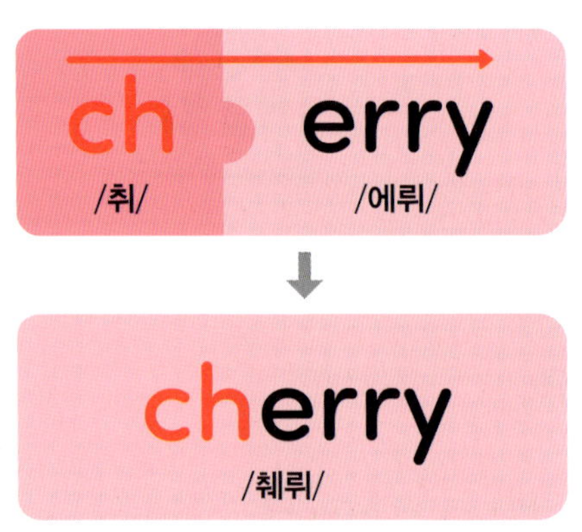

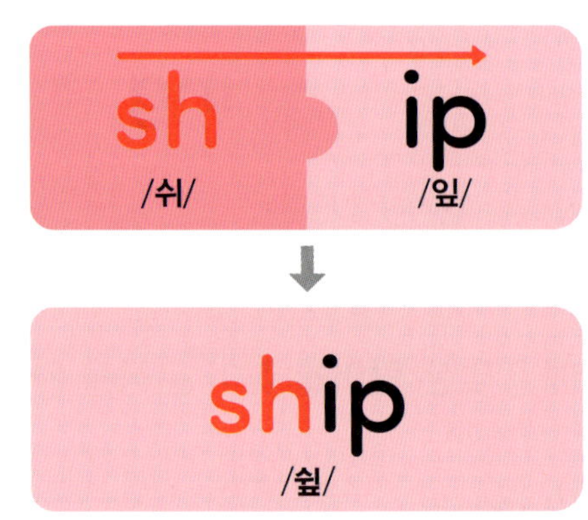

이중자음 소리 익히기
이중자음 소리에 집중하면서 잘 듣고 따라 읽어 보세요. 048

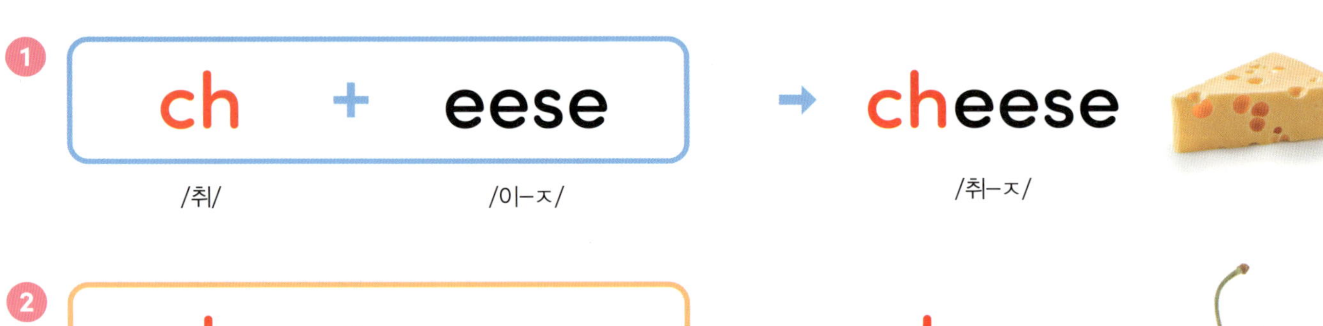

cheese 치즈 cherry 체리 phone 전화기 shark 상어 ship 배 thumb 엄지손가락 wheel 바퀴

3 ph + one → phone 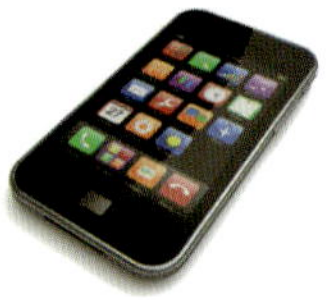

/ㅍf/ /오운/ /포f운/

4 sh + ark → shark 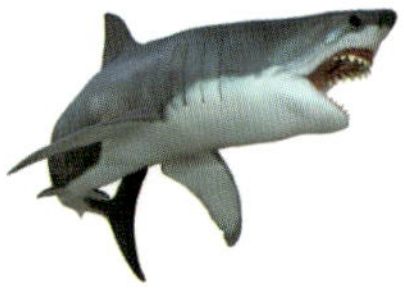

/쉬/ /아알ㅋ/ /샤알ㅋ/

5 sh + ip → ship 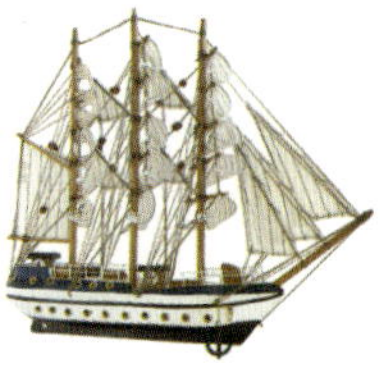

/쉬/ /잎/ /슆/

6 th + umb → thumb 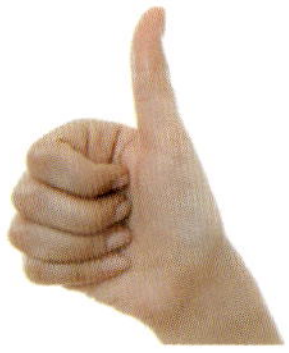

/ㅆ/ /엄/ /썸/

7 wh + eel → wheel 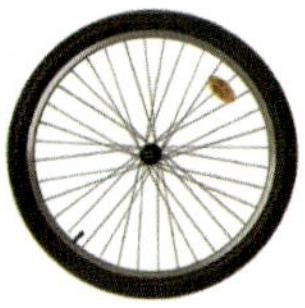

/우/ /일–/ /윌–/

도전! 파닉스 왕

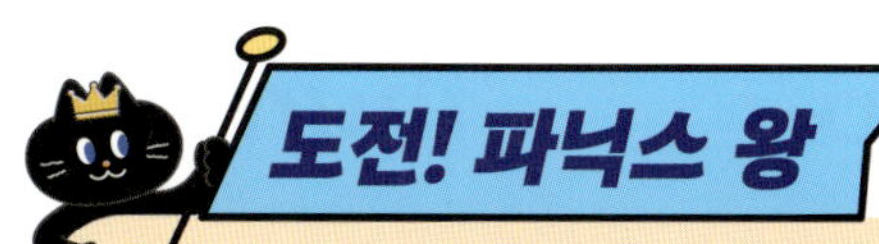

• 이중자음들의 소리 규칙을 적용해서 새로운 단어를 읽어 보세요.

chair 의자	photo 사진	shirt 셔츠
thief 도둑	think 생각하다	white 흰색의

A 잘 듣고 빈칸에 알맞은 글자를 써서 단어를 완성하세요.

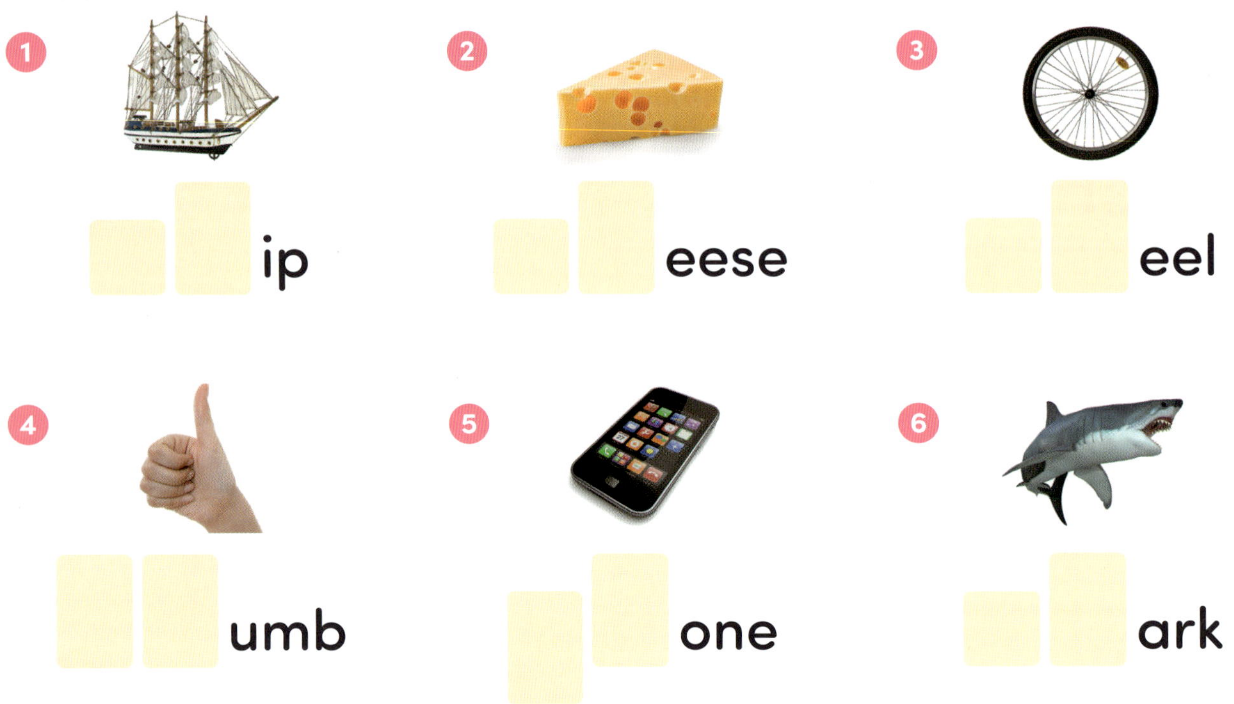

① ＿＿ip

② ＿＿eese

③ ＿＿eel

④ ＿＿umb

⑤ ＿＿one

⑥ ＿＿ark

B 잘 듣고 주어진 단어와 첫소리가 같은 단어를 골라 동그라미 하세요.

① **phone**	cheese	photo	shark
② **shark**	cherry	ship	thumb
③ **cherry**	thumb	shirt	cheese
④ **wheel**	white	cherry	photo

C 잘 듣고 같은 소리로 시작하는 단어를 찾아 쓰세요.

ch	ph	sh

th	wh

think   photo
wheel   cherry
phone   white
ship   thumb
chair   shirt

D 잘 듣고 빈칸에 알맞은 단어를 찾아 문장을 완성하세요.

1. The ☐☐☐☐☐ rang loudly. 전화기가 시끄럽게 울렸다.

2. He loves ☐☐☐☐☐☐ pie. 그는 **체리** 파이를 매우 좋아한다.

3. She hurt her ☐☐☐☐☐. 그녀는 **엄지손가락**을 다쳤다.

4. The bike has only one ☐☐☐☐☐. 그 자전거는 **바퀴**가 한 개밖에 없다.

phone   wheel   cherry   thumb

A 그림을 보고 단어에 들어가는 알맞은 글자를 골라 동그라미 하세요.

1.

| cl | fl |

2.

| bl | gl |

3.

| br | cr |

4.

| fr | tr |

5.

| sm | sn |

6.

| sc | st |

7.

| nd | ng |

8.

| ch | sh |

B 잘 듣고 주어진 글자가 들어가는 단어의 그림을 골라 동그라미 하세요.

9. cl

10. pr

11. sp

12. nk

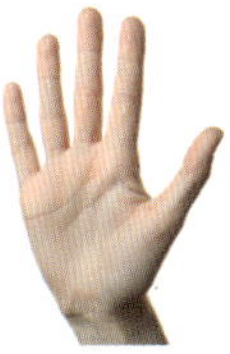

13. ch

14. wh

 잘 듣고 빈칸에 알맞은 글자를 쓰고 해당하는 그림을 골라 동그라미 하세요.

15. ass

16. ate

17. ab

18. um

19. arf

20. ba

21. so

22. ark

23.

_ _ ock

24.

_ _ ide

25.

_ _ uck

26.

_ _ arf

27.
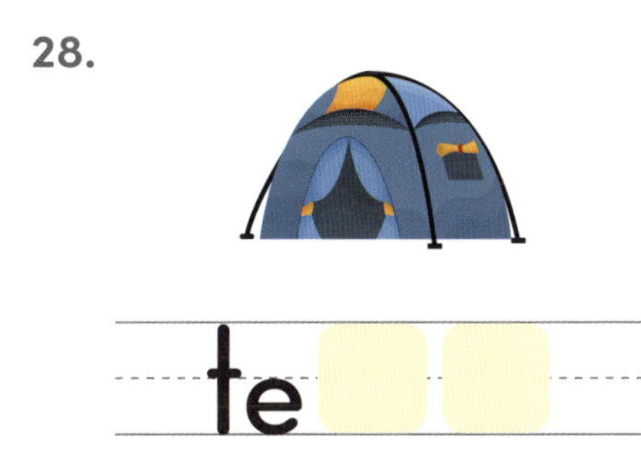
_ _ ile

28.

te _ _

29.

_ _ eese

30.
_ _ eel

Part 5

이중모음 익히기

Double Vowels

이중모음은 모음 두 개가 나란히 붙어 있는 것을 말해요.
모음과 모음이 만나면 다양한 변신을 하게 돼요.

첫째, 앞의 모음만 장모음 소리를 내고 뒤의 모음은 소리 나지 않아요.
둘째, 모음 두 개가 합쳐져 새로운 소리를 내기도 해요.
셋째, 모음 뒤에 r이 붙어서 모음의 소리가 달라지기도 해요.

자, 그럼 단어 속에서 이중모음이 어떻게 소리가 나는지 알아볼게요.

1 이중모음 ai, ay

파닉스 규칙

ai	ay
/에이/	/에이/

이중모음 중에는 앞의 모음만 장모음 소리를 내는 경우가 있어요. 이중모음 ai와 ay는 앞의 모음 a만 알파벳 이름 그대로 /에이/라고 소리 나요.

m /ㅁ/ + ai /에이/ + l /ㄹ/ → mail /메일/

p /ㅍ/ + ay /에이/ → pay /페이/

이중모음 소리 익히기

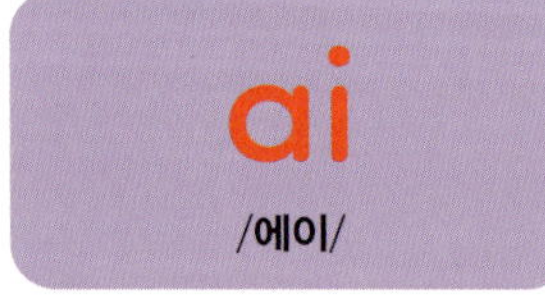

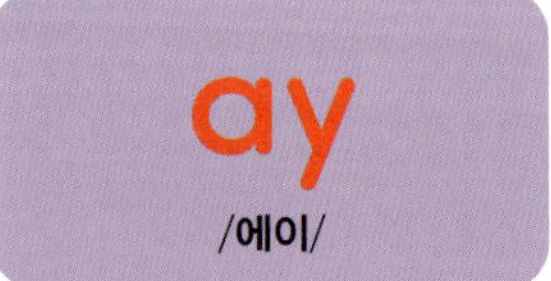

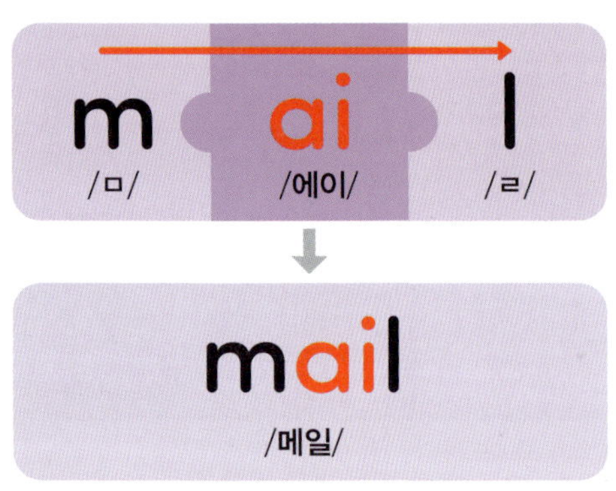

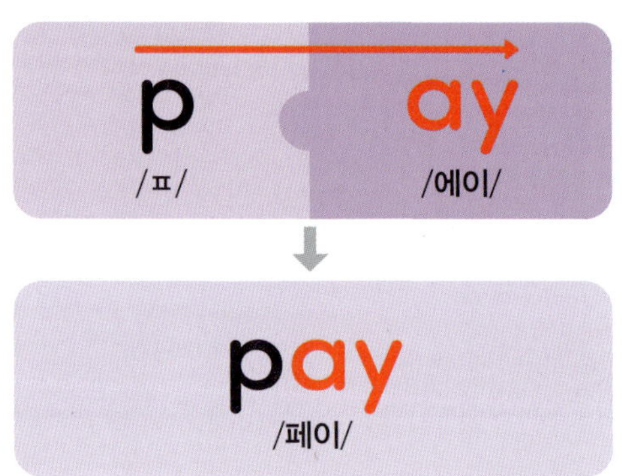

이중모음 소리에 집중하면서 잘 듣고 따라 읽어 보세요. 051

1. m + ai + l → mail
   /ㅁ/ /에이/ /ㄹ/ /메일/

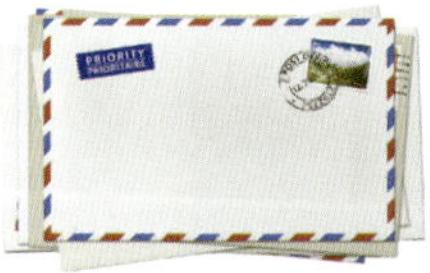

2. r + ai + n → rain
   /뤄r/ /에이/ /ㄴ/ /뤠인/

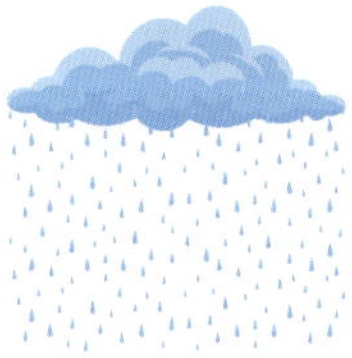

mail 우편 rain 비 tail 꼬리 train 기차 pay 비용을 내다 say 말하다 way 길

③ t + ai + l → tail

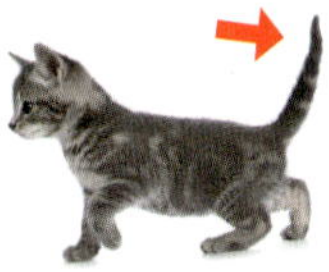

/트/ /에이/ /ㄹ/ /테일/

④ tr + ai + n → train

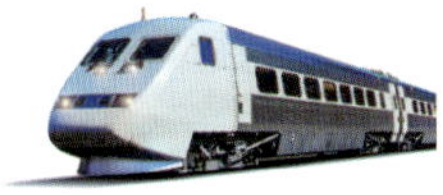

/트뤄r/ /에이/ /ㄴ/ /트뤠인/

⑤ p + ay → pay

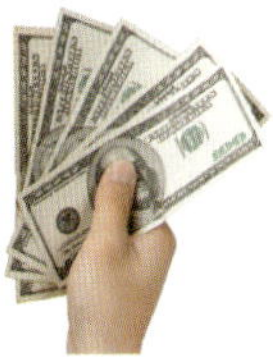

/프/ /에이/ /페이/

⑥ s + ay → say

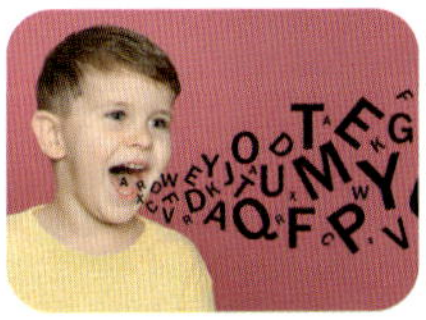

/쓰/ /에이/ /쎄이/

⑦ w + ay → way

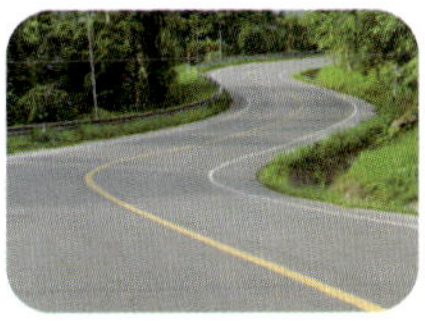

/워/ /에이/ /웨이/

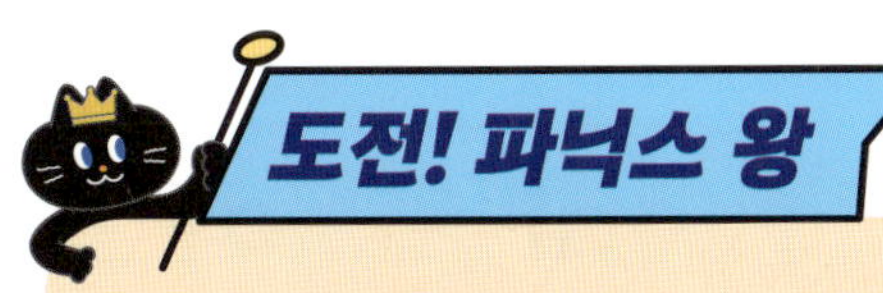

•이중모음 ai, ay의 소리 규칙을 적용해서 새로운 단어를 읽어 보세요.

brain
뇌

nail
손톱, 못

sail
항해하다

wait
기다리다

day
하루

gray
회색의

play
놀다

stay
머무르다

Practice

A 잘 듣고 그림에 알맞은 단어를 골라 동그라미 하세요.

1 

say

sai

2 

rayn

rain

3 

mail

mayl

4 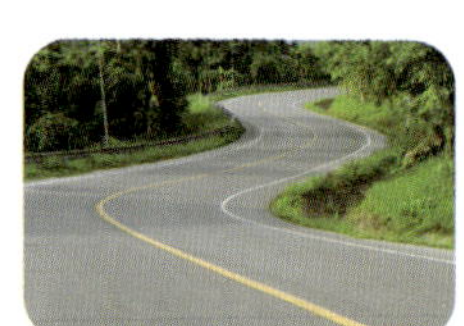

wai

way

B 잘 듣고 빈칸에 알맞은 글자를 써서 단어를 완성하세요.

1 tr ___ ___ n

ai   ay

2 p ___ ___

ai   ay

3 s ___ ___

ai   ay

4 w ___ ___

ai   ay

5 m ___ ___ l

ai   ay

6 t ___ ___ l

ai   ay

C 잘 듣고 알맞은 그림에 연결하고 단어를 쓰세요.

1. rain •
2. pay •
3. tail •
4. way •

D 잘 듣고 빈칸에 알맞은 단어를 찾아 문장을 완성하세요.

1. They played in the ☐☐☐☐ . 그들은 **빗**속에서 놀았다.

2. The bird has a long ☐☐☐☐ . 그 새는 긴 **꼬리**가 있어요.

3. She will ☐☐☐ sorry soon. 그녀는 곧 미안하다고 **말할** 거예요.

4. We ☐☐☐ in cash. 우리는 현금으로 **지불해요**.

rain   say   tail   pay

✏️ 파닉스 규칙

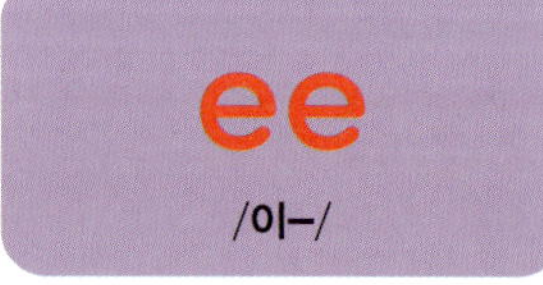

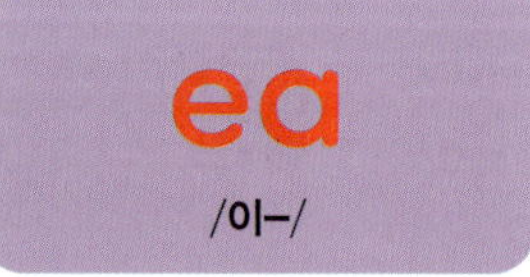

이중모음 중에는 앞의 모음만 장모음 소리를 내는 경우가 있어요. 이중모음 ee와 ea는 앞의 모음 e만 알파벳 이름 그대로 /이-/라고 소리 나요.

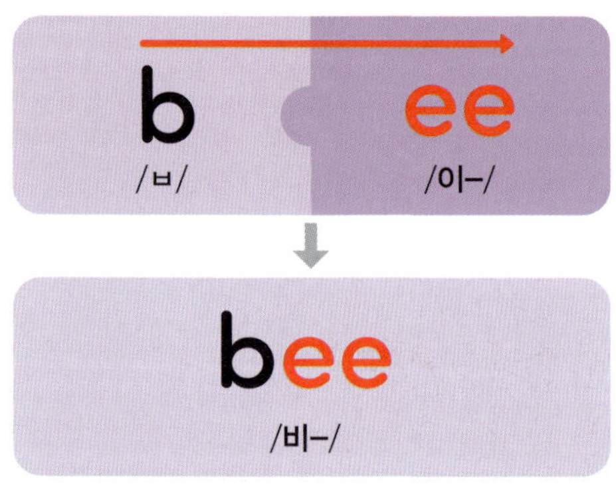

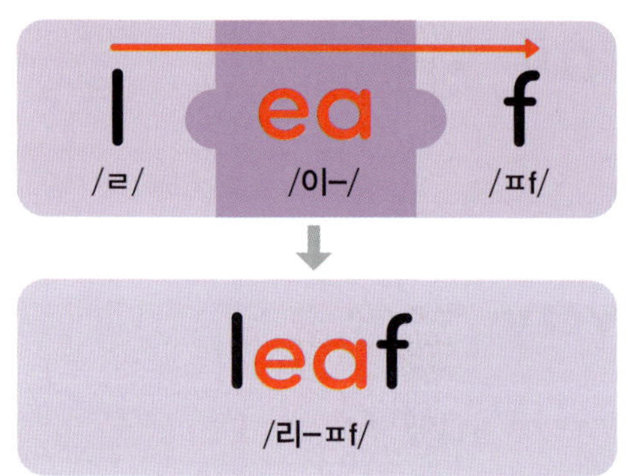

📢 이중모음 소리 익히기

이중모음 소리에 집중하면서 잘 듣고 따라 읽어 보세요. 053 🔊

1

2

bee 벌   green 녹색의   seed 씨앗   tree 나무   leaf 나뭇잎   meat 고기   sea 바다

③ s + ee + d → seed

/ㅆ/ /이–/ /ㄷ/ /씨–ㄷ/

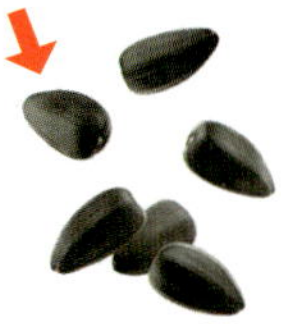

④ tr + ee → tree

/ㅌ뤄r/ /이–/ /ㅌ뤼–/

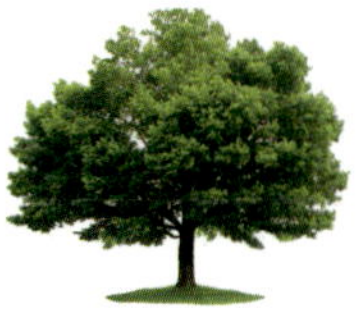

⑤ l + ea + f → leaf

/ㄹ/ /이–/ /ㅍf/ /리–ㅍf/

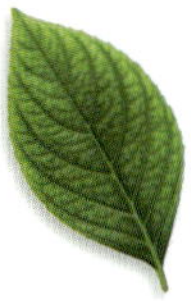

⑥ m + ea + t → meat

/ㅁ/ /이–/ /ㅌ/ /미–ㅌ/

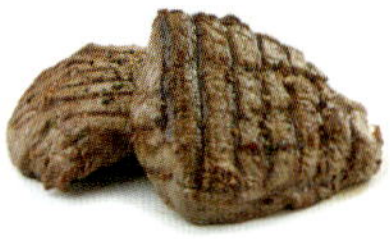

⑦ s + ea → sea

/ㅆ/ /이–/ /씨–/

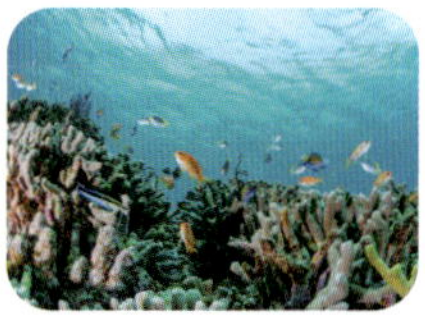

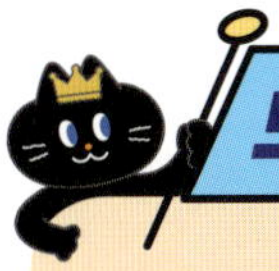

도전! 파닉스 왕

• 이중모음 ee, ea의 소리 규칙을 적용해서 새로운 단어를 읽어 보세요.

feet 발들	meet 만나다	see 보다	week 주, 일주일
beach 바닷가	heat 열기	jeans 청바지	read 읽다

A 잘 듣고 알맞은 글자를 골라 단어를 완성하세요.

B 잘 듣고 알맞은 그림을 골라 동그라미 하세요.

 잘 듣고 그림에 알맞은 단어를 골라 빈칸에 쓰세요.

| leaf | tree | sea | green | meat | seed |

1 ________________

2 ________________

3 ________________

4 ________________

5 ________________

6 ________________

D 잘 듣고 빈칸에 알맞은 단어를 찾아 문장을 완성하세요.

1 She cooked ☐☐☐☐ for dinner. 그녀는 저녁으로 **고기를** 요리했다.

2 The ☐☐☐ is very busy. 그 **벌**은 매우 바쁘다.

3 They hugged the big ☐☐☐☐. 그들은 큰 **나무를** 껴안았다.

4 He enjoys fishing in the ☐☐☐. 그는 **바다**에서 낚시하는 것을 좋아한다.

| meat | tree | sea | bee |

3 이중모음 ie, ei

파닉스 규칙

ie	ei
/아이/ 또는 /이–/	/이–/

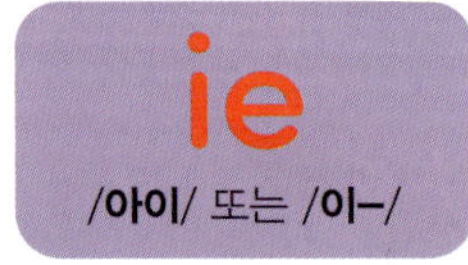

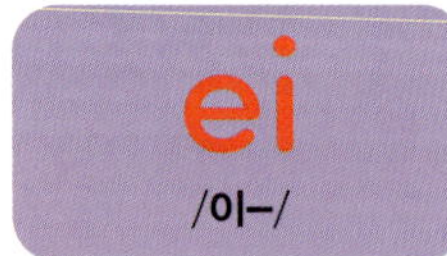

이중모음 ie는 앞의 모음만 장모음 소리를 내서 /아이/라고 소리 나기도 하고, 두 모음이 합쳐져 새로운 소리 /이-/로 소리 나기도 해요. 또한, 발음은 /이-/로 같지만 철자가 ei인 단어들도 있어요.

p /ㅍ/	ie /아이/	
↓		
pie /파이/		

th /ㅆ/	ie /이–/	f /ㅍf/
↓		
thief /씨–ㅍf/		

c /ㅆ/	ei /이–/	ling /링/
↓		
ceiling /씨일링/		

이중모음 소리 익히기

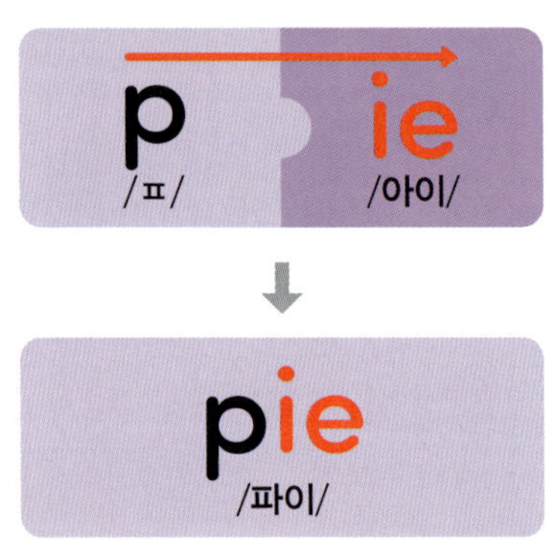

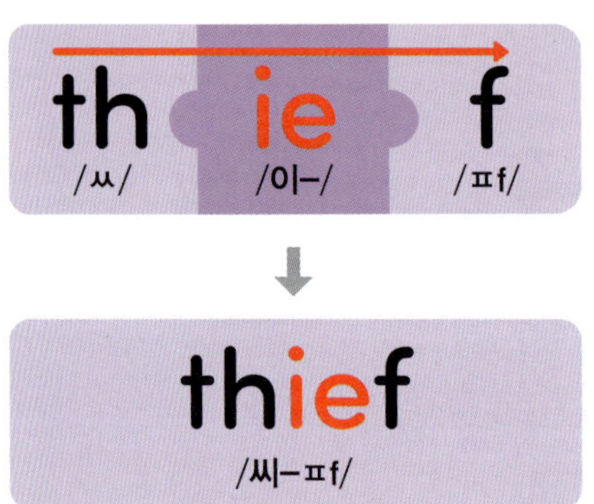

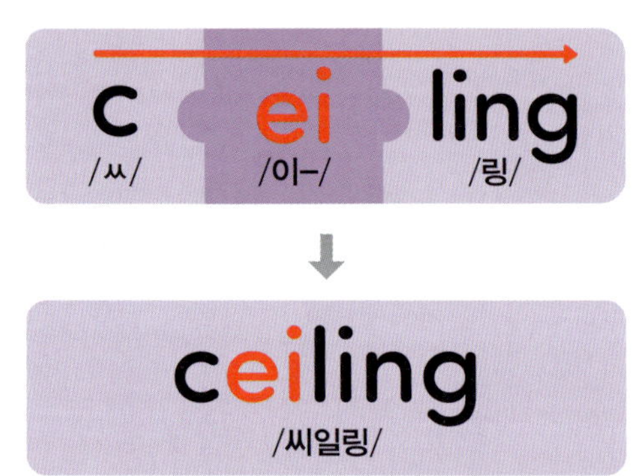

이중모음 소리에 집중하면서 잘 듣고 따라 읽어 보세요. 055

1. p /ㅍ/ + ie /아이/ → pie /파이/

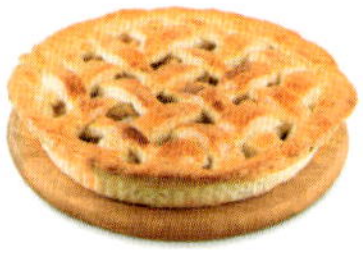

2. t /ㅌ/ + ie /아이/ → tie /타이/

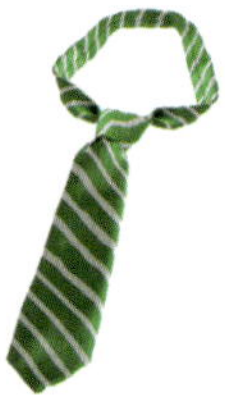

pie 파이 tie 넥타이 field 들판 piece 조각 thief 도둑 ceiling 천장 receive 받다

3

f + ie + ld → field

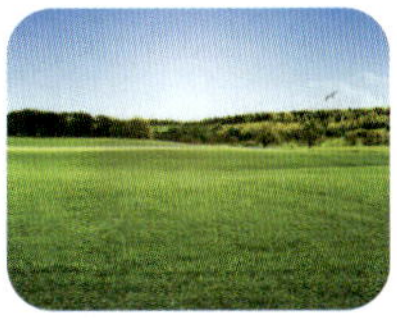

/ㅍf/ /이–/ /ㄹㄷ/ /피일드/

4

p + ie + ce → piece

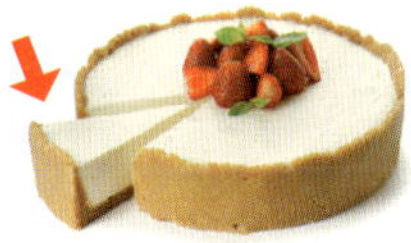

/ㅍ/ /이–/ /ㅆ/ /피–ㅆ/

5

th + ie + f → thief

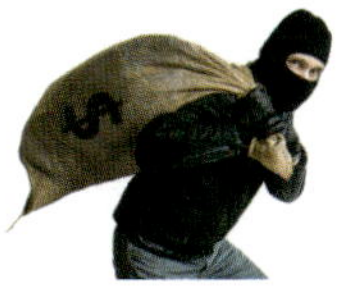

/ㅆ/ /이–/ /ㅍf/ /씨–ㅍf/

6

c + ei + ling → ceiling

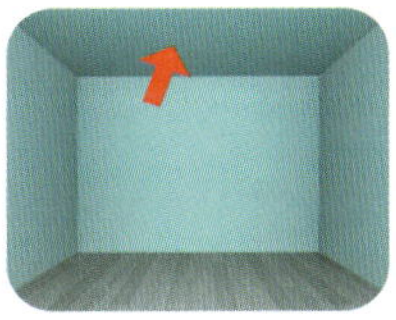

/ㅆ/ /이–/ /링/ /씨일링/

7

rec + ei + ve → receive

/뤼ㅆ/ /이–/ /ㅂ/ /뤼씨–ㅂ/

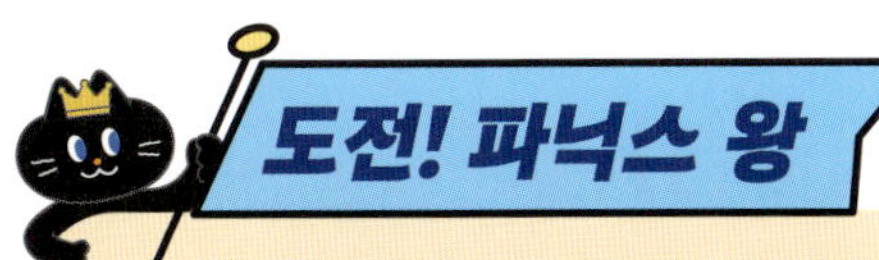

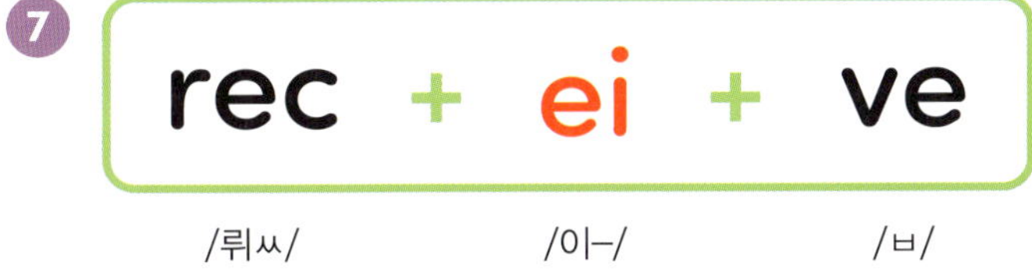

- 이중모음 ie, ei의 소리 규칙을 적용해서 새로운 단어를 읽어 보세요.

die	lie	chief
죽다	눕다	추장
niece	protein	receipt
조카딸	단백질	영수증

A 잘 듣고 그림에 알맞은 단어를 골라 동그라미 하세요.

1 

thief

theif

2 

tie

tei

3 

pei

pie

4 

feild

field

B 잘 듣고 빈칸에 알맞은 글자를 연결하세요.

f __ __ ld •   • p __ __

t __ __ •   • ie •   • th __ __ f

c __ __ ling •   • ei •   • rec __ __ ve

p __ __ ce •   • l __ __

C 잘 듣고 빈칸에 알맞은 글자를 써서 단어를 완성하세요.

1. ___ ie

2. c ___ ling

3. t ___ i ___ f

4. ___ i ___ ce

5. ___ iel ___

6. rec ___ ___ ve

D 잘 듣고 빈칸에 알맞은 단어를 찾아 문장을 완성하세요.

1. I like apple ☐☐☐. 나는 사과 **파이**를 좋아해요.

2. Mom gave Dad a new ☐☐☐. 엄마는 아빠에게 새 **넥타이**를 줬어요.

3. The ☐☐☐☐☐ took my toy. 그 **도둑**이 내 장난감을 가져갔어요.

4. He cleaned the ☐☐☐☐☐☐☐. 그는 **천장**을 청소했다.

thief　　　pie　　　tie　　　ceiling

④ 이중모음 oa, ow

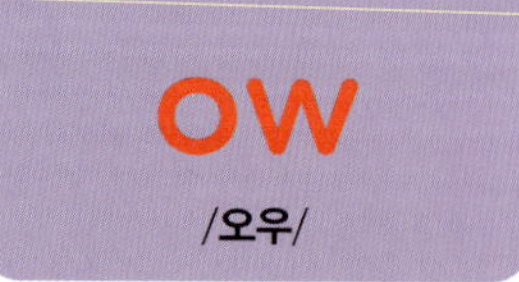

이중모음 중에는 앞의 모음만 장모음 소리를 내는 경우가 있어요.
이중모음 oa와 ow는 앞의 모음 o만 알파벳 이름 그대로
/오우/라고 소리 나요.

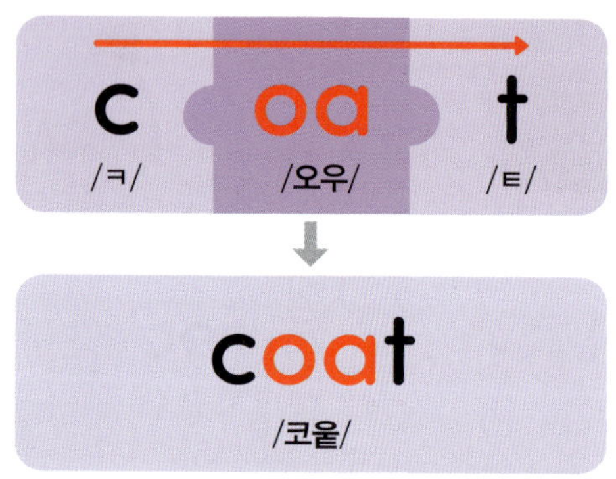

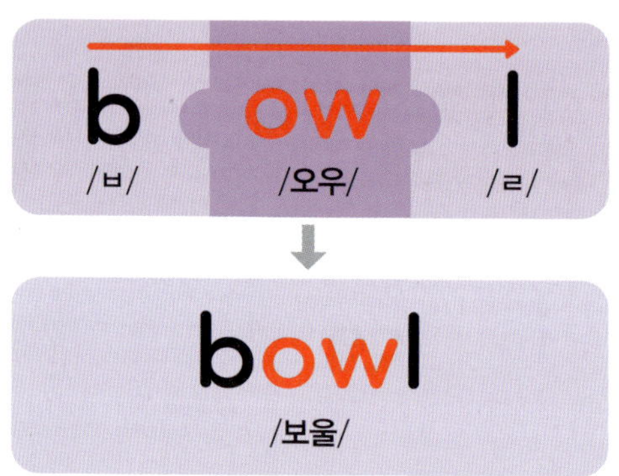

이중모음 소리 익히기 이중모음 소리에 집중하면서 잘 듣고 따라 읽어 보세요. 057

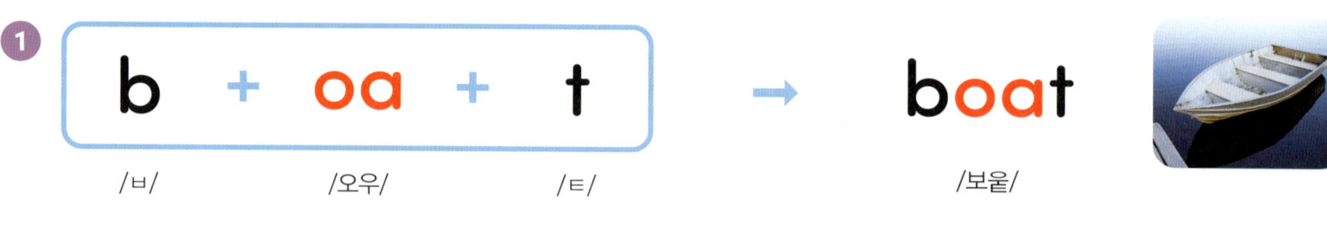

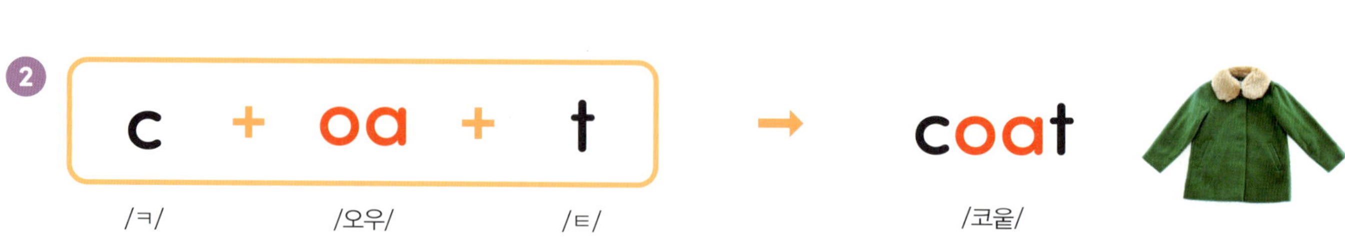

boat 배   coat 코트   soap 비누   blow 불다   bowl 그릇   crow 까마귀   snow 눈

3 s + oa + p → soap
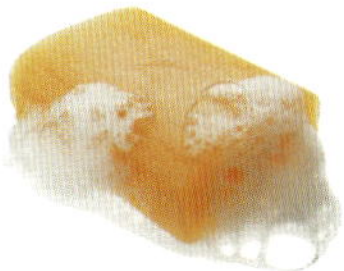
/ㅆ/ /오우/ /ㅍ/ /쏘웊/

4 bl + ow → blow
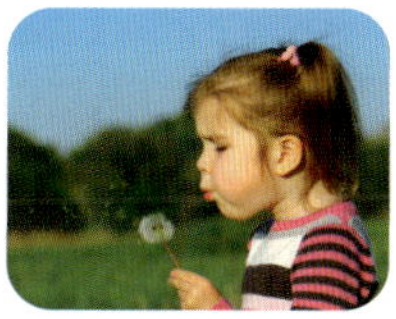
/블ㄹ/ /오우/ /블로우/

5 b + ow + l → bowl
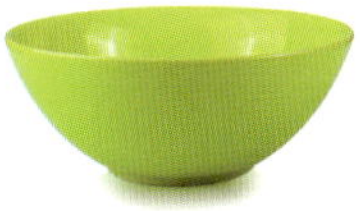
/ㅂ/ /오우/ /ㄹ/ /보울/

6 cr + ow → crow
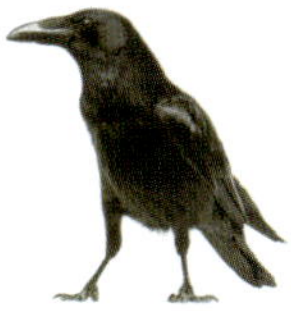
/ㅋ뤄r/ /오우/ /ㅋ로우/

7 sn + ow → snow
/ㅅㄴ/ /오우/ /ㅅ노우/

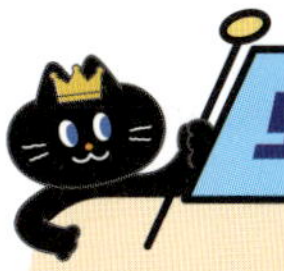

도전! 파닉스 왕

• 이중모음 oa, ow의 소리 규칙을 적용해서 새로운 단어를 읽어 보세요.

goal 목표	goat 염소	road 길	toad 두꺼비
grow 자라다	slow 느린	window 창문	yellow 노란색의

058

A 잘 듣고 그림에 알맞은 단어를 골라 동그라미 하세요.

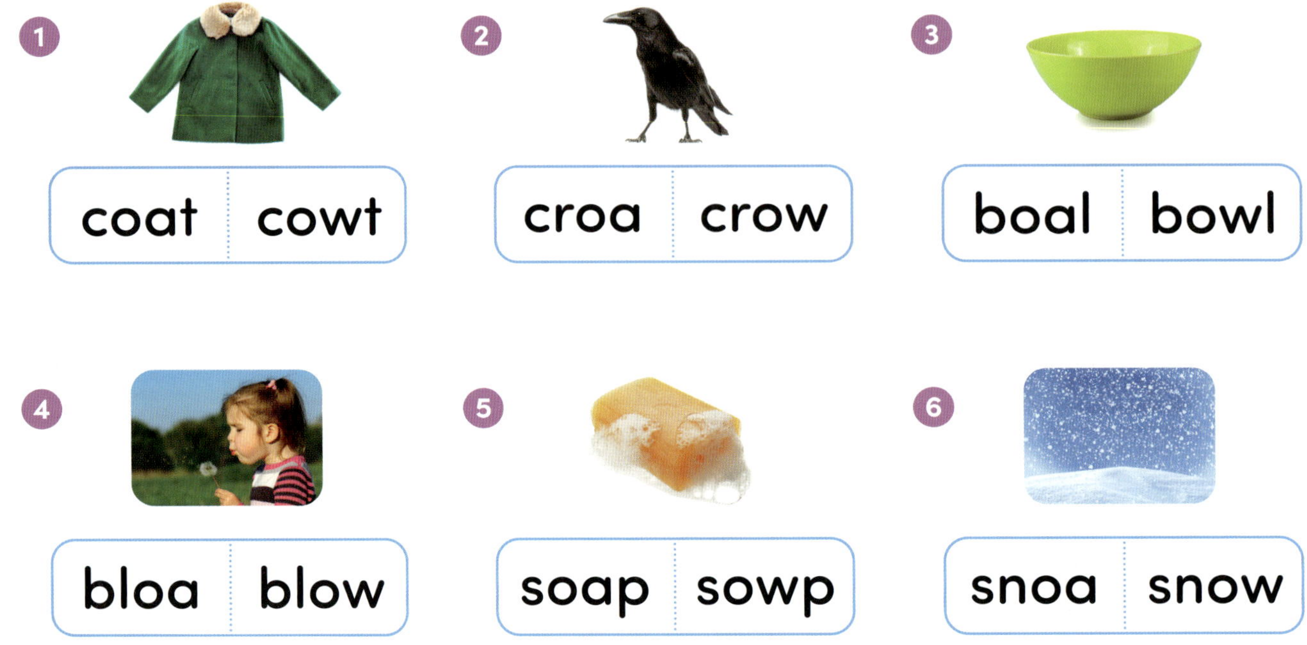

① coat | cowt

② croa | crow

③ boal | bowl

④ bloa | blow

⑤ soap | sowp

⑥ snoa | snow

B 잘 듣고 주어진 단어에 알맞은 그림을 골라 동그라미 하세요.

① bowl

② coat

③ soap

④ crow

D 잘 듣고 빈칸에 알맞은 단어를 찾아 문장을 완성하세요.

1 He needs a ☐☐☐☐ for winter. 그는 겨울에 입을 **코트**가 필요해요.

2 We saw a ☐☐☐☐ in the tree. 우리는 나무에 있는 **까마귀**를 보았어요.

3 I can ☐☐☐☐ big bubbles. 나는 큰 거품을 **불** 수 있어요.

4 The ☐☐☐☐ made his hands clean. 그 **비누**는 그의 손을 깨끗하게 했다.

| crow | blow | soap | coat |

5 이중모음 ou, ow

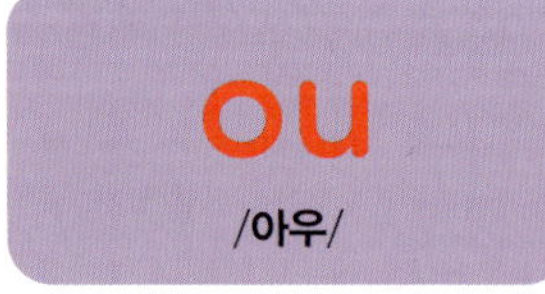

ou
/아우/

ow
/아우/

이중모음 중에는 두 개의 모음이 합쳐져 새로운 소리를 내는 경우가 있어요. 이중모음 ou와 ow는 두 모음이 더해져 새로운 소리인 /아우/로 소리가 나요.

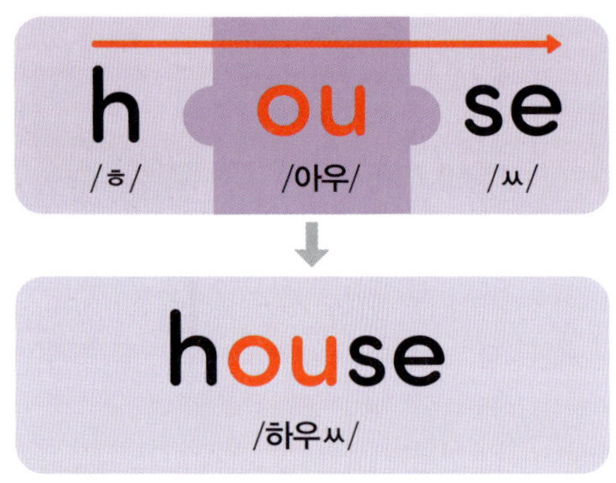

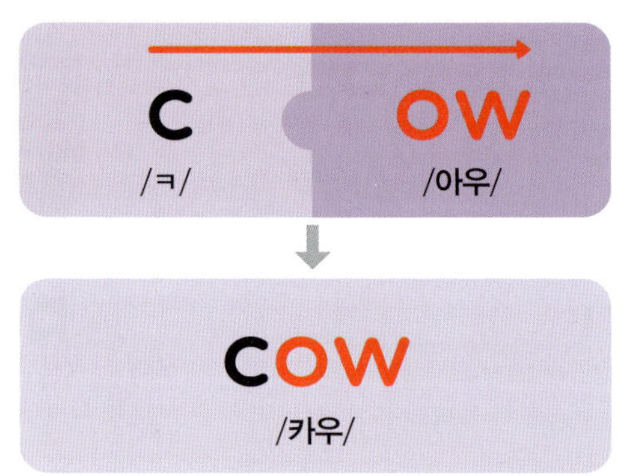

이중모음 소리 익히기 이중모음 소리에 집중하면서 잘 듣고 따라 읽어 보세요. 059

1

→

2

→

mouse
/마우ㅆ/

house 집   mouse 쥐   mouth 입   sound 소리   brown 갈색의   cow 젖소   down 아래로

3 m + ou + th → mouth 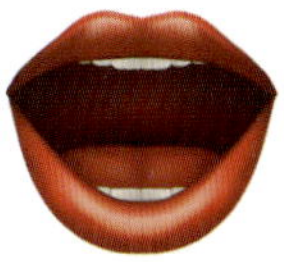

/ㅁ/ /아우/ /ㅆ/ /마우ㅆ/

4 s + ou + nd → sound 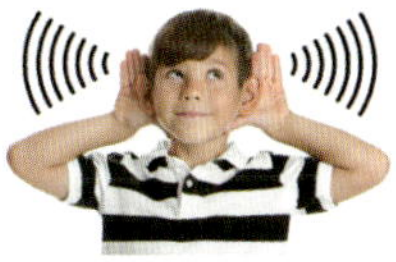

/ㅆ/ /아우/ /은ㄷ/ /싸운ㄷ/

5 br + ow + n → brown 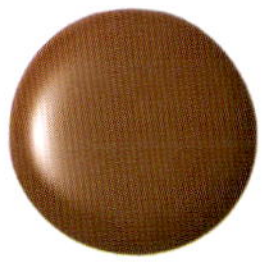

/ㅂ뤄r/ /아우/ /ㄴ/ /ㅂ롸운/

6 c + ow → cow 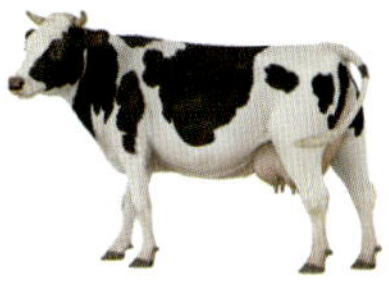

/ㅋ/ /아우/ /카우/

7 d + ow + n → down 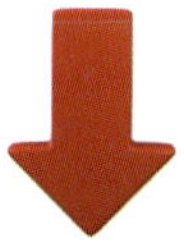

/ㄷ/ /아우/ /ㄴ/ /다운/

도전! 파닉스 왕

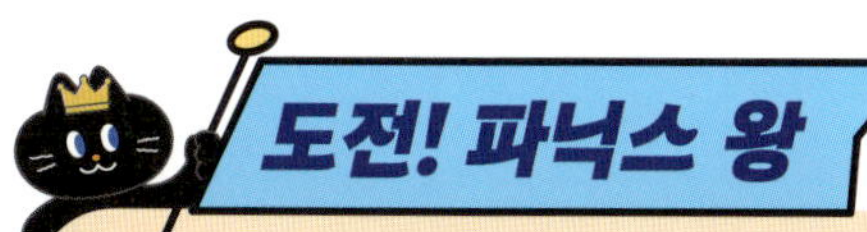

• 이중모음 ou, ow의 소리 규칙을 적용해서 새로운 단어를 읽어 보세요.

cloud 구름	loud 시끄러운	shout 소리치다	south 남쪽
crowd 군중, 무리	crown 왕관	now 지금, 이제	town 도시

A 잘 듣고 그림에 알맞은 단어를 골라 동그라미 하세요.

1

cou

cow

2

house

howse

3

mouse

mowse

4

broun

brown

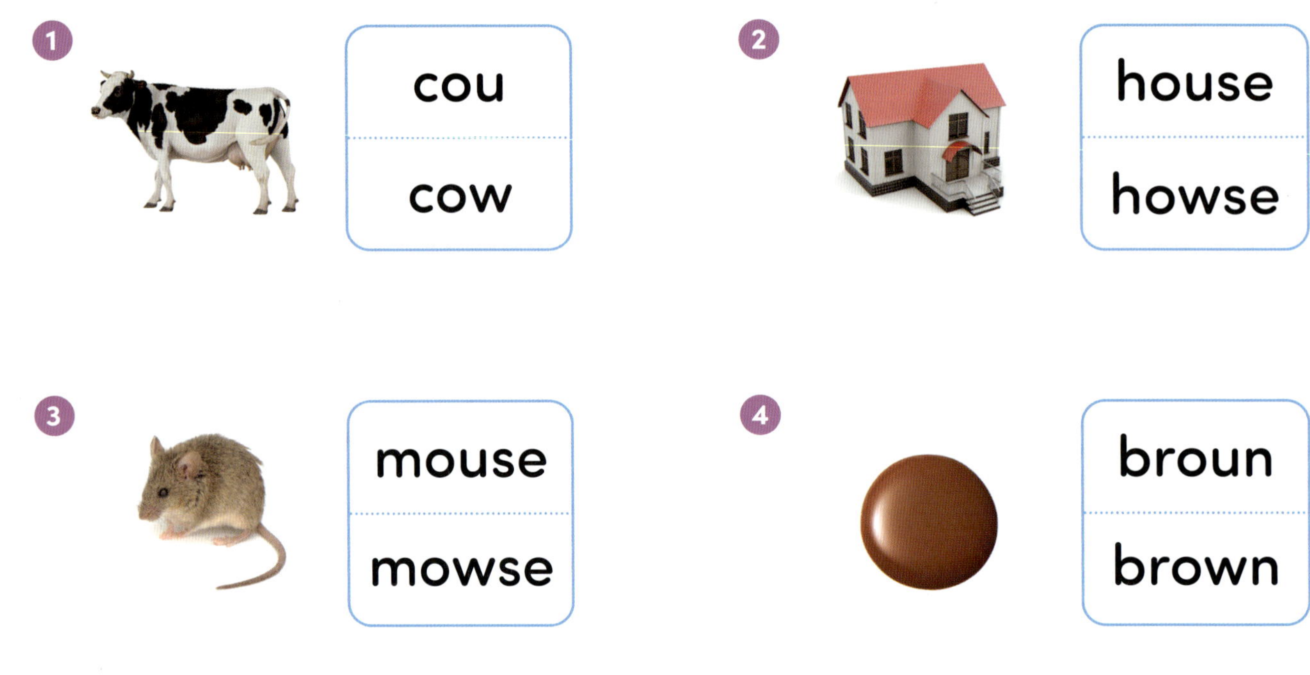

B 잘 듣고 알맞은 순서대로 번호를 쓰세요.

C 잘 듣고 같은 글자가 들어가는 단어를 찾아 쓰세요.

ou	ow

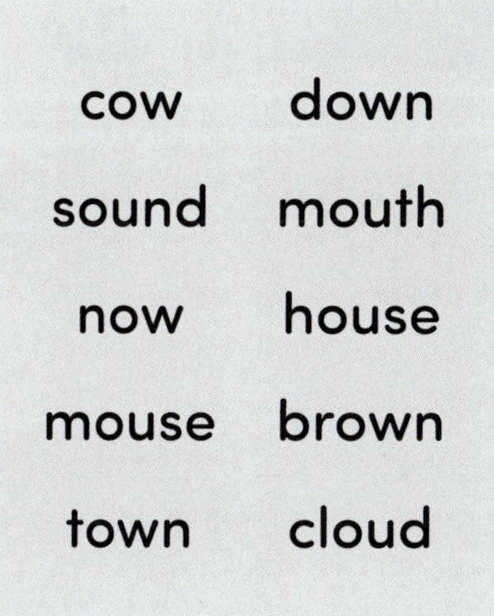

D 잘 듣고 빈칸에 알맞은 단어를 찾아 문장을 완성하세요.

1 The ▢▢▢▢▢ is in the house. 그 **쥐**가 집 안에 있어요.

2 The ▢▢▢ walked slowly. 그 **소**는 천천히 걸었다.

3 She heard a strange ▢▢▢▢▢. 그녀는 이상한 **소리**를 들었다.

4 The man likes the ▢▢▢▢▢ shoes. 그 남자는 **갈색** 신발을 좋아한다.

> sound   brown   cow   mouse

6 이중모음 oi, oy

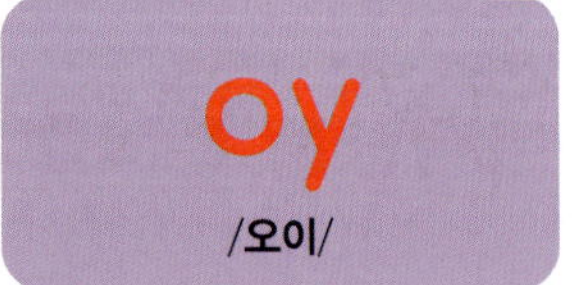

이중모음 중에는 두 개의 모음 소리를 연이어 내는 경우가 있어요.
이중모음 oi와 oy는 모두 /오이/로 소리가 나요.

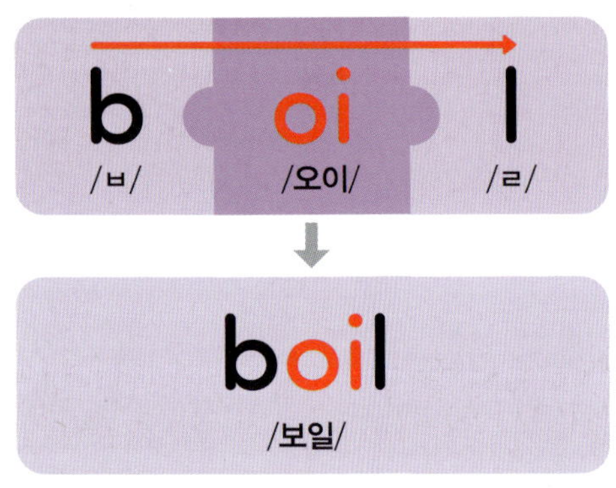

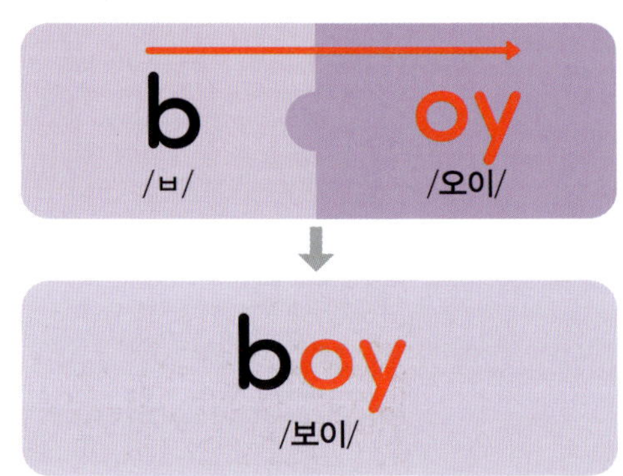

이중모음 소리 익히기

이중모음 소리에 집중하면서 잘 듣고 따라 읽어 보세요. 061

1

b + oi + l → boil

/ㅂ/　/오이/　/ㄹ/　　/보일/

2

c + oi + n → coin

/ㅋ/　/오이/　/ㄴ/　　/코인/

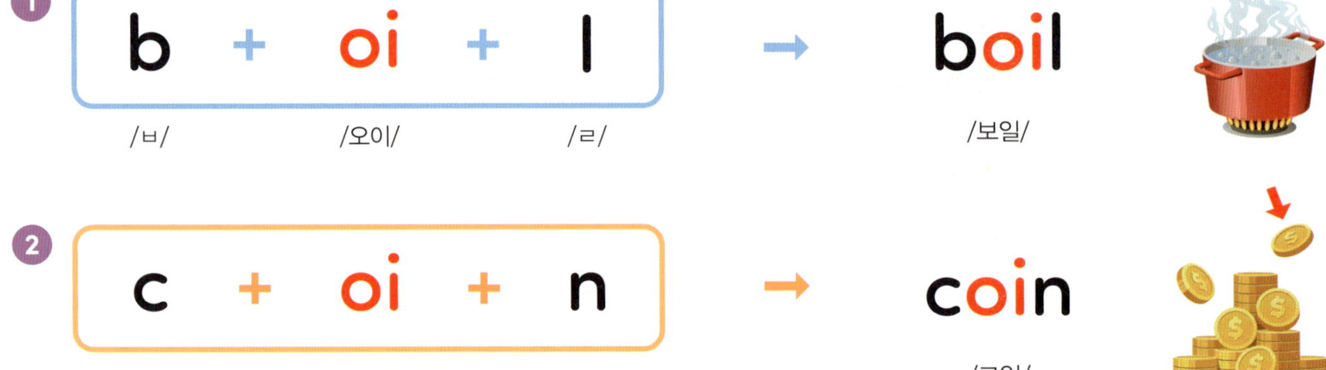

boil 끓다　coin 동전　soil 흙　spoil 상하다, 망치다　boy 남자아이　joy 기쁨　toy 장난감

3

s + oi + l → soil

/ㅆ/ /오이/ /ㄹ/ /쏘일/

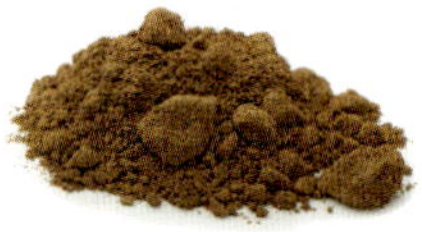

4

sp + oi + l → spoil

/ㅅ프/ /오이/ /ㄹ/ /ㅅ뽀일/

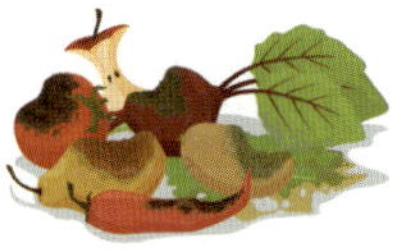

5

b + oy → boy

/브/ /오이/ /보이/

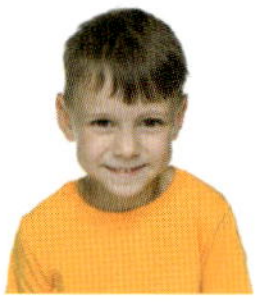

6

j + oy → joy

/쥐/ /오이/ /줘이/

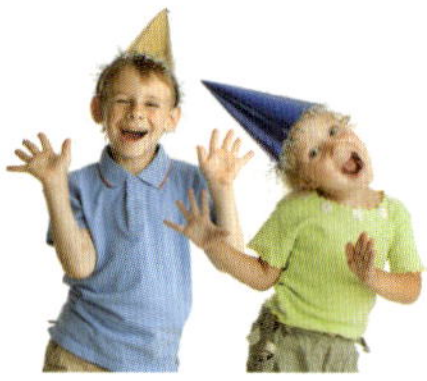

7

t + oy → toy

/트/ /오이/ /토이/

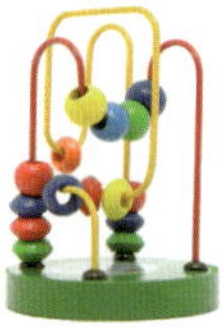

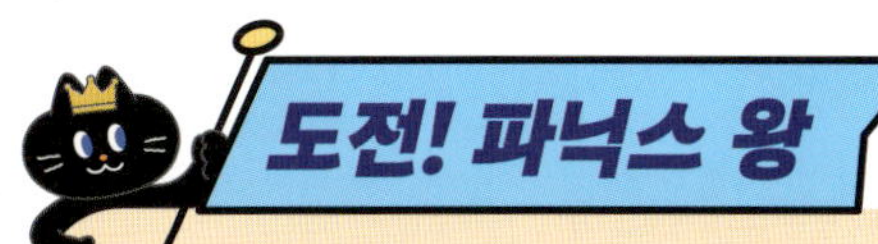

- 이중모음 oi, oy의 소리 규칙을 적용해서 새로운 단어를 읽어 보세요.

join	noise	toilet	voice
함께하다	소음	변기, 화장실	목소리
annoy	cowboy	enjoy	joyful
짜증나게 하다	카우보이	즐기다	기쁜

Practice 062

A 잘 듣고 그림에 알맞은 단어를 골라 동그라미 하세요.

1

coyn
coin
cown

2

boil
boyl
bowl

3

toi
tay
toy

4

bay
boi
boy

B 잘 듣고 알맞은 그림을 골라 동그라미 하세요.

1

2

3

4

b ___ ___ •　　　　　　　　　　　• s ___ ___ l

j ___ ___ •　　• oi •　　• c ___ ___ n

b ___ ___ l •　　• oy •　　• t ___ ___

sp ___ ___ l •　　　　　　　　　　　• enj ___ ___

D 잘 듣고 빈칸에 알맞은 단어를 찾아 문장을 완성하세요.

1 She put a ☐☐☐☐ in the cup. 그녀는 **동전** 하나를 컵에 넣었다.

2 The boy plays with his ☐☐☐. 그 남자아이는 **장난감**을 가지고 논다.

3 He jumped with ☐☐☐. 그는 **기뻐서** 뛰었어요.

4 The water will ☐☐☐☐ soon. 물이 곧 **끓을** 거예요.

coin　　　joy　　　boil　　　toy

7 이중모음 ui, ue

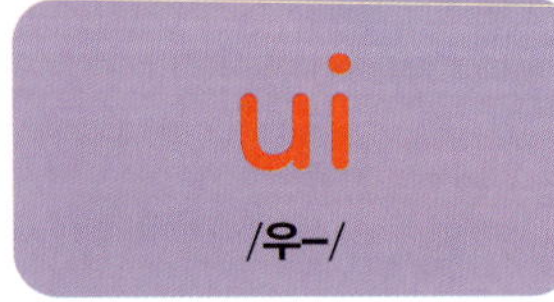

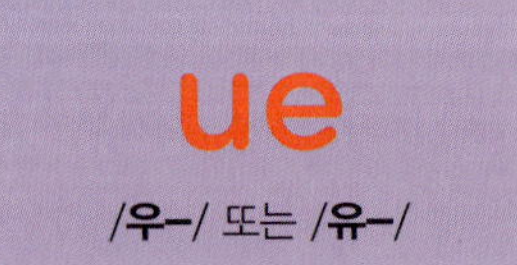

이중모음 ui와 ue는 앞의 모음 u의 장모음 소리인 /우-/로 소리 나요. 하지만 /유-/로 소리 나는 경우도 있으니 단어 속에서 실제 발음을 확인해 보세요.

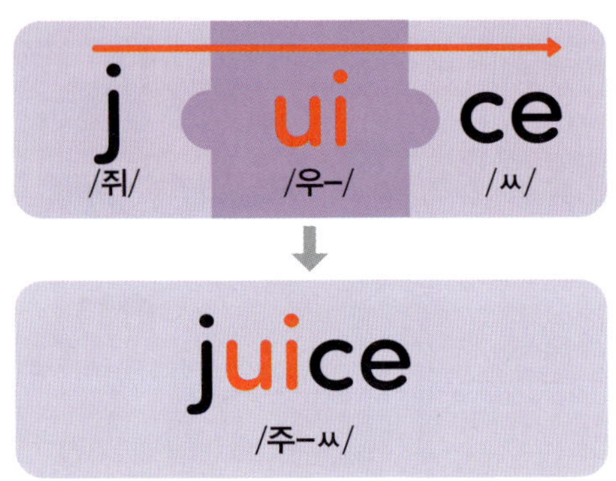

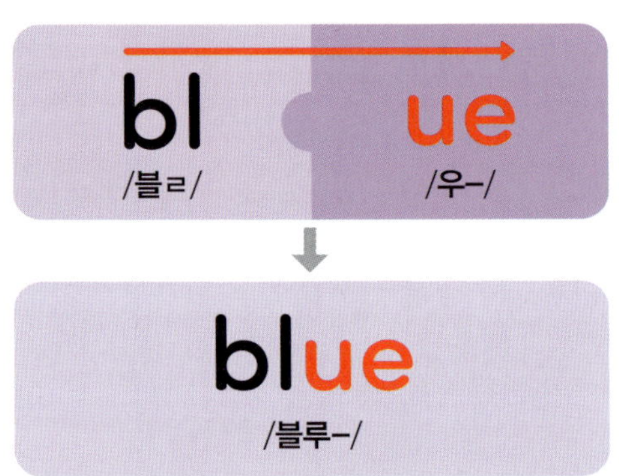

 이중모음 소리에 집중하면서 잘 듣고 따라 읽어 보세요. 063

1

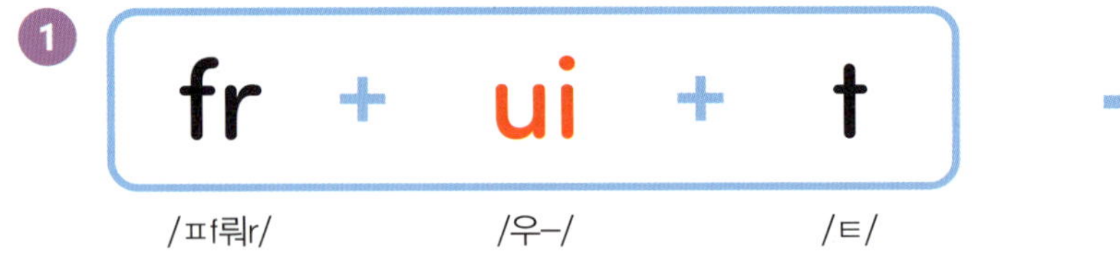

2

fruit 과일   juice 주스   suit 정장   blue 파란색의   clue 단서   due 예정된   glue 풀

③ s + ui + t → suit

/ㅆ/ /우―/ /ㅌ/ /쑤―트/

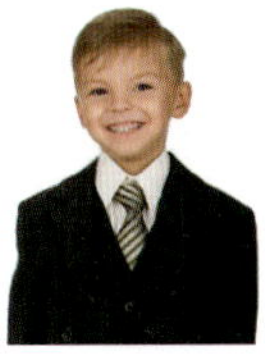

④ bl + ue → blue

/블ㄹ/ /우―/ /블루―/

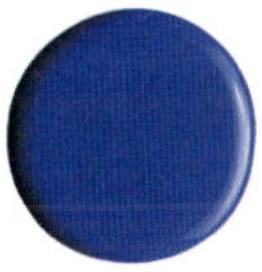

⑤ cl + ue → clue

/클ㄹ/ /우―/ /클루―/

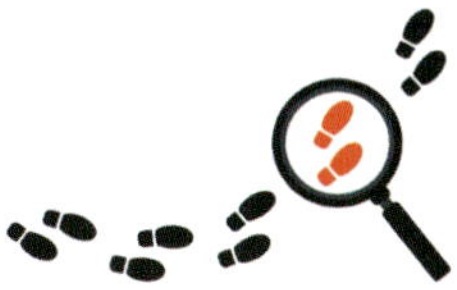

⑥ d + ue → due

/드/ /우―/ /두―/

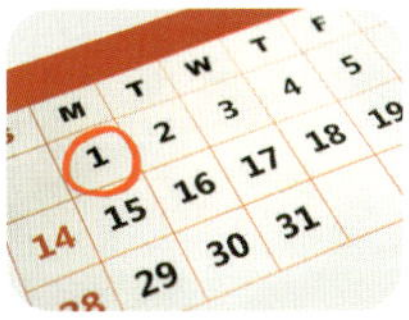

⑦ gl + ue → glue

/글ㄹ/ /우―/ /글루―/

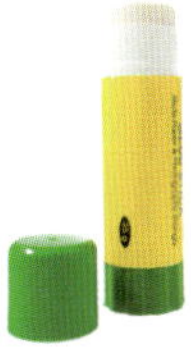

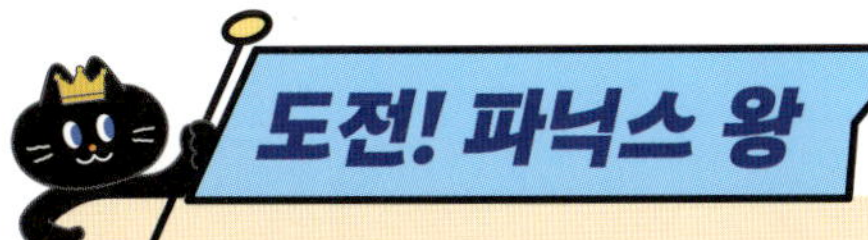

• 이중모음 ui, ue의 소리 규칙을 적용해서 새로운 단어를 읽어 보세요.

bruise	cruise	continue	issue
멍	유람선 여행	계속하다	문제
statue	true	Tuesday	value
조각상	진짜의	화요일	가치

A 잘 듣고 그림에 알맞은 단어를 골라 동그라미 하세요.

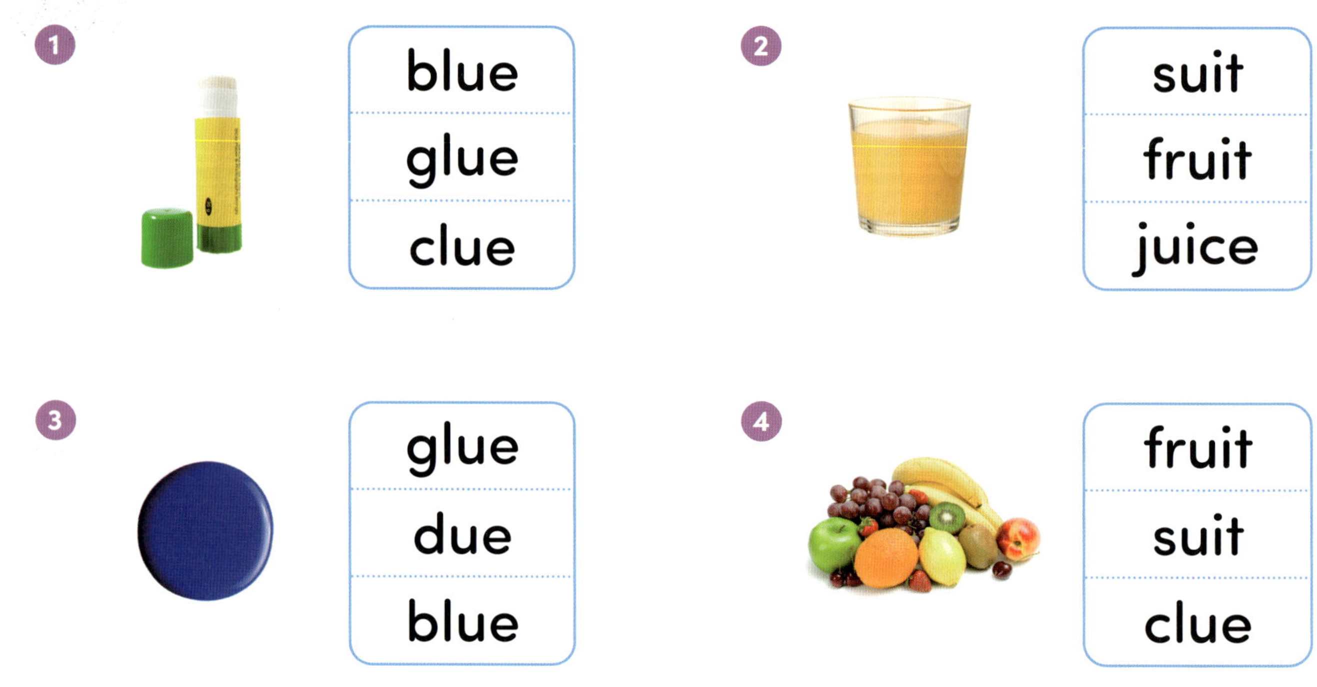

1
blue
glue
clue

2
suit
fruit
juice

3
glue
due
blue

4
fruit
suit
clue

B 잘 듣고 알맞은 순서대로 번호를 쓰세요.

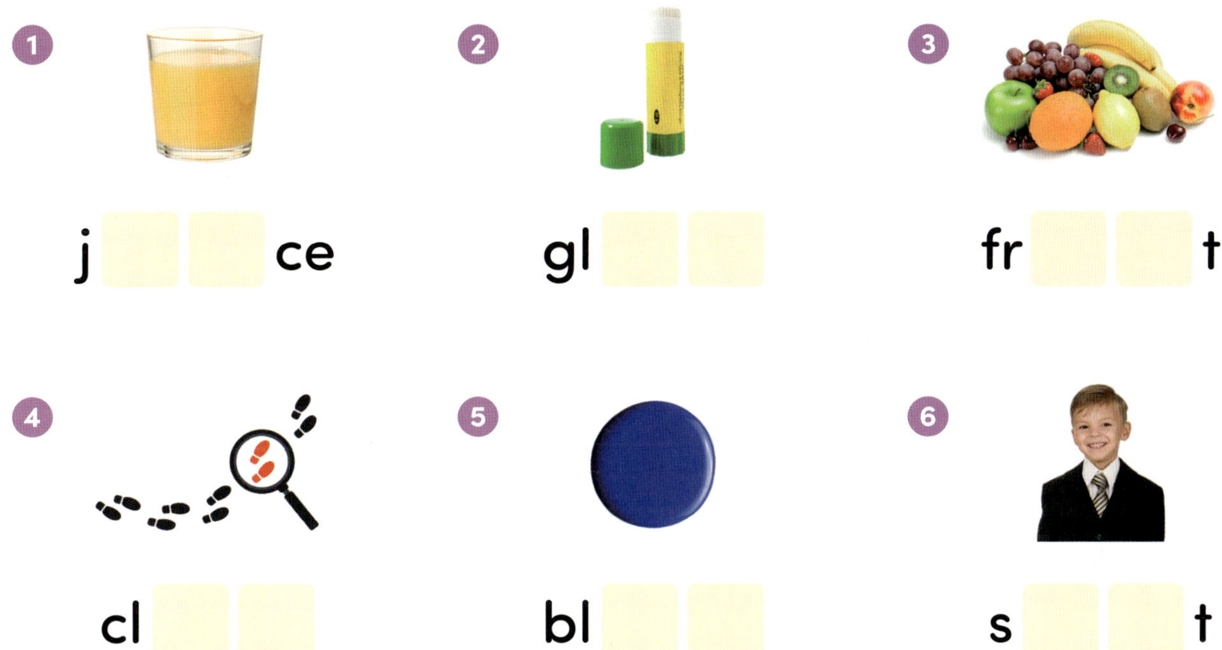

D 잘 듣고 빈칸에 알맞은 단어를 찾아 문장을 완성하세요.

1 Dad's is in the closet. 아빠의 **양복**은 옷장에 있어요.

2 I like salad. 나는 **과일** 샐러드를 좋아해요.

3 They made fresh . 그들은 신선한 **주스**를 만들었다.

4 She wears a dress. 그녀는 **파란색** 드레스를 입는다.

fruit   blue   juice   suit

이중모음 ar, or

모음 뒤에 r이 붙으면 r의 영향을 받아서
ar은 /아알/이라고 소리 나고, or은 /오얼/이라고 소리 나요.

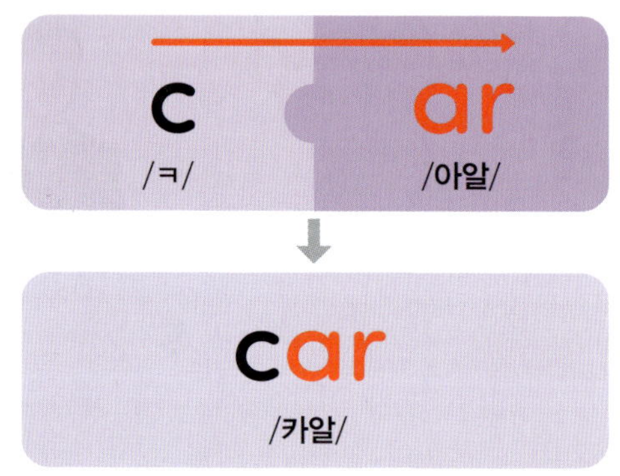

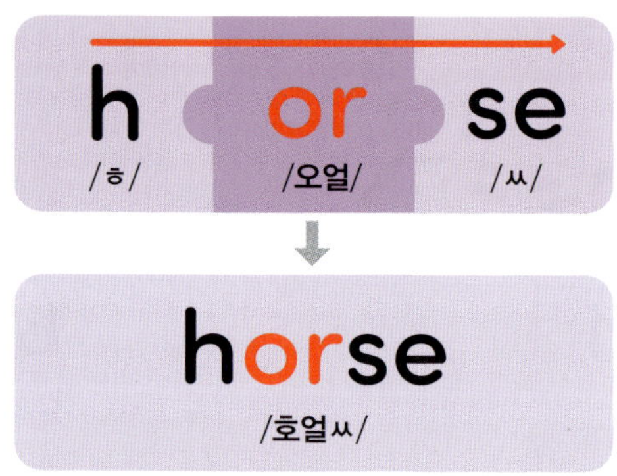

이중모음 소리 익히기
이중모음 소리에 집중하면서 잘 듣고 따라 읽어 보세요. 065

1
c /ㅋ/ + ar /아알/ → car /카알/

2
j /쥐/ + ar /아알/ → jar /좌알/

car 차   jar 병   star 별   fork 포크   horse 말   north 북쪽   port 항구

3 st + ar → star 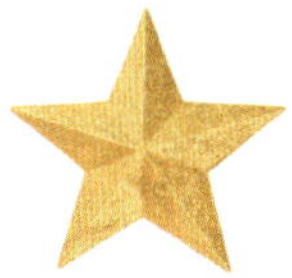

/ㅅㅌ/ /아알/ /스따알/

4 f + or + k → fork 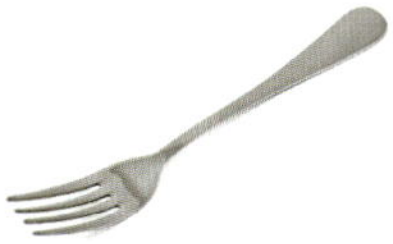

/ㅍf/ /오얼/ /ㅋ/ /포얼ㅋ/

5 h + or + se → horse 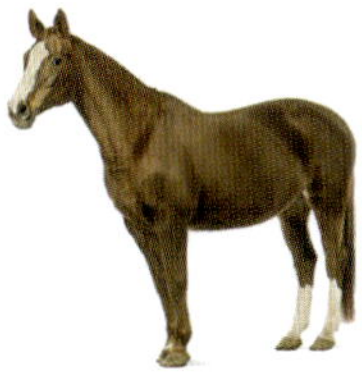

/ㅎ/ /오얼/ /ㅆ/ /호얼ㅆ/

6 n + or + th → north 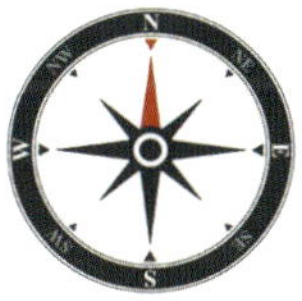

/ㄴ/ /오얼/ /ㅆ/ /노얼ㅆ/

7 p + or + t → port 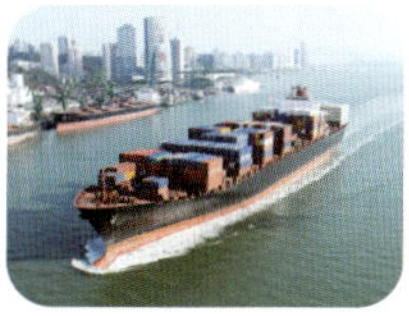

/ㅍ/ /오얼/ /ㅌ/ /포얼ㅌ/

도전! 파닉스 왕

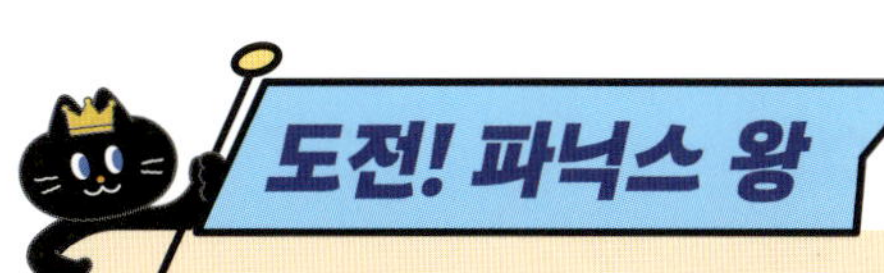

• 이중모음 ar, or의 소리 규칙을 적용해서 새로운 단어를 읽어 보세요.

dark 어두운	farm 농장	park 공원	start 시작하다
corn 옥수수	horn 뿔	pork 돼지고기	short 짧은

Practice 066

A 잘 듣고 그림에 알맞은 단어를 골라 동그라미 하세요.

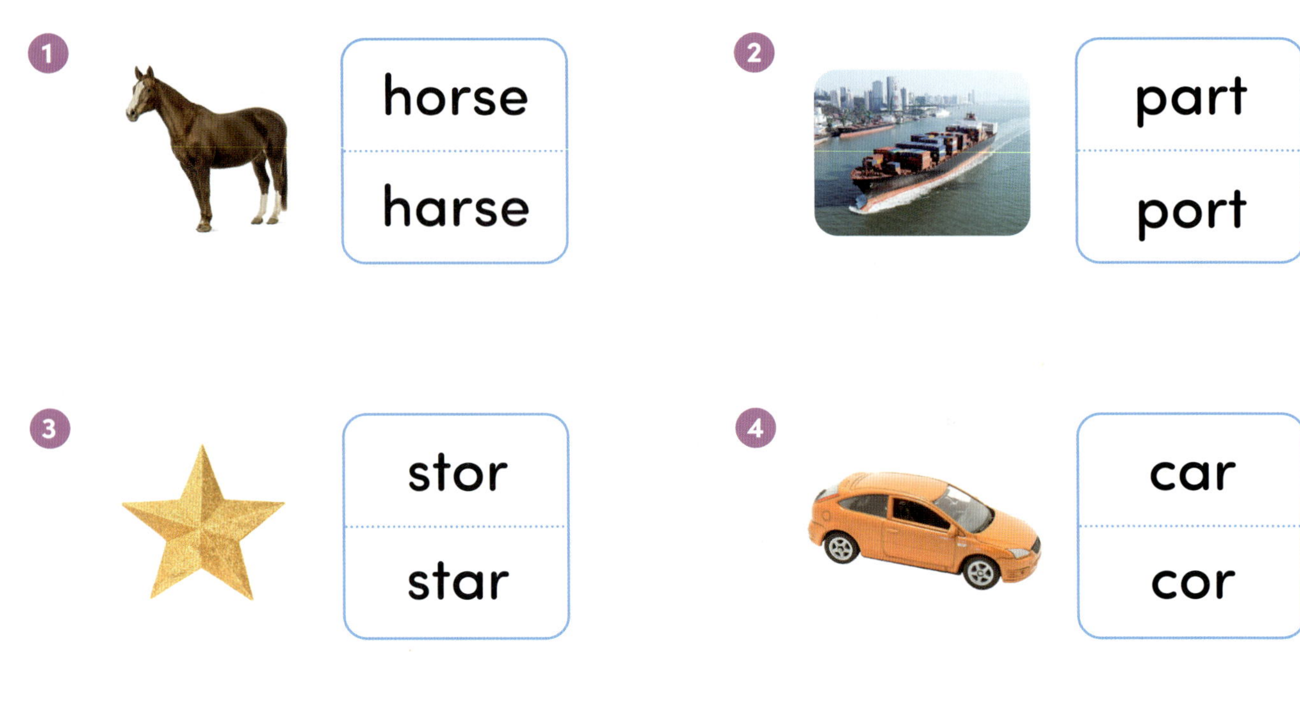

B 잘 듣고 두 그림에 공통으로 들어가는 글자를 골라 동그라미 하세요.

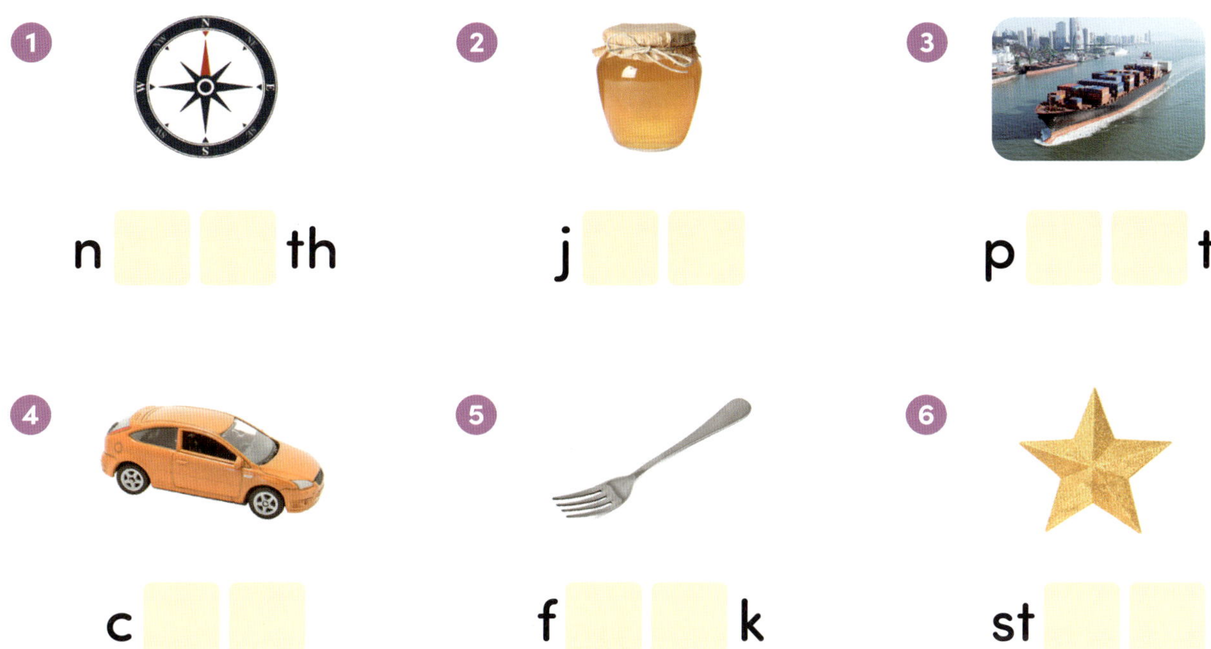

D 잘 듣고 빈칸에 알맞은 단어를 찾아 문장을 완성하세요.

1 Polar bears live in the ☐☐☐☐☐. 북극곰은 **북쪽**에 산다.

2 The ☐☐☐☐☐ enjoys eating the corn.

그 **말**은 옥수수 먹는 것을 좋아한다.

3 A ☐☐☐☐ twinkled in the sky. 하늘에 **별** 하나가 반짝였다.

4 He drives a large ☐☐☐. 그는 큰 **차**를 운전한다.

car   north   horse   star

9 이중모음 er, ir, ur

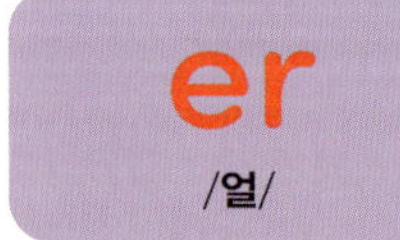

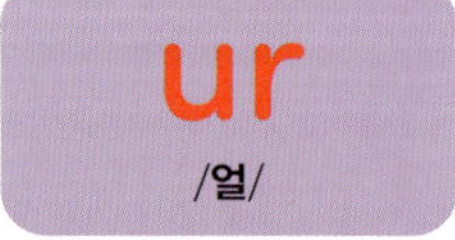

모음 뒤에 r이 붙으면 모음의 소리가 변해요.
er, ir, ur은 철자는 다르지만 /얼/ 소리가 나요.

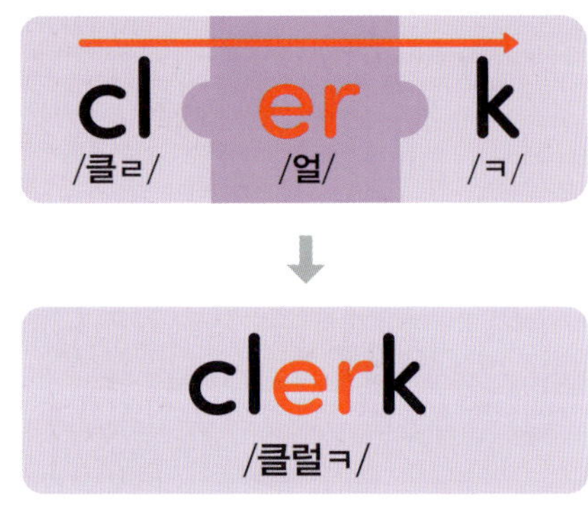

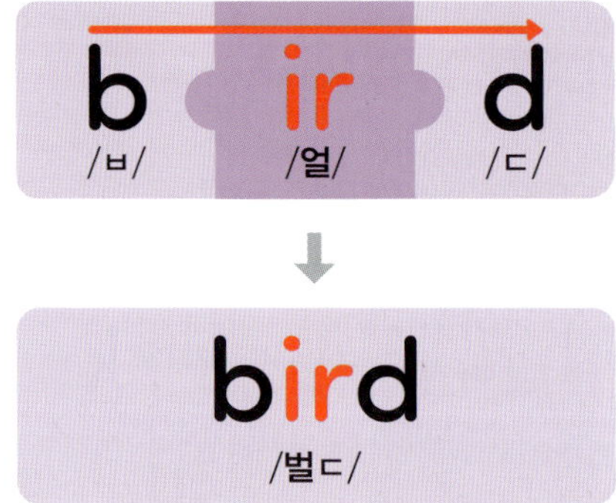

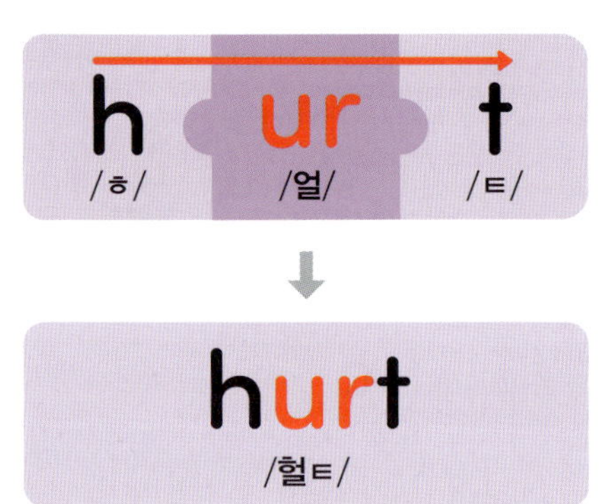

 이중모음 소리에 집중하면서 잘 듣고 따라 읽어 보세요. 067

1

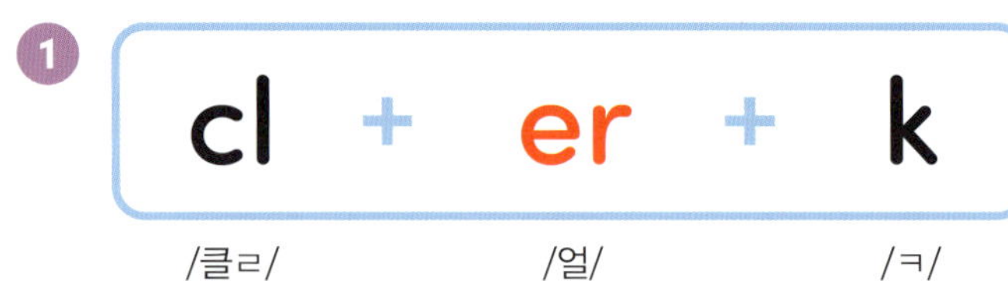

→

2

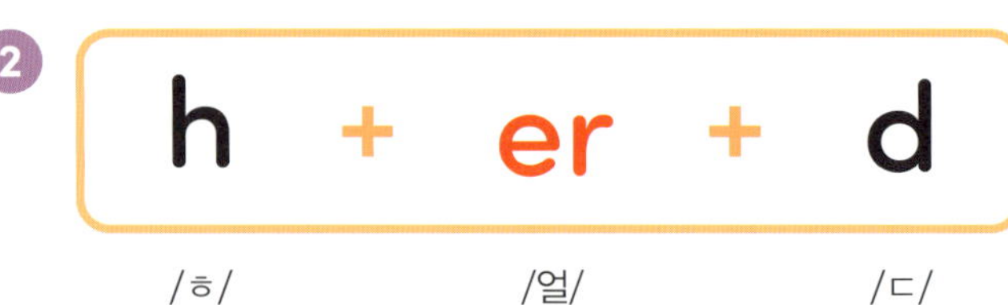

→

clerk 점원   herd 떼   bird 새   girl 여자아이   skirt 치마   curl 곱슬 머리   hurt 다치게 하다

③ b + ir + d → bird
/ㅂ/ /얼/ /ㄷ/ /벌ㄷ/

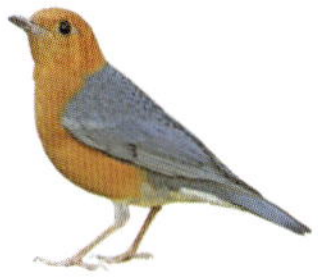

④ g + ir + l → girl
/ㄱ/ /얼/ /ㄹ/ /걸/

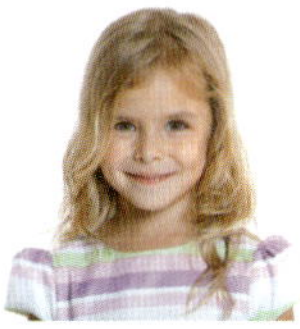

⑤ sk + ir + t → skirt
/ㅅㅋ/ /얼/ /ㅌ/ /ㅅ껄ㅌ/

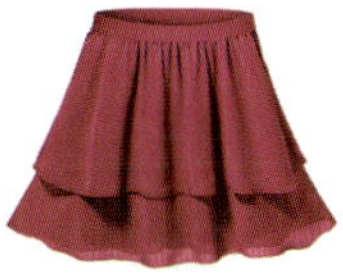

⑥ c + ur + l → curl
/ㅋ/ /얼/ /ㄹ/ /컬/

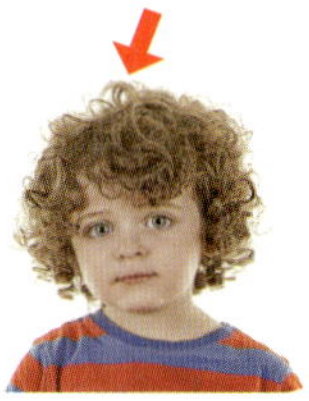

⑦ h + ur + t → hurt
/ㅎ/ /얼/ /ㅌ/ /헐ㅌ/

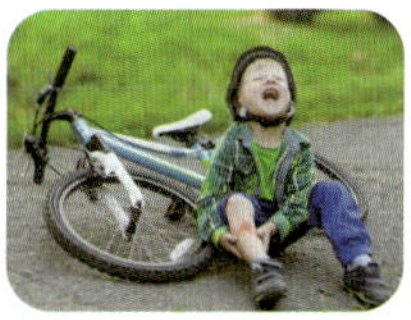

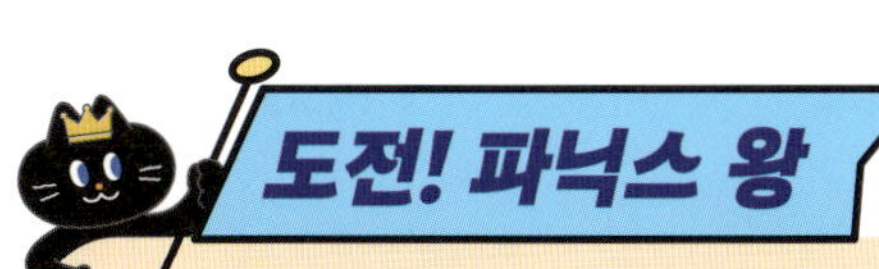

• 이중모음 er, ir, ur의 소리 규칙을 적용해서 새로운 단어를 읽어 보세요.

perm	person	first	shirt
파마	사람	첫째의	셔츠
third	burn	nurse	turn
셋째의	타오르다	간호사	순서

Practice 068

A 잘 듣고 그림에 알맞은 단어를 골라 동그라미 하세요.

1

burd
bird
berd

2

herd
hird
hurd

3

curl
cerl
cirl

4

skert
skirt
skurt

B 잘 듣고 주어진 그림의 단어와 같은 이중모음이 있는 단어를 골라 동그라미 하세요.

1

clerk   curl   bird

2

skirt   hurt   herd

3

clerk   bird   curl

4

hurt   herd   girl

 잘 듣고 빈칸에 알맞은 글자를 연결하세요.

h ___ ___ d •

b ___ ___ d •

c ___ ___ l •

sk ___ ___ t •

• er •

• ir •

• ur •

• g ___ ___ l

• h ___ ___ t

• cl ___ ___ k

• n ___ ___ se

D 잘 듣고 빈칸에 알맞은 단어를 찾아 문장을 완성하세요.

❶ The girl is wearing a ⬜⬜⬜⬜⬜. 그 여자아이는 **치마**를 입고 있다.

❷ The ⬜⬜⬜⬜⬜ works at the store. **점원**이 가게에서 일합니다.

❸ He ⬜⬜⬜⬜ his knee playing soccer. 그는 축구를 하다가 무릎을 **다쳤다**.

❹ She loves watching ⬜⬜⬜⬜s. 그녀는 **새**들을 보는 것을 아주 좋아한다.

| skirt | bird | hurt | clerk |

 **파닉스 규칙**

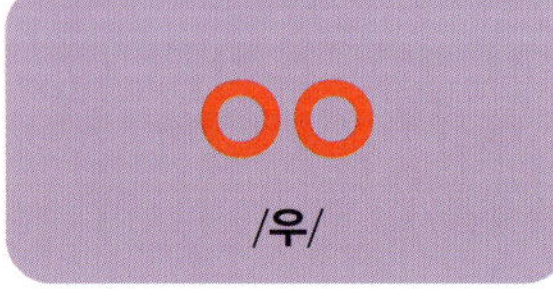
/우/

/우-/

이중모음 oo는 두 가지의 소리가 있어요.
/우/하고 짧게 소리 나기도 하고, /우-/하고 길게 소리 나기도 해요.
잘 듣고 단어에서 어떻게 소리 나는지를 알아두세요.

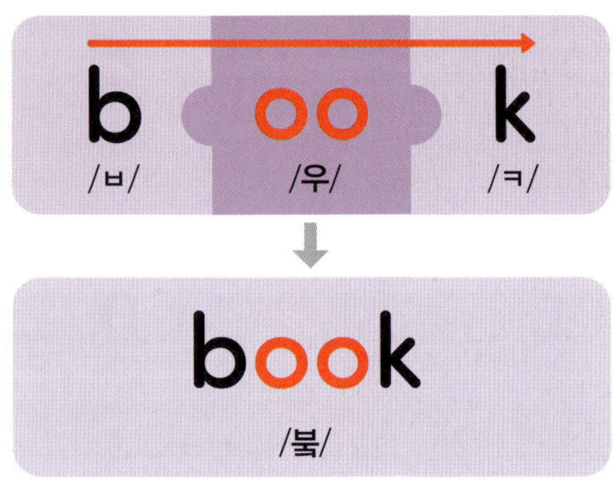

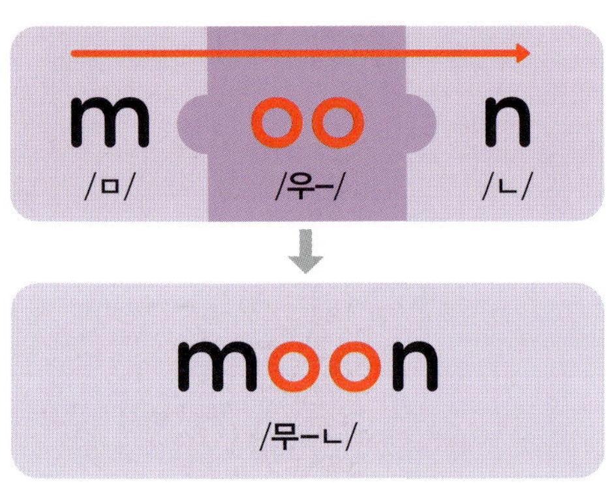

이중모음 소리 익히기 이중모음 소리에 집중하면서 잘 듣고 따라 읽어 보세요. **069**

1
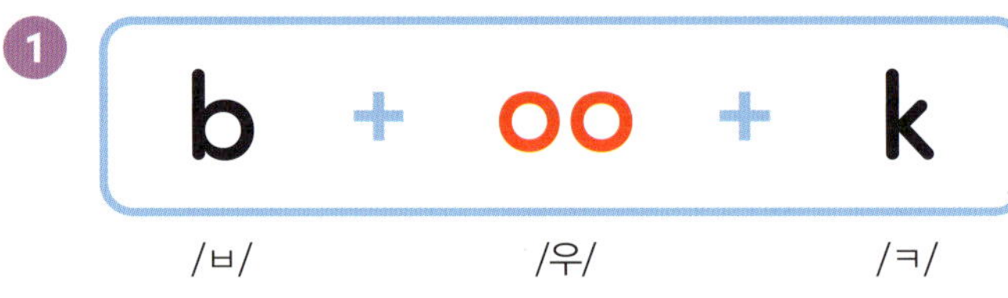

2
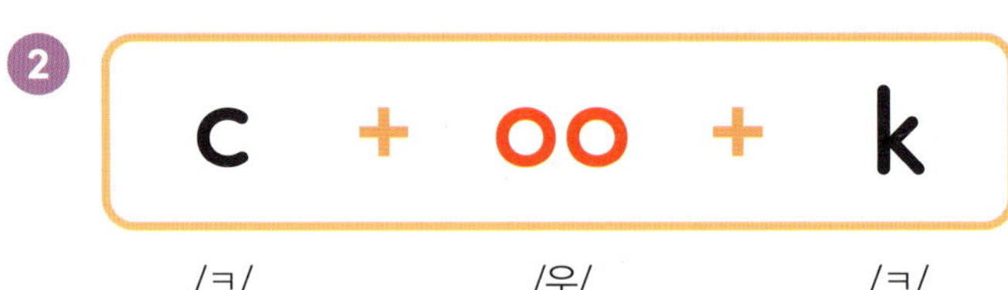

book 책   cook 요리사   foot 발   wool 털, 털실   food 음식   moon 달   roof 지붕

3

f + oo + t → foot

/ㅍf/ /우/ /ㅌ/ /풑/

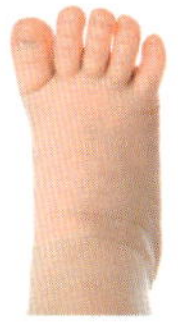

4

w + oo + l → wool

/우/ /우/ /ㄹ/ /울/

5

f + oo + d → food

/ㅍf/ /우ー/ /ㄷ/ /푸f－ㄷ/

6

m + oo + n → moon

/ㅁ/ /우ー/ /ㄴ/ /무ーㄴ/

7

r + oo + f → roof

/뤄r/ /우ー/ /ㅍf/ /루ーㅍf/

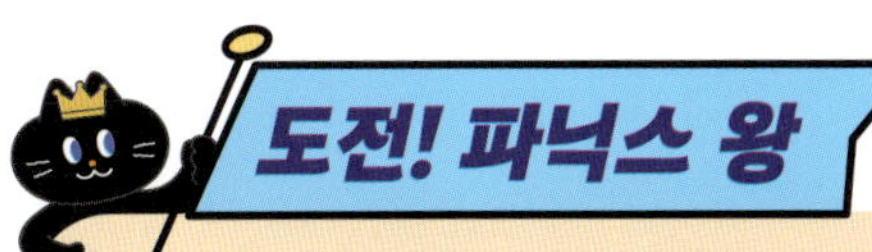

• 이중모음 oo의 소리 규칙을 적용해서 새로운 단어를 읽어 보세요.

cookie	good	look	wood
쿠키	좋은	보다	나무
pool	room	tooth	zoo
수영장	방	이, 이빨	동물원

A 잘 듣고 그림에 알맞은 단어를 골라 동그라미 하세요.

1

book
cook
roof

2

wool
moon
food

3

foot
wool
moon

4

roof
cook
book

B 잘 듣고 알맞은 순서대로 번호를 쓰세요.

C 잘 듣고 그림에 알맞은 단어를 골라 빈칸에 쓰세요.

> moon　　book　　wool　　roof　　food　　foot

1 ___________

2 ___________

3 ___________

4 ___________

5 ___________

6 ___________

D 잘 듣고 빈칸에 알맞은 단어를 찾아 문장을 완성하세요.

1 Use a spoon to eat the ☐☐☐☐.　음식을 먹을 때 숟가락을 쓰세요.

2 She wished upon the ☐☐☐☐.　그녀는 달에 소원을 빌었다.

3 He is a good ☐☐☐☐.　그는 훌륭한 요리사예요.

4 I can stand on one ☐☐☐☐.　나는 한 발로 설 수 있어요.

> foot　　food　　cook　　moon

A 그림을 보고 단어에 들어가는 알맞은 글자를 골라 동그라미 하세요.

1.

| ay | ee |

2.

| ea | ie |

3.

| ow | or |

4.

| oa | ou |

5.

| ar | ir |

6.

| or | ur |

7.

| ur | er |

8.

| ow | oo |

 잘 듣고 주어진 글자가 들어가는 단어의 그림을 골라 동그라미 하세요.

9. **ai**

10. **ee**

11. **oy**

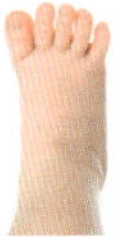

12. **ue**

13. **ir**

14. **oo**

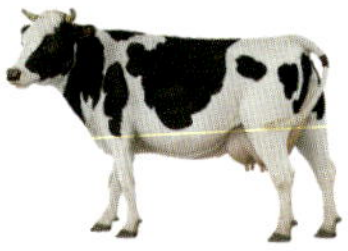

15. r [ ] [ ] n

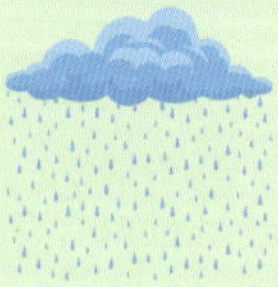

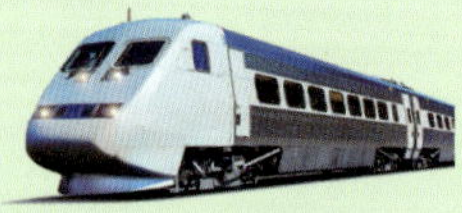

16. m [ ] [ ] t

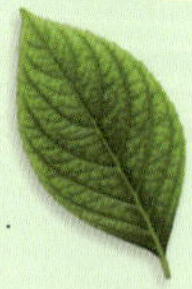

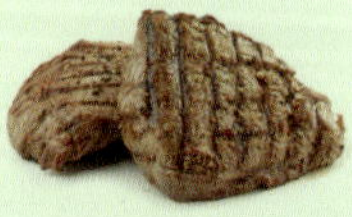

17. t [ ] [ ]

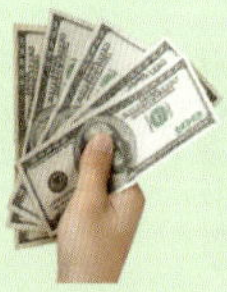

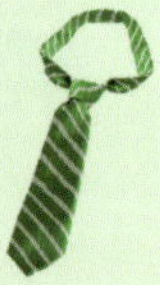

18. h [ ] [ ] se

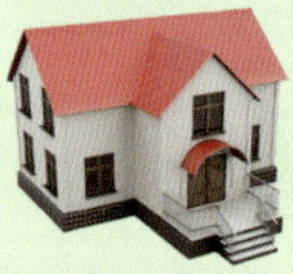

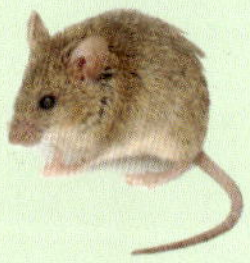

19. b [ ] [ ] l

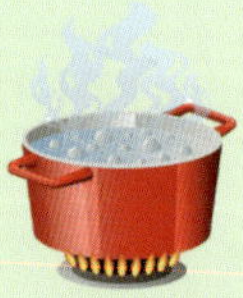

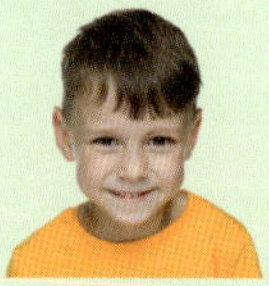

20. f [ ] [ ] k

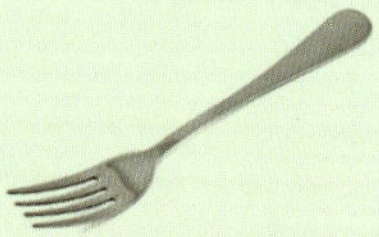

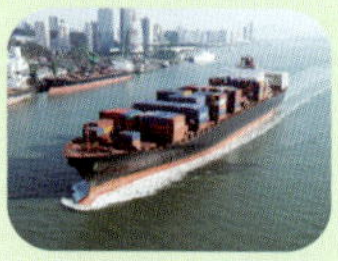

21. h [ ] [ ] t

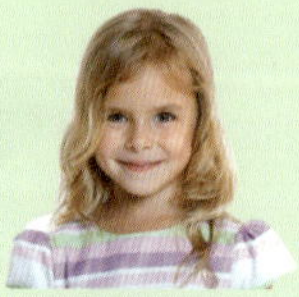

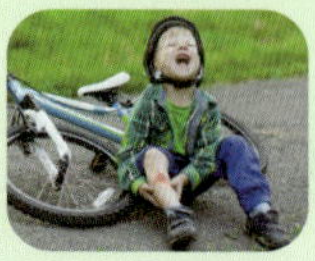

22. b [ ] [ ] k

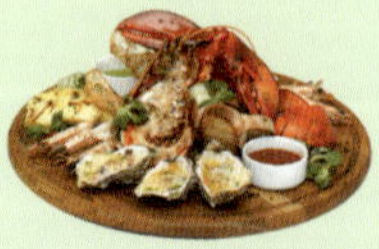

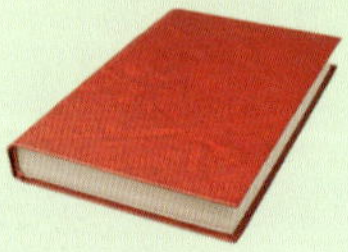

 잘 듣고 그림에 알맞은 단어가 되도록 빈칸을 채우세요.

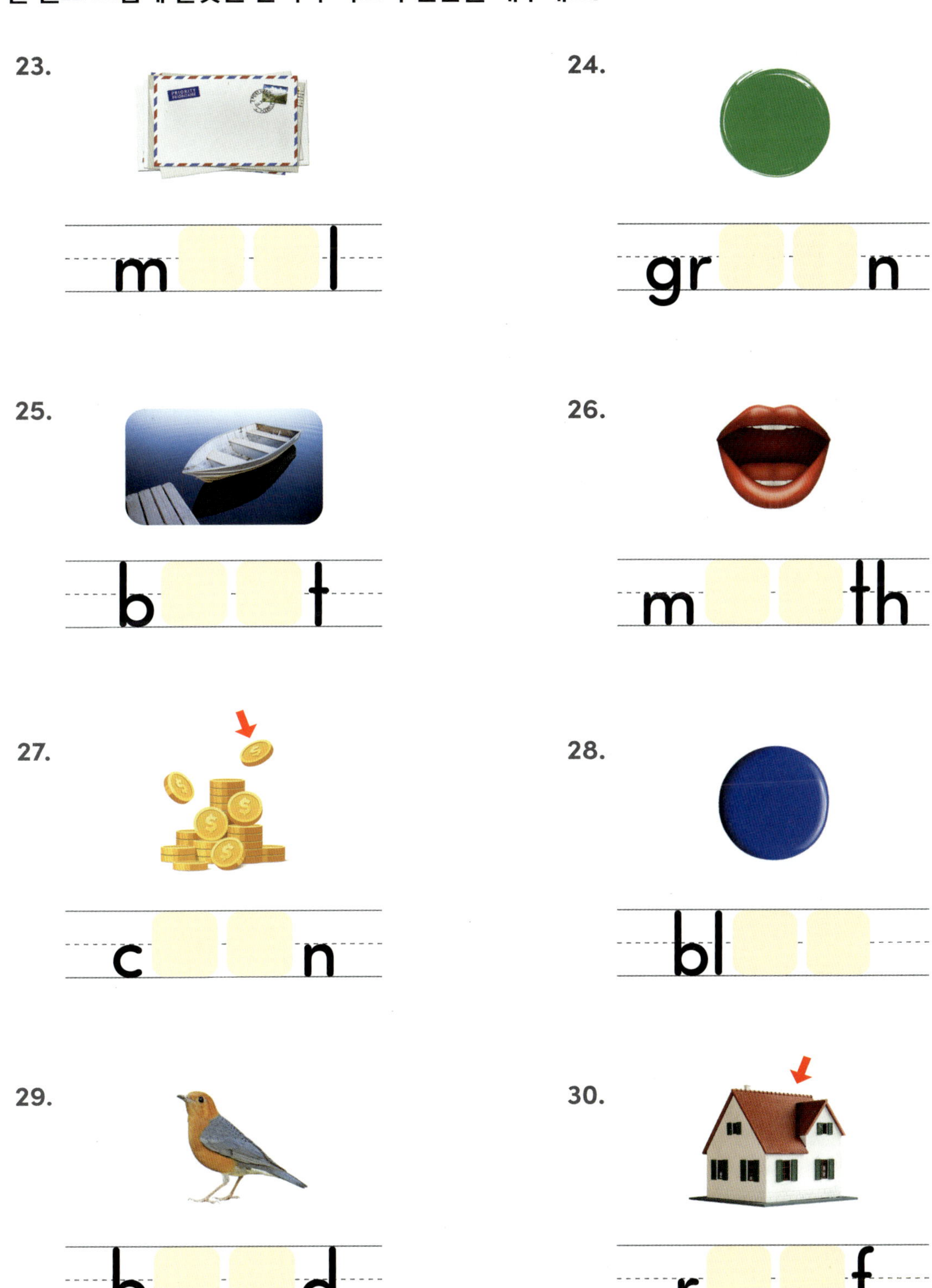

23. m _ _ l

24. gr _ _ n

25. b _ _ t

26. m _ _ th

27. c _ _ n

28. bl _ _

29. b _ _ d

30. r _ _ f

헷갈리는 소릿값 & 예외 규칙 익히기

지금까지 다양한 소리 규칙들을 배웠어요.
그런데 소리가 비슷해서 헷갈리지는 않았나요?
혼동하기 쉬운 소리들을 비교하며 들으면 정확한 소리를 알 수 있어요.

또한, 영어에는 파닉스 규칙에 적용되지 않는 예외적인 경우들이 있어요.
글자 하나에 여러 가지 소리가 나거나 다른 글자와 합쳐져
새로운 소리를 만들기도 하고 아예 소리를 내지 않는 경우도 있어요.

이런 예외적인 규칙들을 더 알아볼게요.

b와 v는 모두 성대를 울리면서 소리를 내지만, 두 소리는 서로 달라요. b는 입술을 가볍게 붙였다가 떼면서 공기를 터뜨리듯 /ㅂ/하고 소리를 내요. 반면, v는 아랫입술과 윗니 사이로 공기가 빠져나가면서 /ㅂ/하고 소리를 내요.

b /ㅂ/

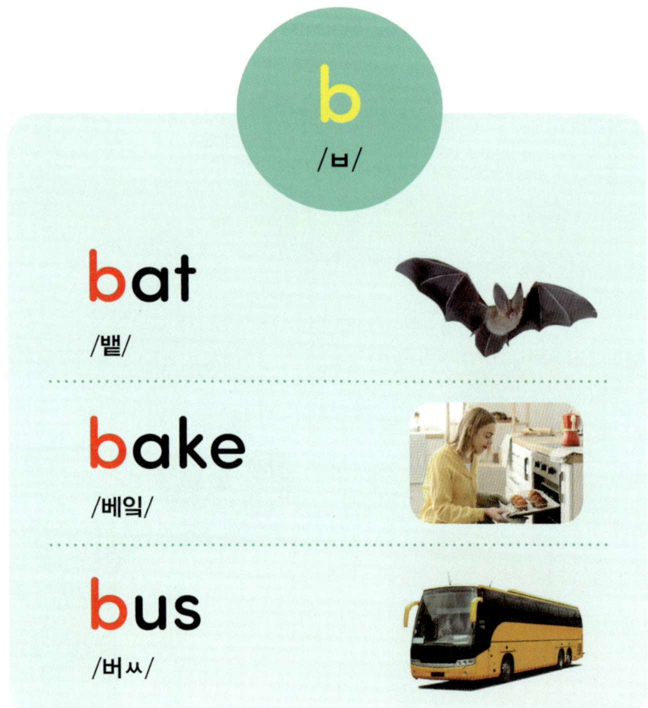

bat
/뱉/

bake
/베잌/

bus
/버ㅆ/

v /ㅂ/

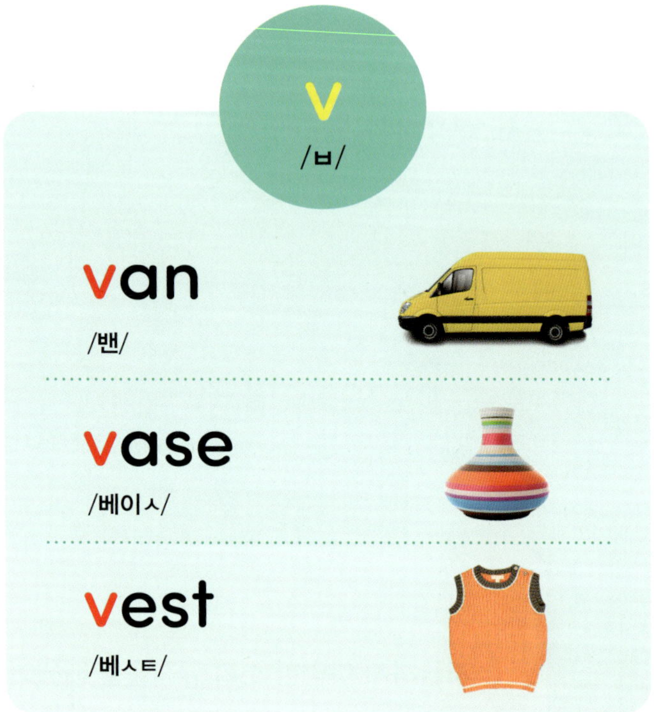

van
/밴/

vase
/베이ㅅ/

vest
/베ㅅㅌ/

Quick Check 잘 듣고 단어의 알맞은 첫소리 글자를 쓰세요. 073

1 | a | n |

2 | u | s |

3 | a | k | e |

4 | e | s | t |

bat 박쥐   bake 굽다   bus 버스   van 승합차   vase 꽃병   vest 조끼

② f와 p 소리 구분하기

f는 윗니를 아랫입술에 살짝 대고 공기를 내보낼 때 나는 소리예요. 이와 입술 사이로 바람을 통과시키면서 /ㅍf/하고 소리를 내요. p는 두 입술을 붙였다 떼면서 공기가 빠르게 나오는 소리예요. f와 p의 소리를 구분하지 않고 발음하면 단어의 뜻이 달라질 수 있으므로 정확히 구별하는 것이 중요해요.

f /ㅍf/

fan /팬/

five /파입/

fork /포얼ㅋ/

p /ㅍ/

pan /팬/

pine /파인/

pond /판드/

Quick Check 잘 듣고 단어의 알맞은 첫소리 글자를 쓰세요. 075

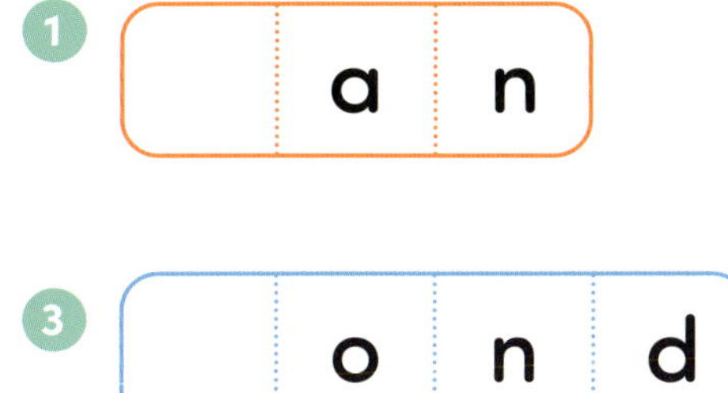

1 | | a | n |

2 | | i | n | e |

3 | | o | n | d |

4 | | o | r | k |

fan 선풍기　five 5, 다섯　fork 포크　pan 팬　pine 소나무　pond 연못

j는 입술을 둥글게 모아 앞으로 내밀고, 혀를 윗니 안쪽에 가깝게 두면서 /쥐/하고 소리를 내요. z는 핸드폰의 진동 소리처럼 /ㅈ/ 소리와 함께 숨을 길게 내쉴 때 나는 소리예요. 이 과정에서 혀의 떨림으로 인해 약간의 간지러움을 느낄 수 있어요.

j
/쥐/

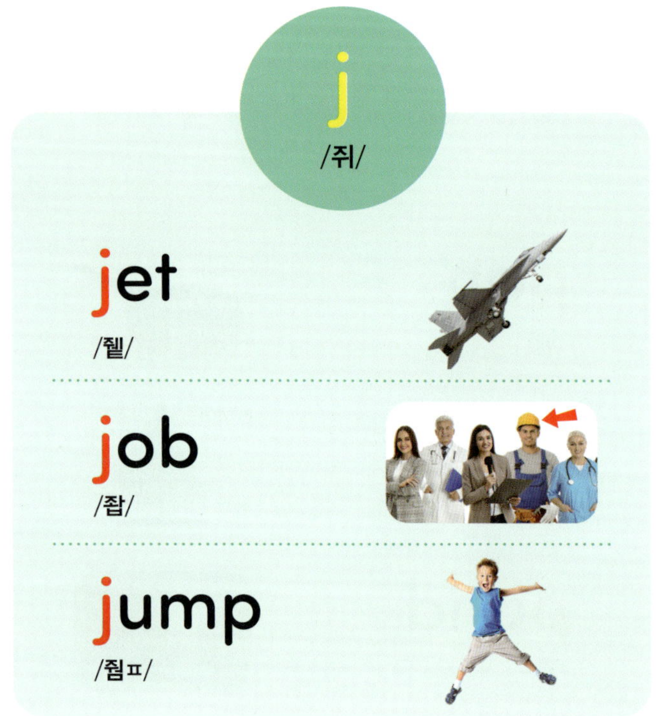

jet
/젵/

job
/좝/

jump
/쥠ㅍ/

z
/ㅈ/

zero
/지로우/

zipper
/지펄/

zoo
/주-/

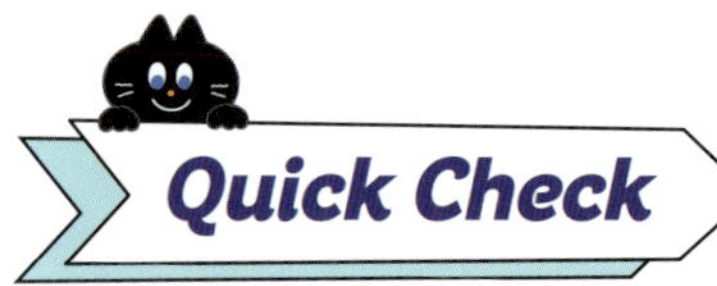

Quick Check   잘 듣고 단어의 알맞은 첫소리 글자를 쓰세요.   077

1   o   o

2   o   b

3   u   m   p

4   e   r   o

jet 제트기   job 일, 직업   jump 뛰다, 점프하다   zero 0, 영   zipper 지퍼   zoo 동물원

l과 r 소리 구분하기

078

l은 혀끝을 윗니의 안쪽에 대고 성대를 울리면서 /ㄹ/하고 소리 내요. r은 턱을 내리고 혀를 구부려 혀 끝을 입천장 쪽으로 올렸다 내리면서 소리를 내요. 혀가 입천장에 닿을 듯 말 듯 한 상태에서 사자가 울부짖는 소리처럼 /뤄r/하고 소리 내요.

l
/ㄹ/

lace
/레이ㅆ/

lip
/맆/

lunch
/런취/

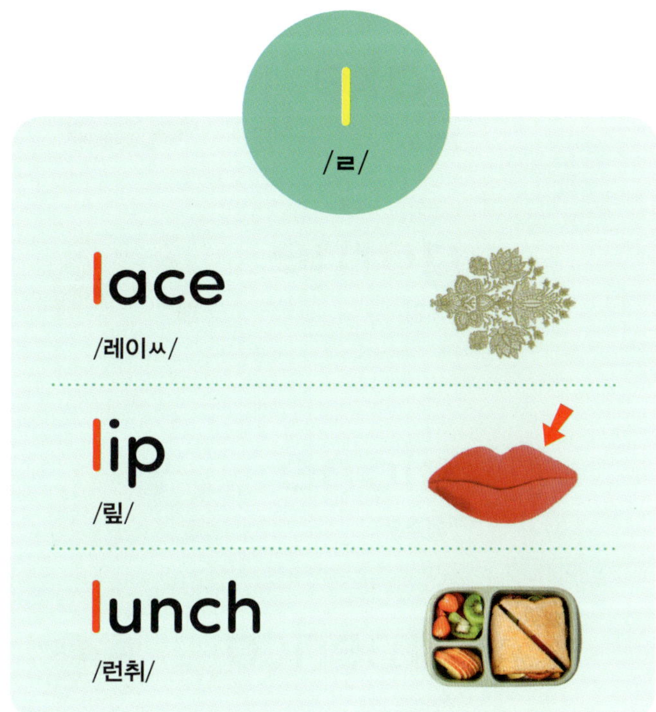

r
/뤄r/

race
/뤠이ㅆ/

rip
/륖/

run
/뤈/

Quick Check

잘 듣고 단어의 알맞은 첫소리 글자를 쓰세요. **079**

1   i p

2   u n

3   a c e

4   u n c h

lace 레이스   lip 입술   lunch 점심식사   race 경주   rip 찢다   run 달리다

5 a의 여러 가지 소리

a는 주로 /애/로 소리 나지만, 〈자음+a+자음+e〉 단어에서는 /에이/로 소리 나요. 예외적으로 l 앞에서는 /오/하고 소리 나거나, 강세가 없는 위치에서는 /어/하고 소리 나는 경우도 있어요. 단어 속에서 a의 여러 가지 소리를 알아볼게요.

Quick Check 잘 듣고 밑줄 친 a의 소리가 다른 단어를 골라 동그라미 하세요.

1. j<u>a</u>m   b<u>a</u>g   sm<u>a</u>ll

2. c<u>a</u>ke   <u>a</u>lone   <u>A</u>merica

bag 가방 jam 잼 cake 케이크 game 게임 ball 공 small 작은 alone 혼자 America 미국

6 e의 여러 가지 소리

e는 주로 /에/로 소리 나지만, 길게 /이-/로 소리 나거나 짧게 /이/하고 소리 나는 경우도 있어요.
단어 속에서 e의 여러 가지 소리를 알아볼게요.

Quick Check 잘 듣고 밑줄 친 e의 소리가 다른 단어를 골라 동그라미 하세요. 083

1   bask<u>e</u>t   pr<u>e</u>tty   n<u>e</u>t

2   h<u>e</u>   w<u>e</u>   l<u>e</u>g

bed 침대　hen 암탉　leg 다리　net 그물　he 그는　we 우리는　basket 바구니　pretty 예쁜

7 o의 여러 가지 소리

o는 주로 /아/로 소리 나지만, 강세가 없는 위치에서는 /어/로 소리 나기도 하고 /오우/로 소리 나는 경우도 있어요. 단어 속에서 o의 여러 가지 소리를 알아볼게요.

/아/

fox /팍ㅅ/

pot /팥/

octopus /악터퍼ㅅ/

ostrich /아ㅅ트뤼취/

/어/

love /러브/

money /머니/

/오우/

cold /코울ㄷ/

gold /고울ㄷ/

Quick Check 잘 듣고 밑줄 친 o의 소리가 다른 단어를 골라 동그라미 하세요. 085

1

| cold | gold | ostrich |

2

| pot | money | love |

fox 여우   pot 냄비   octopus 문어   ostrich 타조   love 사랑   money 돈   cold 추운   gold 금

u는 주로 /어/로 소리가 나는데, 알파벳 이름처럼 /유-/라고 소리가 날 때도 있어요.
단어 속에서 u의 여러 가지 소리를 알아볼게요.

/어/

b**u**g
/벅/

c**u**t
/컽/

umbrella
/엄브뤨러/

uncle
/엉클/

/유-/

unicorn
/유-니콘/

uniform
/유-니폼/

/우/

b**u**sh
/부쉬/

f**u**ll
/풀/

Quick Check 잘 듣고 밑줄 친 u의 소리가 다른 단어를 골라 동그라미 하세요. 087

1 <u>u</u>ncle   <u>u</u>niform   <u>u</u>mbrella

2 c<u>u</u>t   b<u>u</u>sh   f<u>u</u>ll

bug 벌레 cut 자르다 umbrella 우산 uncle 삼촌 unicorn 유니콘 uniform 유니폼 bush 덤불 full 가득한

9 s의 여러 가지 소리

s는 여러 가지 소리를 가지고 있어요. 잘 듣고 따라 읽으면서 s의 소리를 익혀 보세요.

/ㅆ/

salt
/쏠트/

sun
/썬/

/ㅈ/

no**s**e
/노우즈/

ro**s**e
/로우즈/

/쉬/

sugar
/슈가/

sure
/슈어/

/쥐/

plea**s**ure
/플레쥬어/

trea**s**ure
/트뤠쥬어/

Quick Check

잘 듣고 주어진 단어의 밑줄 친 부분과 같은 소리를 가진 단어를 고르세요. 089

1   no<u>s</u>e   <u>s</u>alt   <u>s</u>ugar   ro<u>s</u>e

2   <u>s</u>alt   trea<u>s</u>ure   no<u>s</u>e   <u>s</u>un

salt 소금   sun 태양   nose 코   rose 장미   sugar 설탕   sure 확신하는   pleasure 기쁨   treasure 보물

10 x의 여러 가지 소리

x는 여러 가지 소리를 가지고 있어요. 잘 듣고 따라 읽으면서 x의 소리를 익혀 보세요.

/ㅋㅅ/

box
/박스/

fox
/팍스/

six
/씩스/

/ㄱㅈ/

exam
/이ㄱ잼/

x가 모음과 모음 사이에 올 때는 주로 /ㄱㅈ/ 라고 소리 나요.

/ㅈ/

xylophone
/자일로폰/

/엑ㅆ/

X-ray
/엑ㅆ뤠이/

/ㅋ/

excellent
/엑설런트/

Quick Check 잘 듣고 주어진 단어의 밑줄 친 부분과 같은 소리를 가진 단어를 고르세요.

1. | bo<u>x</u> | <u>x</u>ylophone | si<u>x</u> | <u>X</u>-ray |

2. | fo<u>x</u> | e<u>x</u>cellent | bo<u>x</u> | e<u>x</u>am |

box 상자   fox 여우   six 6, 여섯   exam 시험   xylophone 실로폰   X-ray X선   excellent 훌륭한

11 y의 여러 가지 소리

y는 주로 /이(야)/하고 소리 나요. y는 모음처럼 쓰이기도 하는데 다른 모음 없이 y가 단어 끝에서 모음처럼 쓰일 때는 /아이/라고 소리 나요. 강세가 없는 위치에서는 /이/하고 소리 나기도 해요.

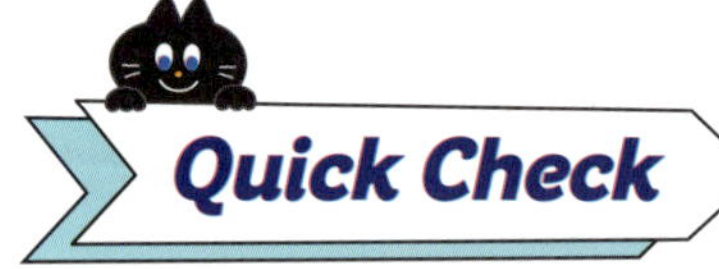

Quick Check

잘 듣고 주어진 단어의 밑줄 친 부분과 같은 소리를 가진 단어를 고르세요. 093

1

| y̲acht | puppy̲ | y̲ard | cry̲ |

2

| sky̲ | cry̲ | baby̲ | yo-yo̲ |

yacht 요트   yak 야크   yard 마당   yo-yo 요요   cry 울다   sky 하늘   baby 아기   puppy 강아지

12 ea의 여러 가지 소리

ea는 여러 가지 소리를 가지고 있어요. 단어에서 ea가 어떤 소리가 나는지 알아볼게요.

Quick Check

잘 듣고 주어진 단어의 밑줄 친 부분과 같은 소리를 가진 단어를 고르세요. 095

1. **br<u>ea</u>k**   p<u>ea</u>ch   st<u>ea</u>k   h<u>ea</u>d

2. **h<u>ea</u>d**   l<u>ea</u>f   br<u>ea</u>d   s<u>ea</u>t

leaf 나뭇잎   peach 복숭아   seat 자리   team 팀   bread 빵   head 머리   break 깨다, 부수다   steak 스테이크

13 c와 g의 약한 발음

c와 g는 뒤에 오는 글자에 따라 소리가 달라져요. c 뒤에 모음 e, i 또는 y가 오면 /ㅋ/가 아니라 /ㅆ/라고 소리 나고, g 뒤에 모음 e, i 또는 y가 오면 /ㄱ/가 아니라 /쥐/라고 소리가 나요.

c /ㅆ/

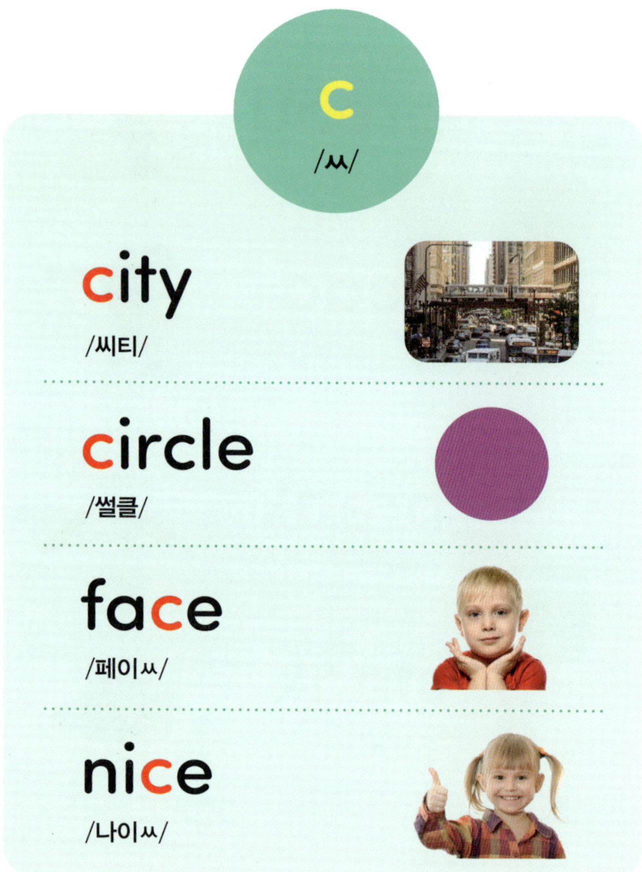

city /씨티/

circle /썰클/

face /페이ㅆ/

nice /나이ㅆ/

g /쥐/

gentle /쥐엔틀/

giraffe /쥐래ㅍf/

huge /휴쥐/

stage /ㅅ테이쥐/

Quick Check 잘 듣고 주어진 단어의 밑줄 친 부분과 같은 소리를 가진 단어를 고르세요. 097

1 **fa<u>c</u>e**　　<u>c</u>up　　<u>c</u>ar　　<u>c</u>ircle

2 **<u>g</u>entle**　　<u>g</u>um　　<u>g</u>iraffe　　<u>g</u>ate

city 도시　 circle 동그라미　 face 얼굴　 nice 멋진　 gentle 온화한　 giraffe 기린　 huge 거대한　 stage 무대

혼합자음 ch, gh, ph, ss 098

이중자음 중에서는 두 개의 자음이 모여 하나의 소리를 내기도 하는데 이때 전혀 다른 소리로 변하는 것들이 있어요. 단어 속에서 혼합자음의 소리를 알아볼게요.

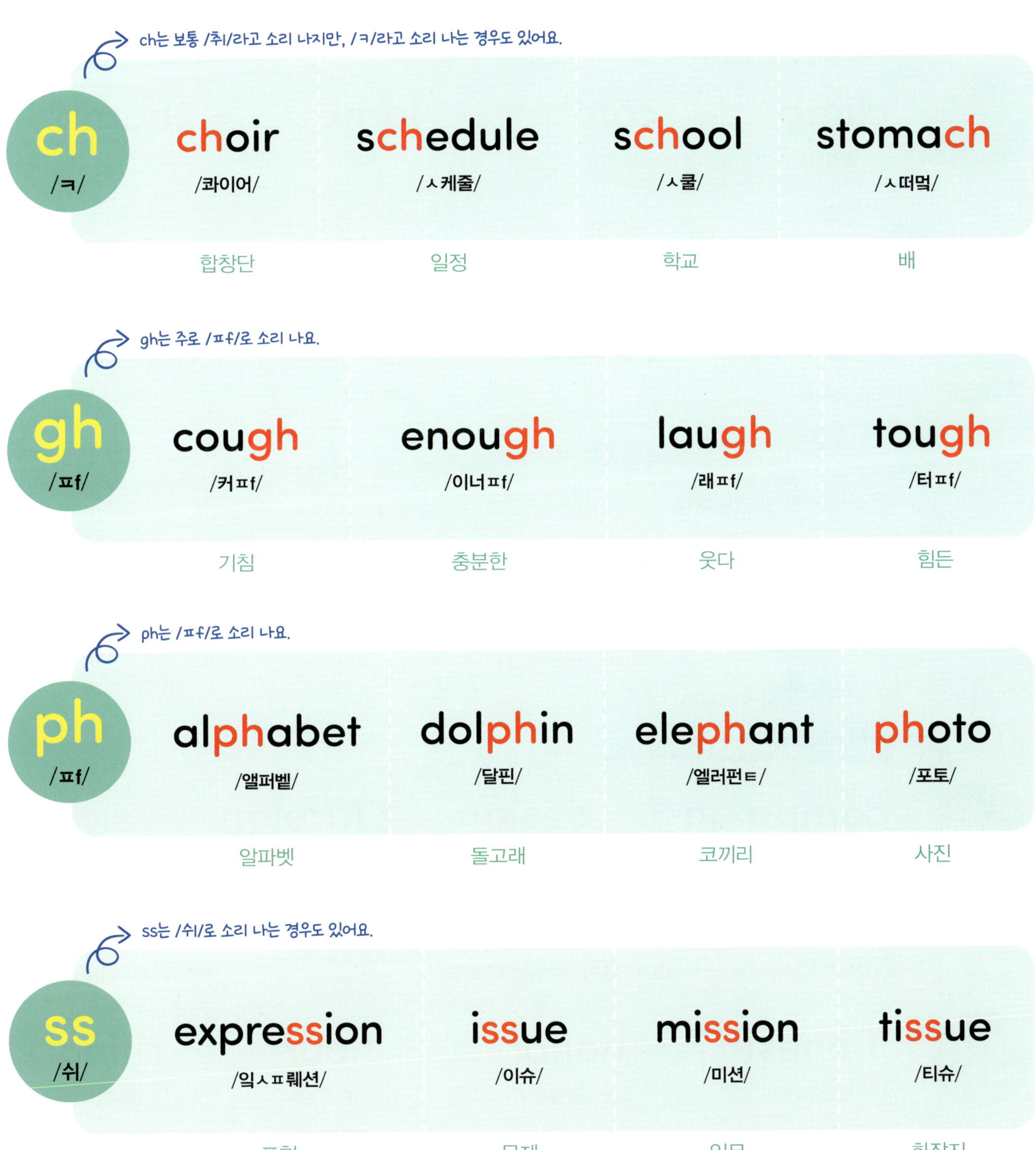

⑮ 소리가 나지 않는 묵음

묵음은 단어 속에 글자는 있지만 소리가 나지 않는 것을 말해요. 여러 가지 이유가 있지만 오랜 시간 동안 영어를 사용하면서 단어의 발음이 점차 변화한 거예요. 묵음이 쓰인 단어를 알아볼게요.

b는 주로 m 뒤에서 소리가 나지 않아요.

b

climb	comb	lamb	thumb
/클라임/	/코움/	/램/	/썸/
오르다	빗	어린 양	엄지손가락

c는 s 뒤에 올 때 소리가 나지 않는 경우가 있어요.

c

muscle	scene	science	scissors
/머쓸/	/씬/	/싸이언ㅆ/	/씨절ㅈ/
근육	장면	과학	가위

d가 소리 나지 않는 단어들도 있어요.

d

grandfather	grandmother	Wednesday
/ㄱ뤤파덜/	/ㄱ뤤마덜/	/웬ㅈ데이/
할아버지	할머니	수요일

g는 주로 n 앞에서 소리가 나지 않아요.

g

campaign	design	foreign	sign
/캠페인/	/디자인/	/포린/	/싸인/
캠페인	디자인	외국의	신호

h는 단어의 첫 글자로 오거나 r 뒤에 올 때 소리가 나지 않는 경우가 있어요.

h

honest	honor	hour	rhino
/아니ㅅㅌ/	/아널/	/아우얼/	/롸이노/
정직한	존경	시간	코뿔소

k는 주로 단어의 맨 앞에 와서 n과 같이 쓰일 때 소리가 나지 않아요.

k

knee
/니-/
무릎

knife
/나이ㅍf/
칼

knock
/낙/
두드리다

know
/노우/
알다

l은 주로 f, k, m 앞에서 소리가 나지 않아요.

l

half
/해ㅍf/
절반

talk
/턱/
말하다

walk
/웤/
걷다

calm
/캄/
침착한

s는 주로 i 뒤에 올 때 소리가 나지 않아요.

s

aisle
/아일/
통로

island
/아일랜드/
섬

t는 주로 -sten, -stle로 쓰일 때 소리가 나지 않아요.

t

castle
/캐쓸/
성

fasten
/패쓴/
매다

listen
/리쓴/
듣다

whistle
/위쓸/
호루라기

w는 주로 단어의 맨 앞에 와서 r과 같이 쓰일 때 소리가 나지 않아요.

w

wrap
/뢥/
포장하다

wrist
/뤼ㅅㅌ/
손목

write
/롸잍/
쓰다

wrong
/뤙/
틀린

gh는 주로 t 앞에서 소리가 나지 않아요.

gh

daughter
/더털/
딸

eight
/에잍/
8, 여덟

light
/라잍/
빛

night
/나잍/
밤

16 파닉스 예외 소리 규칙

파닉스 규칙을 따르지 않고 다른 소리가 나는 변칙 단어들이 있어요. 또 여러 글자가 모여 복잡하게 구성된 단어들도 있어요. 자주 쓰이는 단어들 중 파닉스 규칙을 깨는 단어가 무엇이 있는지 알아볼게요.

ear은 /이얼/이 아니라 /에얼/로 소리 나기도 해요.

ear /에얼/

bear	pear	swear	wear
/베얼/	/페얼/	/스웨얼/	/웨얼/
곰	배	맹세하다	입다

air은 /에얼/이라고 소리가 나요.

air /에얼/

chair	hair	pair	stair
/췌얼/	/헤얼/	/페얼/	/스떼얼/
의자	머리카락	쌍	계단

are가 단어 끝에 올 때 /에얼/이라고 소리가 나요.

are /에얼/

bare	care	fare	share
/베얼/	/케얼/	/페얼/	/쉐얼/
벌거벗은	돌봄	요금	나누다

u가 다른 모음 없이 혼자 쓰이면서 이중자음 앞에 올 때 /우/라고 소리 나는 경우가 있어요.

u /우/

bull	bush	full	push
/불/	/부쉬/	/풀/	/푸쉬/
황소	덤불	가득한	밀다

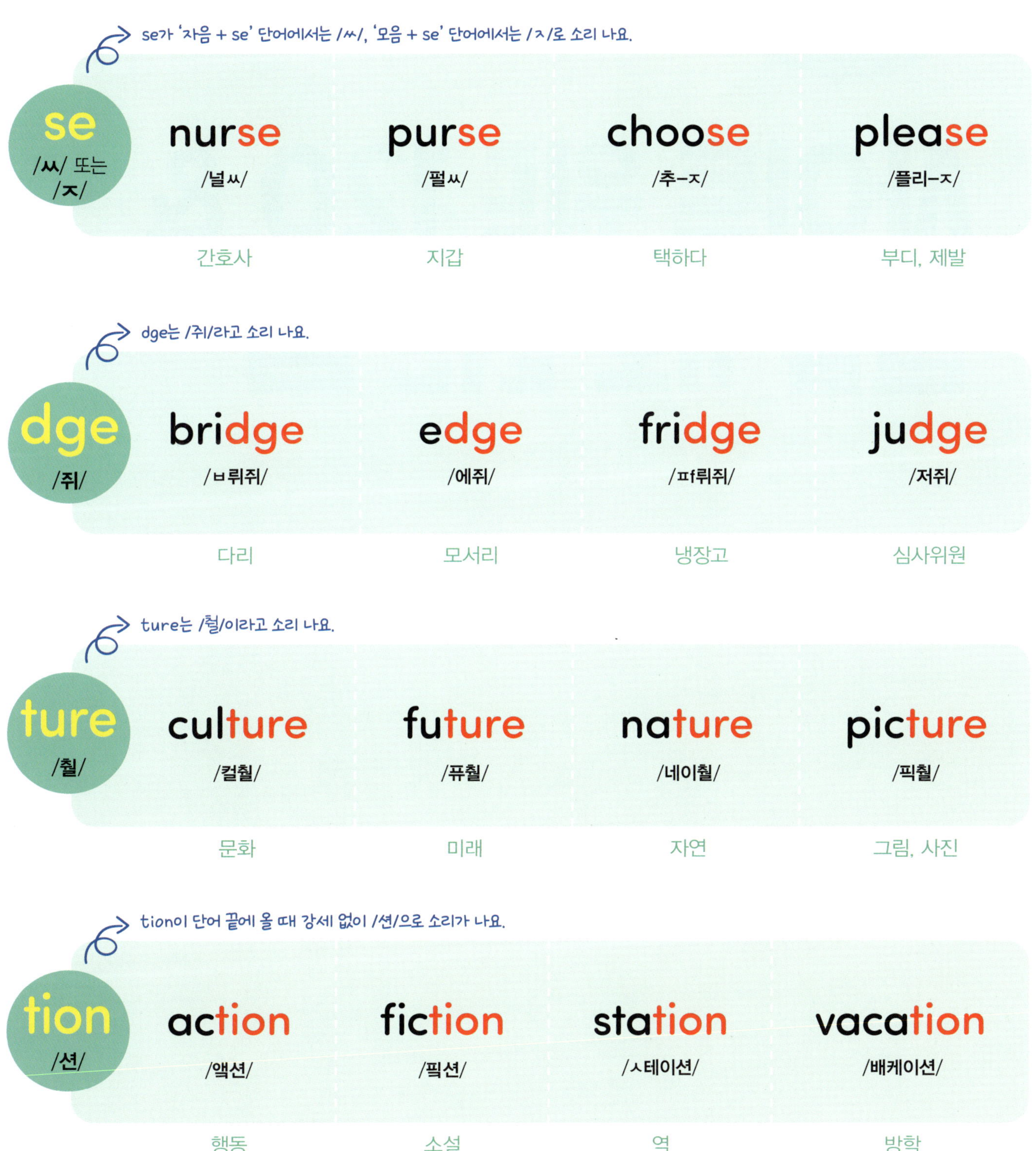

se가 '자음 + se' 단어에서는 /ㅆ/, '모음 + se' 단어에서는 /ㅈ/로 소리 나요.

se
/ㅆ/ 또는
/ㅈ/

nurse
/널ㅆ/
간호사

purse
/펄ㅆ/
지갑

choose
/추-ㅈ/
택하다

please
/플리-ㅈ/
부디, 제발

dge는 /쥐/라고 소리 나요.

dge
/쥐/

bridge
/브뤼쥐/
다리

edge
/에쥐/
모서리

fridge
/ㅍf뤼쥐/
냉장고

judge
/저쥐/
심사위원

ture는 /쳘/이라고 소리 나요.

ture
/쳘/

culture
/컬쳘/
문화

future
/퓨쳘/
미래

nature
/네이쳘/
자연

picture
/픽쳘/
그림, 사진

tion이 단어 끝에 올 때 강세 없이 /션/으로 소리가 나요.

tion
/션/

action
/액션/
행동

fiction
/픽션/
소설

station
/스테이션/
역

vacation
/배케이션/
방학

사이트 워드 120 &
발음 기호 읽는 법

지금까지 배운 파닉스 규칙과 더불어 함께 익혀두면 영어를 술술 읽을 수 있게 되는 것들이 있어요.

사이트 워드는 영어 문장에 자주 등장하는 단어들이라 보자마자 바로 읽어낼 수 있어야 해요. 사이트 워드는 파닉스 규칙에서 벗어나는 경우가 많아서 통째로 기억해 두는 게 좋아요.

또한, 단어의 정확한 발음을 안내해 주는 중요한 도구인 **발음 기호**를 알아두면 낯선 단어라도 정확한 발음으로 읽을 수 있어요.

사이트 워드 120

초등 교과서에 나오는 120개의 사이트 워드를 알아볼게요.
영어 문장에 자주 등장하는 단어들이라 파닉스 규칙과 함께 알아두면 읽기 실력이 크게 좋아질 거예요.
단어를 보자마자 읽어낼 수 있도록 자주 반복해서 읽으면서 눈에 익혀두세요.

1 **a** 하나의	2 **after** ~ 후에	3 **again** 다시	4 **all** 모두	5 **am** ~이다, 있다
6 **and** ~와, 그리고	7 **are** ~이다, 있다	8 **around** ~ 주위에	9 **at** ~에, ~에서	10 **ate** eat의 과거형, 먹었다
11 **best** 가장 좋은	12 **big** 큰	13 **blue** 파란색의	14 **but** 그러나	15 **by** ~로, ~ 옆에
16 **can** ~할 수 있다	17 **can't** ~할 수 없다	18 **come** 오다	19 **cut** 자르다	20 **did** do의 과거형, 했다
21 **do** 하다	22 **does** do의 현재형, 하다	23 **don't** ~하지 않다	24 **down** 아래로	25 **eat** 먹다
26 **fall** 떨어지다	27 **find** 찾다, 발견하다	28 **first** 첫째, 먼저	29 **fly** 날다	30 **for** ~을 위해

31 from
~로부터

32 full
가득한

33 get
받다, 얻다

34 go
가다

35 has
have의 현재형, 가지다

36 have
가지다, 먹다

37 he
그는

38 help
도와주다

39 her
그녀의, 그녀를

40 here
여기(에)

41 his
그의, 그의 것

42 how
어떻게, 얼마나

43 I
나는

44 in
~에, 안에

45 is
~이다, 있다

46 it
그것은, 그것을

47 its
그것의

48 let
~하게 하다

49 like
좋아하다

50 little
작은, 어린

51 live
살다

52 look
보다

53 love
사랑하다

54 make
만들다

55 many
많은

56 may
~해도 좋다

57 me
나를, 나에게

58 much
많은, 많이

59 must
~해야 한다

60 my
나의

61 new 새로운	**62** no ~가 아닌	**63** not ~아니다, 않다	**64** now 지금	**65** on ~ 위에
66 only 오직 ~만의	**67** open 열다	**68** or 또는	**69** our 우리의	**70** out 밖에
71 outside 밖, 바깥	**72** pick 고르다	**73** play 놀다	**74** please 부디, 제발	**75** put 놓다, 두다
76 red 빨간색의	**77** ride 타다	**78** said say의 과거형, 말했다	**79** see 보다, 만나다	**80** she 그녀는
81 show 보여주다	**82** small 작은	**83** so 매우, 정말	**84** some 약간의, 몇몇의	**85** soon 곧
86 stop 멈추다	**87** take 가져가다, 타다	**88** thank 감사하다	**89** that 저것, 저	**90** the 그

91 **them** 그들을, 그들에게	92 **there** 거기에	93 **they** 그들은, 그것들은	94 **think** 생각하다	95 **this** 이것, 이
96 **time** 시간	97 **to** ~로, ~에	98 **too** ~도, 또한	99 **two** 2, 둘	100 **under** ~ 아래에
101 **up** 위에	102 **use** 쓰다, 사용하다	103 **very** 매우	104 **walk** 걷다	105 **want** 원하다
106 **warm** 따뜻한	107 **was** be의 과거형, 이었다	108 **we** 우리는	109 **went** go의 과거형, 갔다	110 **what** 무엇
111 **when** 언제	112 **where** 어디에	113 **which** 어떤	114 **who** 누구, 누가	115 **will** ~할 것이다
116 **with** ~와 함께	117 **write** 쓰다	118 **yellow** 노란색의	119 **you** 너는, 너를	120 **your** 너의

발음 기호는 영어의 말소리를 표기하는 기호예요.
알파벳 글자가 내는 모든 소리를 발음 기호로 나타낼 수 있어요.
영어에는 파닉스 규칙만으로 읽을 수 없는 예외적인 단어들이 많아요.
이때 발음 기호를 알면 처음 보는 낯선 단어도 정확하게 읽을 수 있어요.
또 사전에서 새로운 단어를 찾을 때에도 발음 기호를 익혀두면 쉽게 읽을 수 있어요.

유성음 자음은 유성음과 무성음으로 나눌 수 있어요. 유성음은 소리를 낼 때 성대가 울리는 소리들이에요.
소리를 내는 동안 목에 손가락을 갖다 대면 울리는 것을 느낄 수 있어요.

[g]	[n]	[d]	[ð]	[l]
ㄱ	ㄴ	ㄷ	ㄷ	ㄹ

[r]	[m]	[b]	[v]	[ŋ]
뤄r	ㅁ	ㅂ	ㅂ	응

[z]	[dʒ]	[ʒ]	[w]	[j]
ㅈ	쥐	ㅈ	워	이

무성음 무성음은 소리를 낼 때 성대가 울리지 않아요. 소리를 내는 동안 목에 손가락을 갖다 대면 목은 울리지 않고 입에서만 소리가 나요.

[s]	[θ]	[t]	[k]	[f]
ㅆ	ㅆ	ㅌ	ㅋ	ㅍf

[p]	[h]	[ʃ]	[tʃ]
ㅍ	ㅎ	쉬	취

발음기호	단어	발음기호	단어
[g] ㄱ	**game** 게임, 경기 [geɪm] 게임	[n] ㄴ	**nest** 둥지 [nest] 네ㅅㅌ
[d] ㄷ	**desk** 책상 [desk] 데ㅅㅋ	[ð] ㄷ	**that** 저, 저 사람 [ðæt] 댙
[l] ㄹ	**leg** 다리 [leg] 렉	[r] 뤄r	**red** 빨간색의 [red] 뤨
[m] ㅁ	**milk** 우유 [mɪlk] 밀ㅋ	[b] ㅂ	**bat** 박쥐 [bæt] 뱉
[v] ㅂ	**vase** 꽃병 [veɪs] 베이ㅅ	[ŋ] 응	**ring** 반지 [rɪŋ] 륑
[z] ㅈ	**zebra** 얼룩말 [ziːbrə] 지브롸	[dʒ] 쥐	**cage** 우리, 새장 [keɪdʒ] 케이쥐
[ʒ] ㅈ	**treasure** 보물 [treʒər] 트뤠쥬어	[w] 워	**web** 거미줄 [web] 웹
[j] 이	**yard** 마당 [jaːrd] 야알ㄷ	[s] ㅆ	**sun** 해, 태양 [sʌn] 썬
[θ] ㅆ	**thumb** 엄지손가락 [θʌm] 썸	[t] ㅌ	**ten** 10, 열 [ten] 텐
[k] ㅋ	**kid** 아이 [kɪd] 킨	[f] ㅍf	**fan** 선풍기 [fæn] 팬
[p] ㅍ	**pen** 펜 [pen] 펜	[h] ㅎ	**ham** 햄 [hæm] 햄
[ʃ] 쉬	**push** 밀다 [pʊʃ] 푸쉬	[tʃ] 취	**catch** 잡다 [kætʃ] 캐취

모음은 단모음, 장모음, 이중모음으로 나눌 수 있어요.
짧게 소리 내는 모음, 길게 소리 내는 모음, 두 개의 소리를 연이어 내는 모음들이에요.
모음은 여러 가지 소리를 가지는 경우가 많은데, 이때 발음 기호를 보고 어떤 소리를 내야 하는지 쉽게 알 수 있어요.
발음 기호를 하나씩 짚어가며 잘 듣고 따라 읽어 보세요.

모음

모음 발음 기호에는 표시들이 있어요. [:] 표시는 소리를 길게 내는 장음을 의미해요. 이 표시에서는 소리를 짧게 끊지 않고 길게 소리 내어 보세요.
영어에서는 어떤 소리는 더 세게 발음되고, 어떤 소리는 약하게 발음되기도 하는데 이걸 강세라고 해요.
' ` , ´ '는 강세를 나타내요. 이 표시가 있는 음절을 힘을 줘서 세게 읽으라는 뜻이에요.

[ɑ]	[e]	[i]	[ʊ]	[æ]
아	에	이	우	애

[ə]	[ʌ]	[ɑː]	[iː]	[ɜː]
어	어	아-	이-	어-

[uː]	[ɔː]	[ɑi]	[ɑʊ]	[ei]
우-	오-	아이	아우	에이

[ɛə]	[ɔi]	[iə]	[ʊə]	[oʊ]
에어	오이	이어	우어	오우

발음기호	단어	발음기호	단어
[ɑ] 아	**father** 아빠 [fɑðə(r)] 파덜	[e] 에	**bed** 침대 [bed] 벧
[i] 이	**pig** 돼지 [pɪg] 픽	[ʊ] 우	**foot** 발 [fʊt] 풑
[æ] 애	**cat** 고양이 [kæt] 캩	[ə] 어	**ago** 전에 [əgoʊ] 어고우
[ʌ] 어	**bus** 버스 [bʌs] 버쓰	[ɑː] 아–	**top** 꼭대기 [tɑːp] 탚
[iː] 이–	**knee** 무릎 [niː] 니–	[ɜː] 어–	**bird** 새 [bɜːrd] 벌드
[uː] 우–	**moon** 달 [muːn] 무–ㄴ	[ɔː] 오–	**ball** 공 [bɔːl] 볼
[ai] 아이	**sky** 하늘 [skɑɪ] ㅅ까이	[ɑʊ] 아우	**cow** 암소 [kɑʊ] 카우
[ei] 에이	**rain** 비 [reɪn] 뤠인	[ɛə] 에어	**hair** 머리카락 [hɛər] 헤얼
[ɔi] 오이	**boy** 남자아이 [bɔɪ] 보이	[iə] 이어	**near** 가까이 [niər] 니얼
[ʊə] 우어	**sure** 확신하는 [ʃʊər] 슈얼	[oʊ] 오우	**boat** 배, 보트 [boʊt] 보우트

점수 **/ 40**개 `104`

A 잘 듣고 알맞은 첫소리 또는 끝소리 글자를 골라 동그라미 하세요.

1. | Bb | Dd | Vv |

2. | Cc | Gg | Jj |

3. | Ff | Hh | Pp |

4. | Ll | Rr | Ww |

5. | eb | en | et |

6. | id | ig | ip |

7. | ob | ot | ox |

8. | ug | up | us |

9. | ake | ame | ave |

10. | ide | ike | ine |

11. | ole | one | ote |

12. | ube | une | ute |

 잘 듣고 빈칸에 알맞은 글자를 써서 단어를 완성하세요.

13. ☐☐ ate

14. ☐☐ uck

15. ☐☐ oon

16. ☐☐ nk

17. ☐☐ one

18. ☐☐ ark

19. r ☐☐ n

20. tr ☐☐

21. sn ☐☐

22. s ☐☐ l

23. st ☐☐

24. r ☐☐ f

 잘 듣고 알맞은 순서대로 번호를 쓰세요.

25.

26.

27.

28.

29.

 잘 듣고 그림에 알맞은 단어를 쓰세요.

30.

31.

32.

33.

34.

35.

 잘 듣고 빈칸에 알맞은 단어를 써서 문장을 완성하세요.

36. Let's hop to the ☐☐☐. 꼭대기까지 깡충 뛰어보자.

37. He rides a ☐☐☐☐ fast. 그는 **자전거**를 빠르게 탄다.

38. She wears a pretty ☐☐☐☐. 그녀는 예쁜 **반지**를 끼고 있어요.

39. They made fresh ☐☐☐☐☐. 그들은 신선한 **주스**를 만들었다.

40. She wished upon the ☐☐☐☐. 그녀는 **달**에 소원을 빌었다.

Answers

정답

p. 15

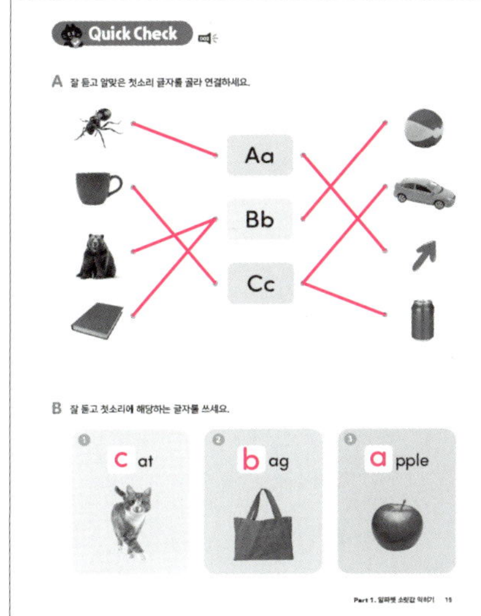

p. 17

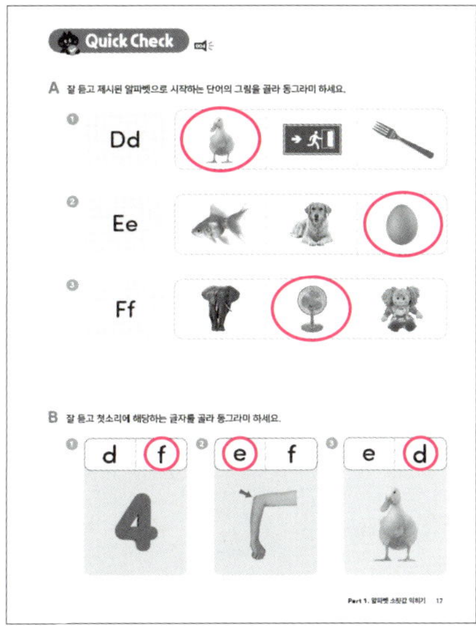

p. 19

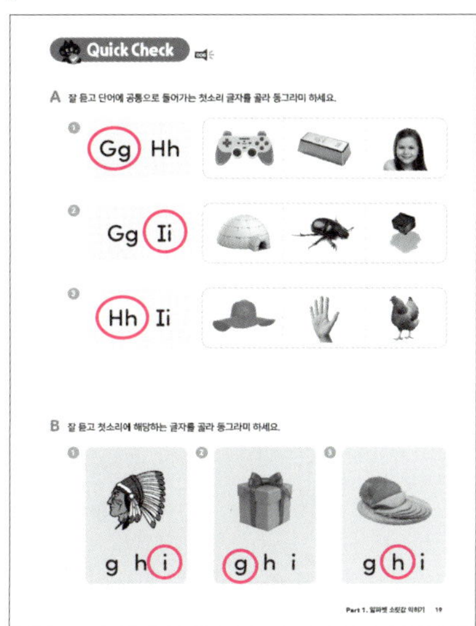

p. 21

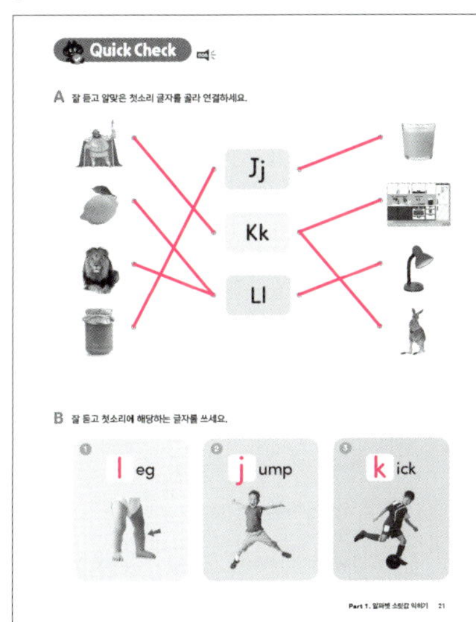

p. 23

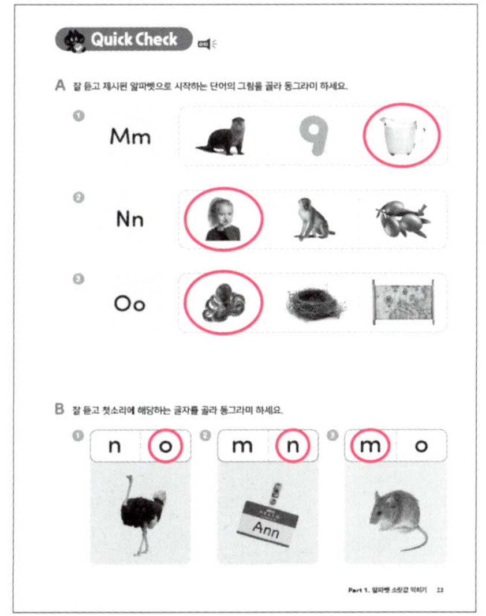

p. 25

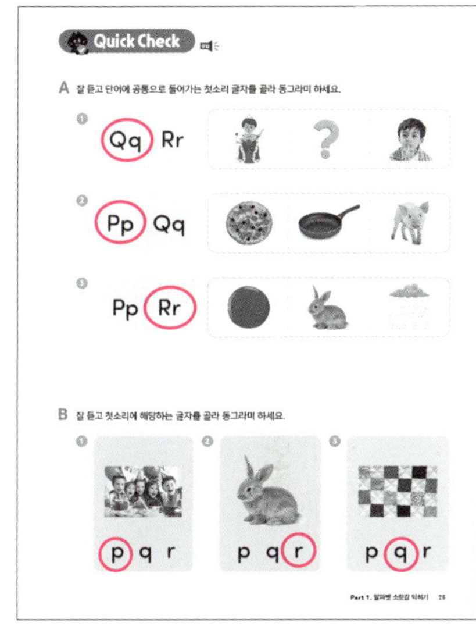

p. 27

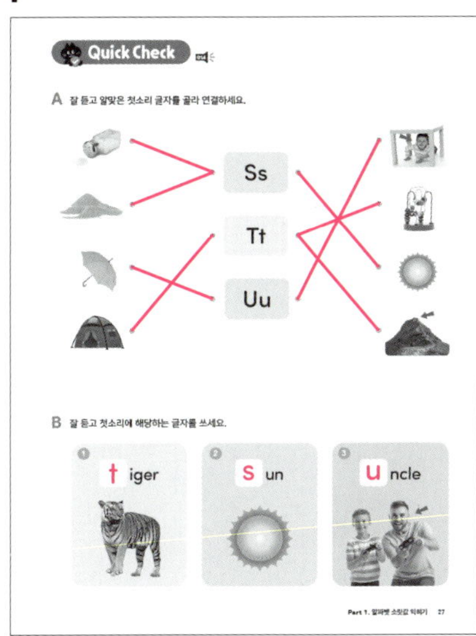

p. 29

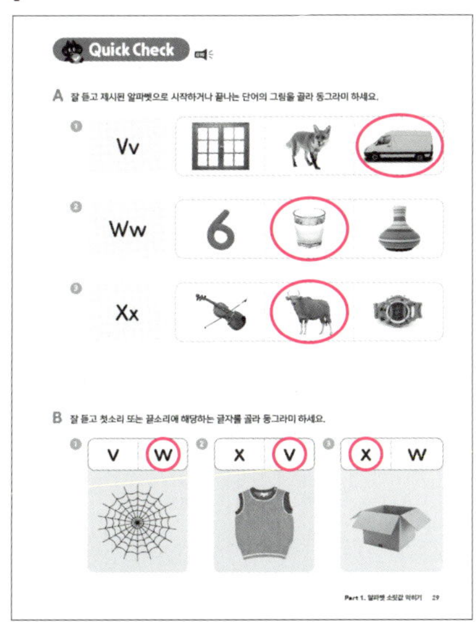

p. 31

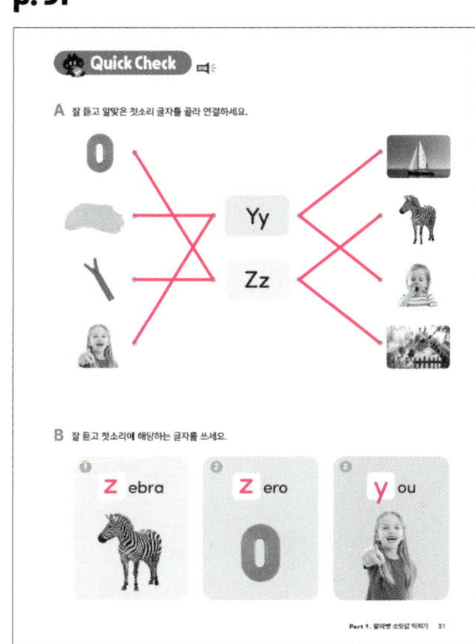

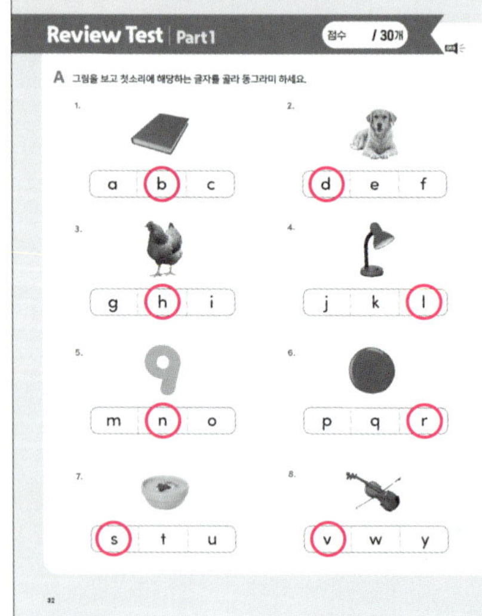

p. 32

Review Test | Part 1   점수 / 30개

A 그림을 보고 첫소리에 해당하는 글자를 골라 동그라미 하세요.

1. a (b) c   2. (d) e f
3. g (h) i   4. j k (l)
5. m (n) o   6. p q (r)
7. (s) t u   8. (v) w y

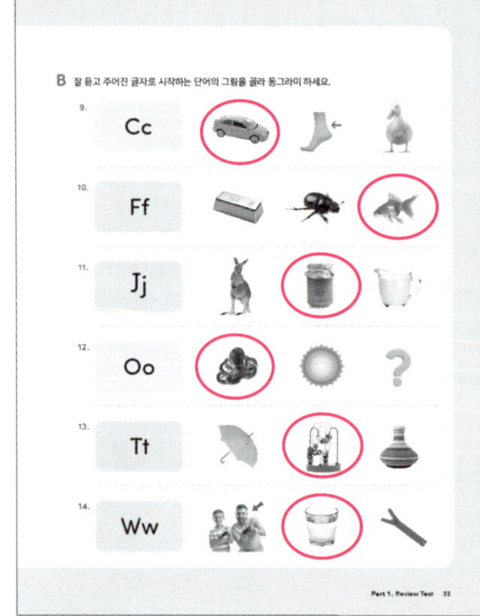

p. 33

B 잘 듣고 주어진 글자로 시작하는 단어의 그림을 골라 동그라미 하세요.

9. Cc
10. Ff
11. Jj
12. Oo
13. Tt
14. Ww

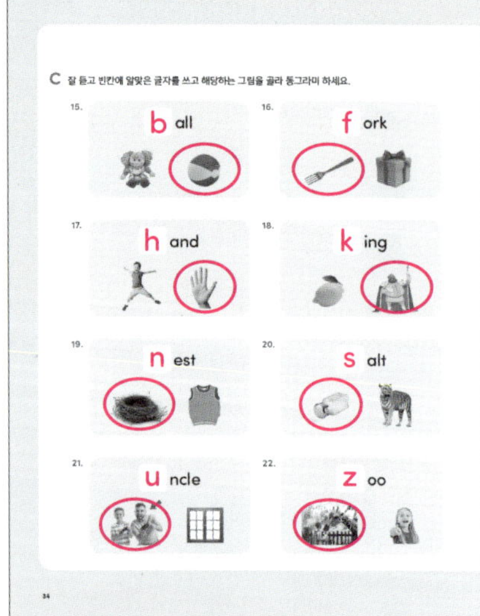

p. 34

C 잘 듣고 빈칸에 알맞은 글자를 쓰고 해당하는 그림을 골라 동그라미 하세요.

15. b all   16. f ork
17. h and   18. k ing
19. n est   20. s alt
21. u ncle   22. z oo

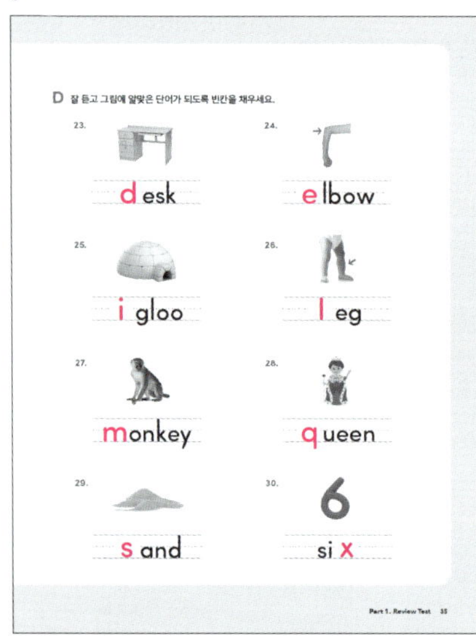

p. 35

D 잘 듣고 그림에 알맞은 단어가 되도록 빈칸을 채우세요.

23. d esk   24. e lbow
25. i gloo   26. l eg
27. m onkey   28. q ueen
29. s and   30. si x

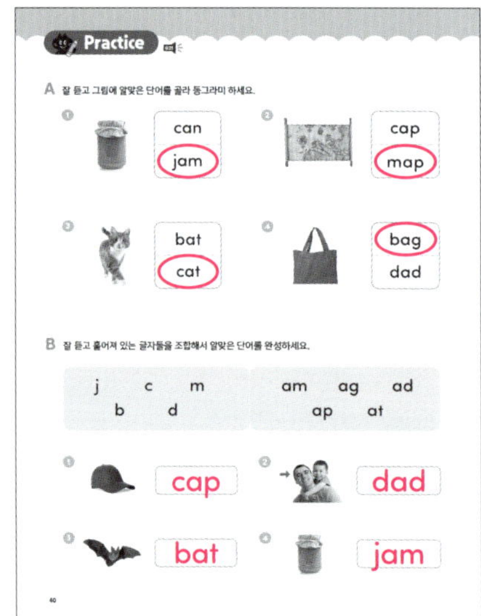

p. 40

Practice

A 잘 듣고 그림에 알맞은 단어를 골라 동그라미 하세요.

1. can (jam)   2. cap (map)
3. bat (cat)   4. (bag) dad

B 잘 듣고 흩어져 있는 글자들을 조합해서 알맞은 단어를 완성하세요.

j c m   am ag ad
b d   ap at

1. cap   2. dad
3. bat   4. jam

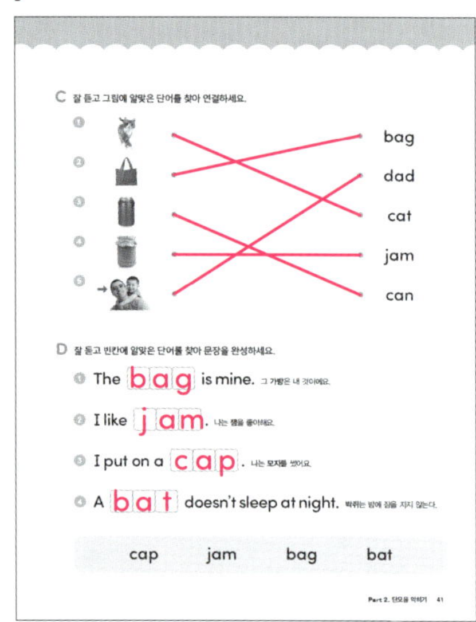

p. 41

C 잘 듣고 그림에 알맞은 단어를 찾아 연결하세요.

1   bag
2   dad
3   cat
4   jam
5   can

D 잘 듣고 빈칸에 알맞은 단어를 찾아 문장을 완성하세요.

1. The bag is mine. 그 가방은 내 것이에요.
2. I like jam. 나는 잼을 좋아해요.
3. I put on a cap. 나는 모자를 써요.
4. A bat doesn't sleep at night. 박쥐는 밤에 잠을 자지 않는다.

cap   jam   bag   bat

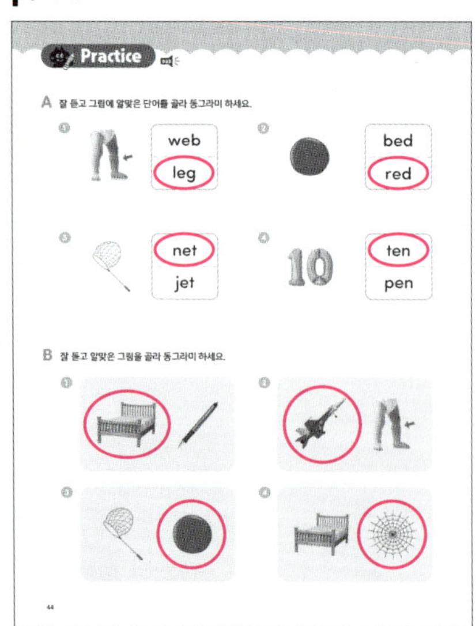

p. 44

Practice

A 잘 듣고 그림에 알맞은 단어를 골라 동그라미 하세요.

1. web (leg)   2. bed (red)
3. (net) jet   4. (ten) pen

B 잘 듣고 알맞은 그림을 골라 동그라미 하세요.

1   2   3   4

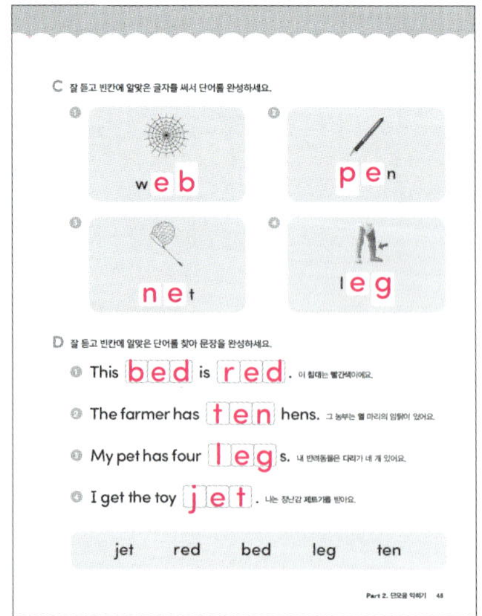

p. 45

C 잘 듣고 빈칸에 알맞은 글자를 써서 단어를 완성하세요.

1. w e b   3. p e n
2. n e t   4. l e g

D 잘 듣고 빈칸에 알맞은 단어를 찾아 문장을 완성하세요.

1. This bed is red. 이 침대는 빨간색이에요.
2. The farmer has ten hens. 그 농부는 열 마리의 암탉이 있어요.
3. My pet has four legs. 내 반려동물은 다리가 네 개 있어요.
4. I get the toy jet. 나는 장난감 제트기를 받아요.

jet   red   bed   leg   ten

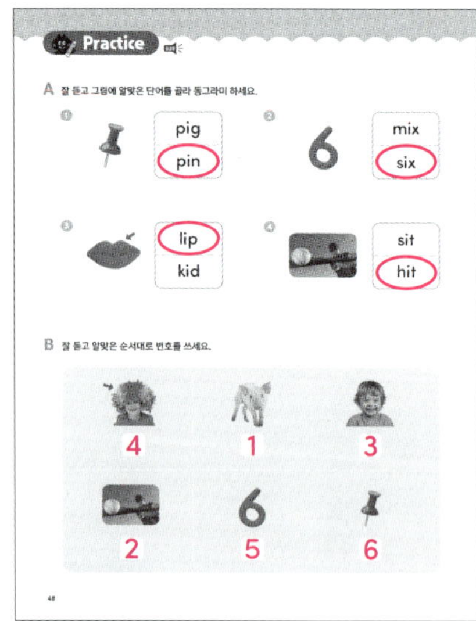

p. 48

Practice

A 잘 듣고 그림에 알맞은 단어를 골라 동그라미 하세요.

1. pig (pin)   2. mix (six)
3. (lip) kid   4. sit (hit)

B 잘 듣고 알맞은 순서대로 번호를 쓰세요.

4   1   3
2   5   6

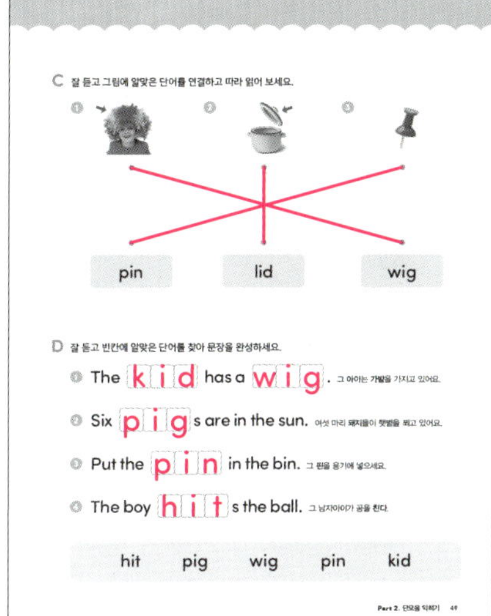

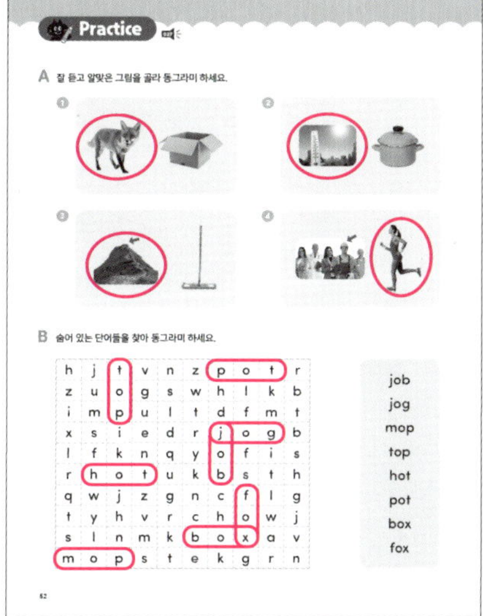

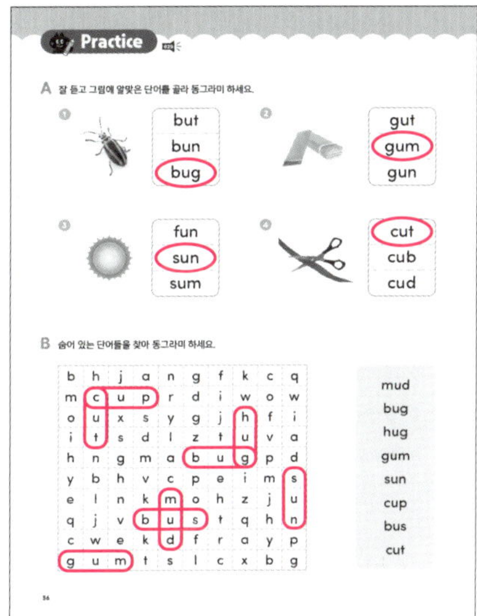

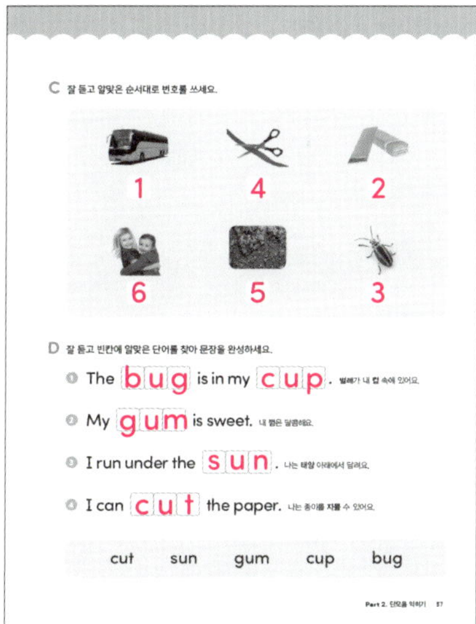

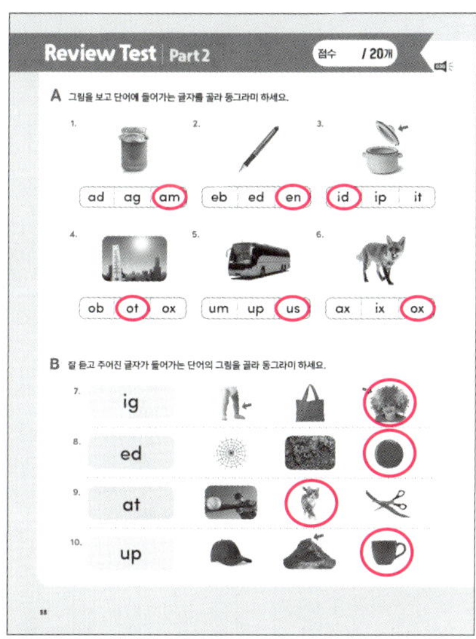

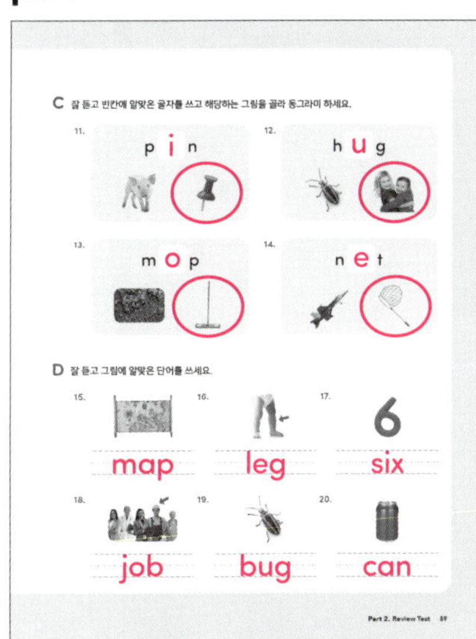

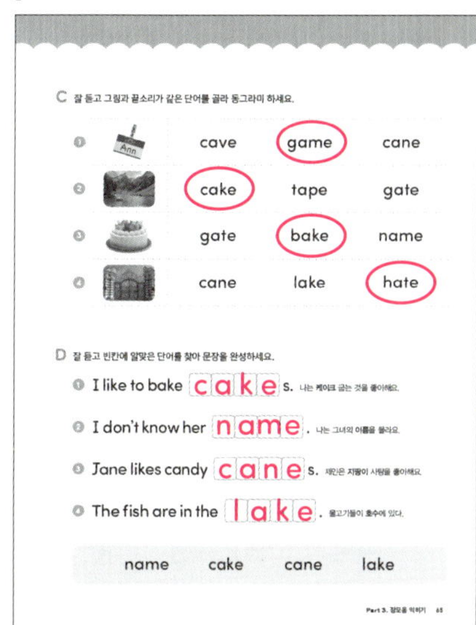

p. 68

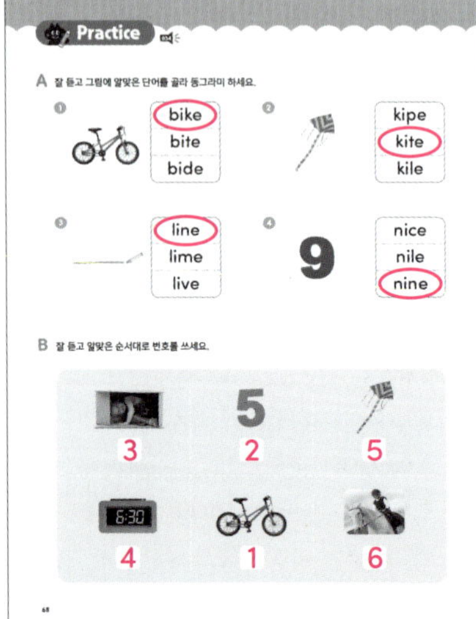

A 잘 듣고 그림에 알맞은 단어를 골라 동그라미 하세요.

① (bike) / bite / bide　② kipe / (kite) / kile
③ (line) / lime / live　④ nice / nile / (nine)

B 잘 듣고 알맞은 순서대로 번호를 쓰세요.

3　2　5
4　1　6

p. 69

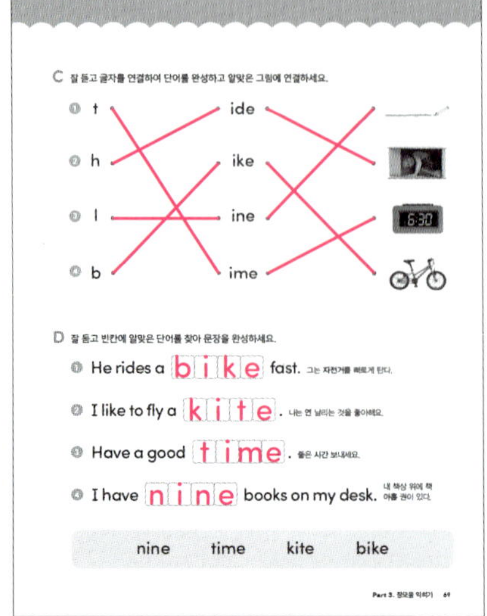

C 잘 듣고 글자를 연결하여 단어를 완성하고 알맞은 그림에 연결하세요.

① t　ide
② h　ike
③ l　ine
④ b　ime

D 잘 듣고 빈칸에 알맞은 단어를 찾아 문장을 완성하세요.

① He rides a **bike** fast. 그는 자전거를 빠르게 탄다.
② I like to fly a **kite**. 나는 연 날리는 것을 좋아해요.
③ Have a good **time**. 좋은 시간 보내세요.
④ I have **nine** books on my desk. 내 책상 위에 책 아홉 권이 있다.

nine　time　kite　bike

p. 72

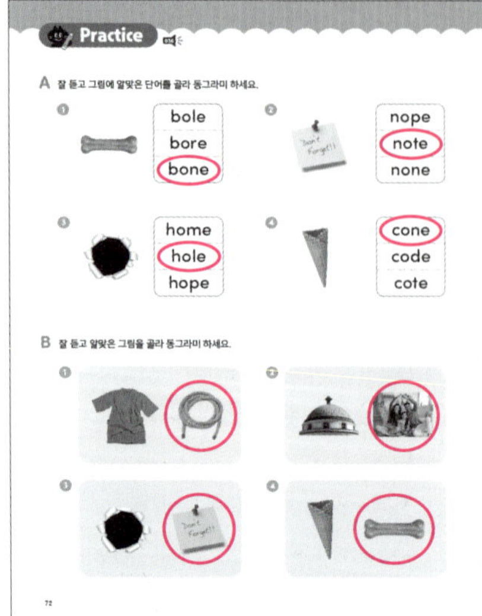

A 잘 듣고 그림에 알맞은 단어를 골라 동그라미 하세요.

① bole / bore / (bone)　② nope / (note) / none
③ home / (hole) / hope　④ (cone) / code / cote

B 잘 듣고 알맞은 그림을 골라 동그라미 하세요.

p. 73

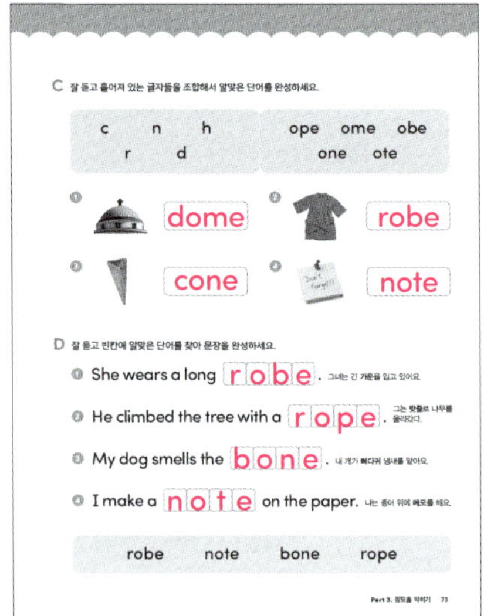

C 잘 듣고 흩어져 있는 글자들을 조합해서 알맞은 단어를 완성하세요.

c　n　h　ope　ome　obe
r　d　one　ote

① **dome**　② **robe**
③ **cone**　④ **note**

D 잘 듣고 빈칸에 알맞은 단어를 찾아 문장을 완성하세요.

① She wears a long **robe**. 그녀는 긴 가운을 입고 있어요.
② He climbed the tree with a **rope**. 그는 밧줄을 나무를 올랐어요.
③ My dog smells the **bone**. 내 개가 뼈다귀 냄새를 맡아요.
④ I make a **note** on the paper. 나는 종이 위에 메모를 해요.

robe　note　bone　rope

p. 76

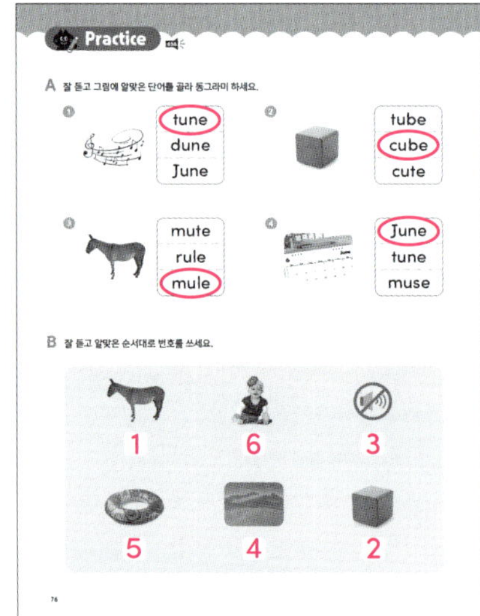

A 잘 듣고 그림에 알맞은 단어를 골라 동그라미 하세요.

① (tune) / dune / June　② tube / (cube) / cute
③ mute / rule / (mule)　④ (June) / tune / muse

B 잘 듣고 알맞은 순서대로 번호를 쓰세요.

1　6　3
5　4　2

p. 77

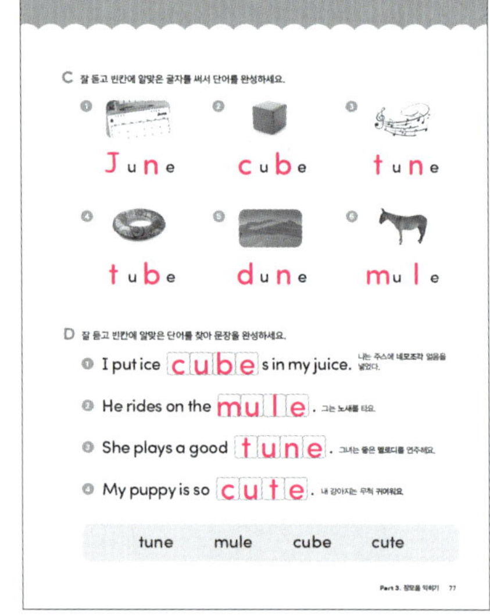

C 잘 듣고 빈칸에 알맞은 글자를 써서 단어를 완성하세요.

① J u n e　② c u b e　③ t u n e
④ t u b e　⑤ d u n e　⑥ mu l e

D 잘 듣고 빈칸에 알맞은 단어를 찾아 문장을 완성하세요.

① I put ice **cube** s in my juice. 나는 주스에 얼음조각 넣어요.
② He rides on the **mule**. 그는 노새를 타요.
③ She plays a good **tune**. 그녀는 좋은 멜로디를 연주해요.
④ My puppy is so **cute**. 내 강아지는 무척 귀여워요.

tune　mule　cube　cute

p. 78

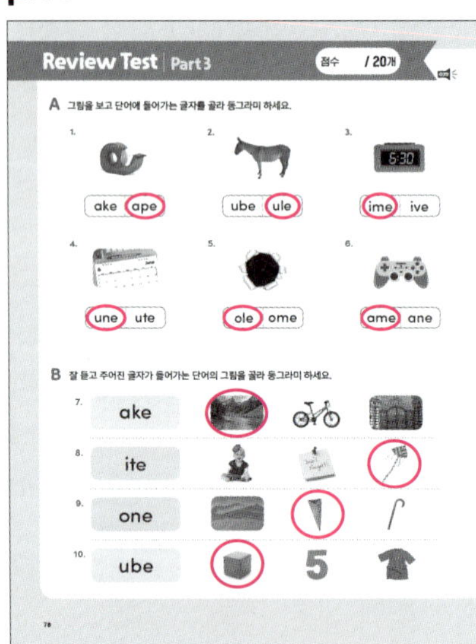

Review Test | Part 3　점수 / 20개

A 그림을 보고 단어에 들어가는 글자를 골라 동그라미 하세요.

1. ake / (ape)　2. ube / (ule)　3. (ime) / ive
4. (une) / ute　5. (ole) / ome　6. (ame) / ane

B 잘 듣고 주어진 글자가 들어가는 단어의 그림을 골라 동그라미 하세요.

7. ake
8. ite
9. one
10. ube

p. 79

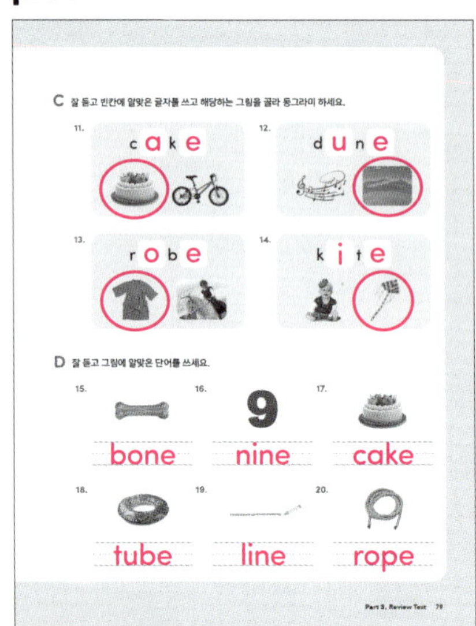

C 잘 듣고 빈칸에 알맞은 글자를 쓰고 해당하는 그림을 골라 동그라미 하세요.

11. c a k e　12. d u n e
13. r o b e　14. k i t e

D 잘 듣고 그림에 알맞은 단어를 쓰세요.

15. **bone**　16. **nine**　17. **cake**
18. **tube**　19. **line**　20. **rope**

p. 84

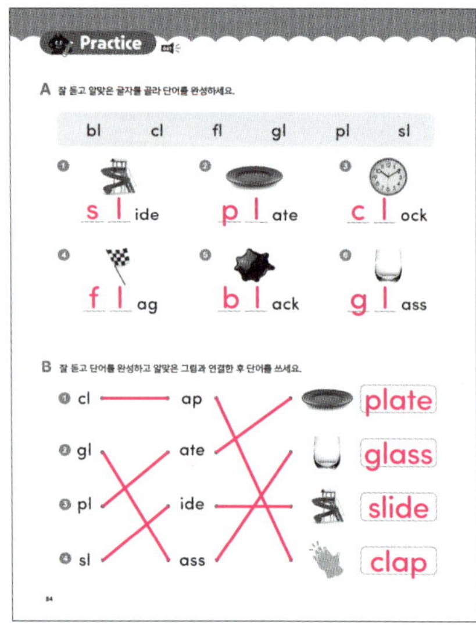

A 잘 듣고 알맞은 글자를 골라 단어를 완성하세요.

bl　cl　fl　gl　pl　sl

① s l ide　② p l ate　③ c l ock
④ f l ag　⑤ b l ack　⑥ g l ass

B 잘 듣고 단어를 완성하고 알맞은 그림과 연결한 후 단어를 쓰세요.

① cl　ap　**plate**
② gl　ate　**glass**
③ pl　ide　**slide**
④ sl　ass　**clap**

p. 85

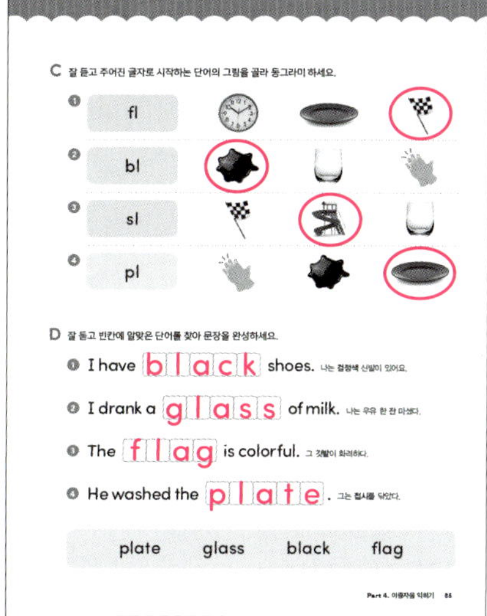

p. 88

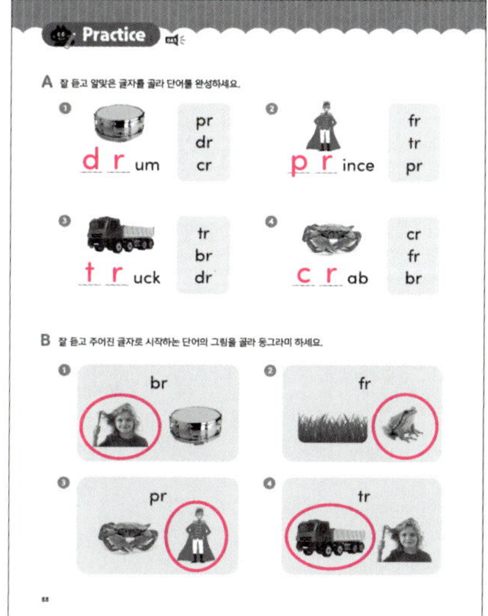

p. 89

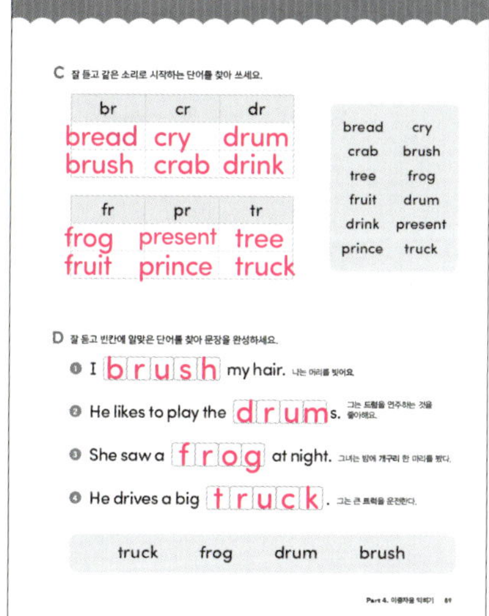

p. 92

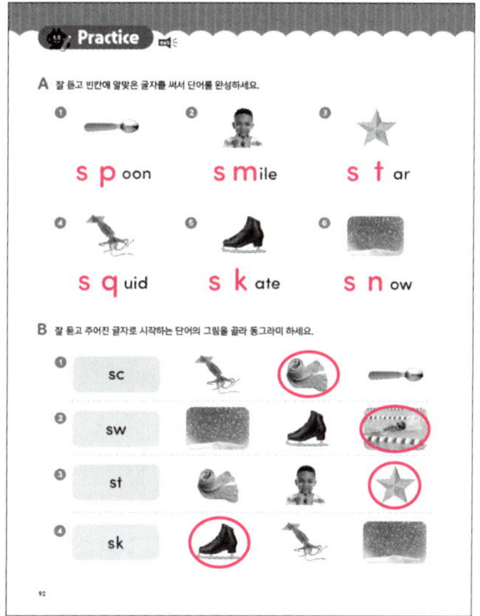

p. 93

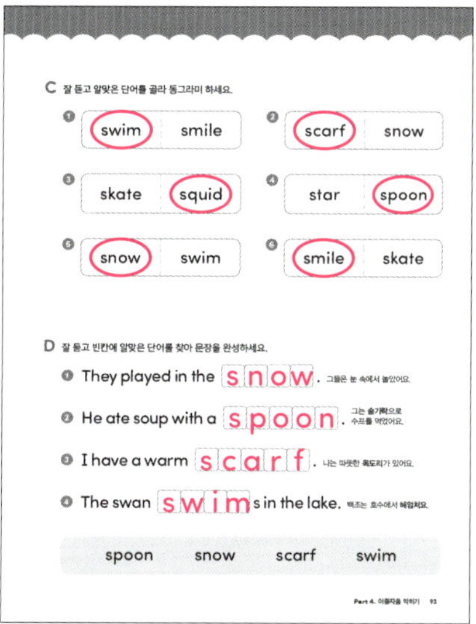

p. 96

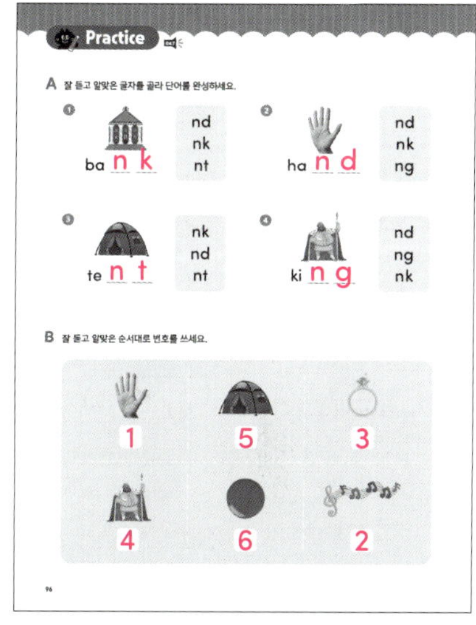

p. 97

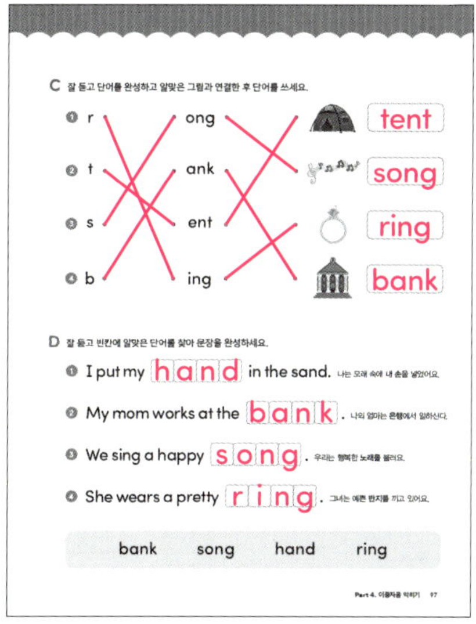

p. 100

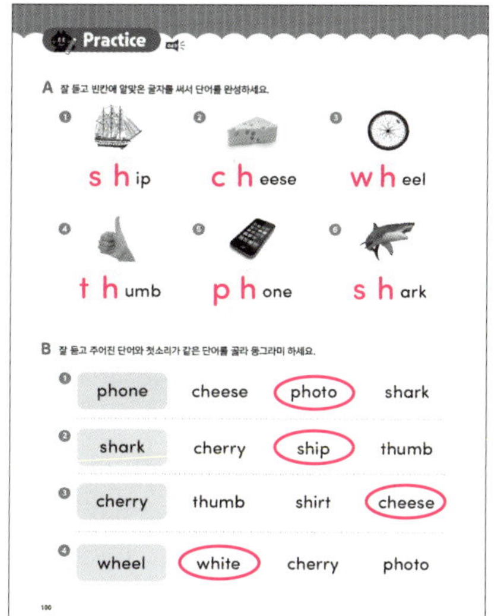

p. 101

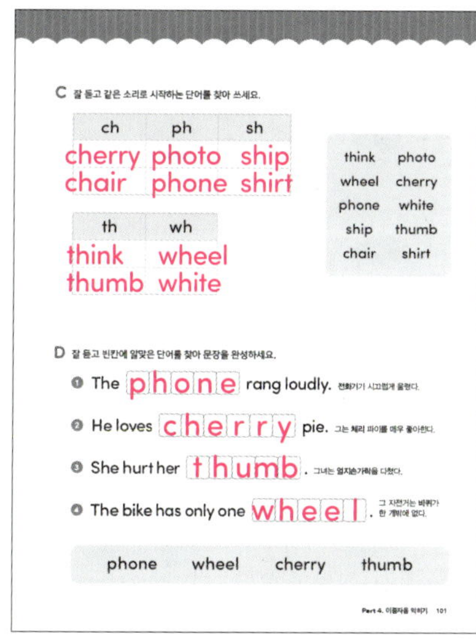

p. 102
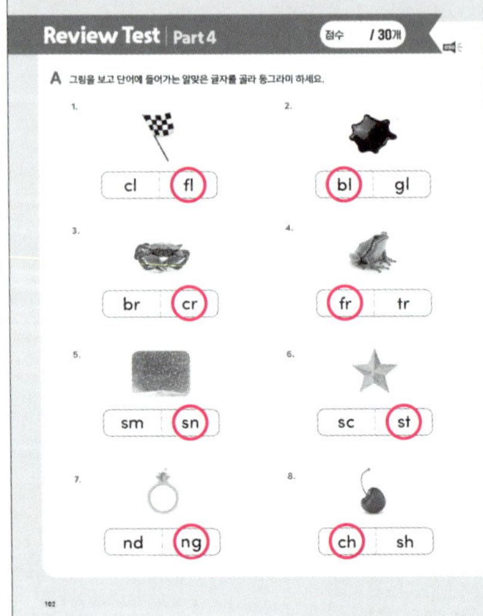

p. 103

p. 104
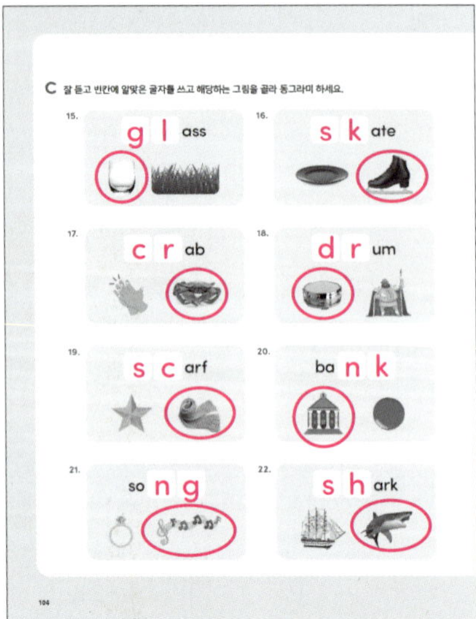

p. 105
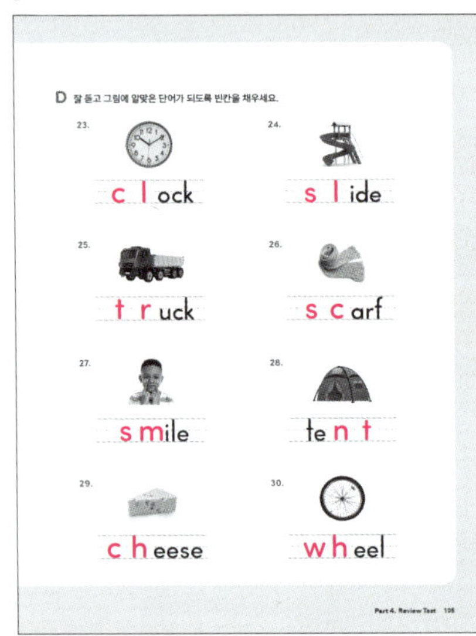

p. 110
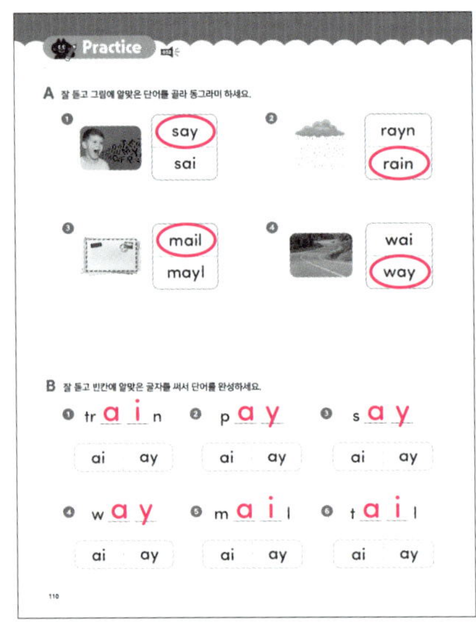

p. 111
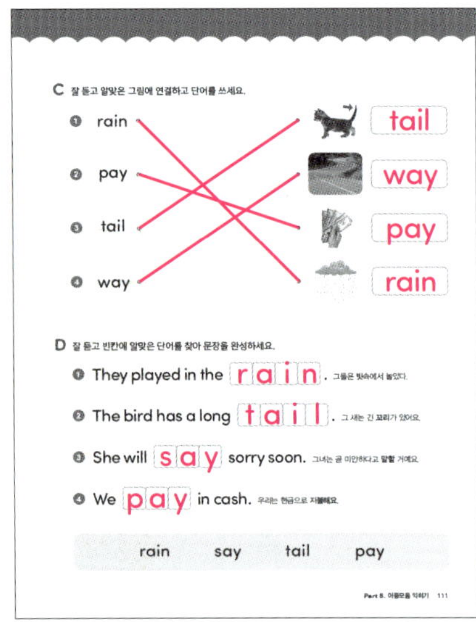

p. 114
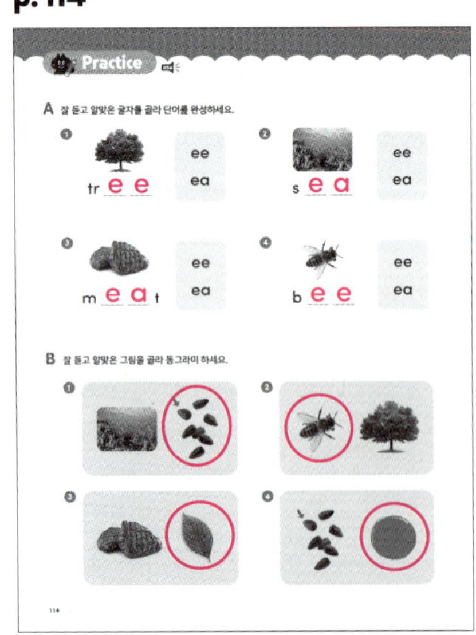

p. 115

p. 118
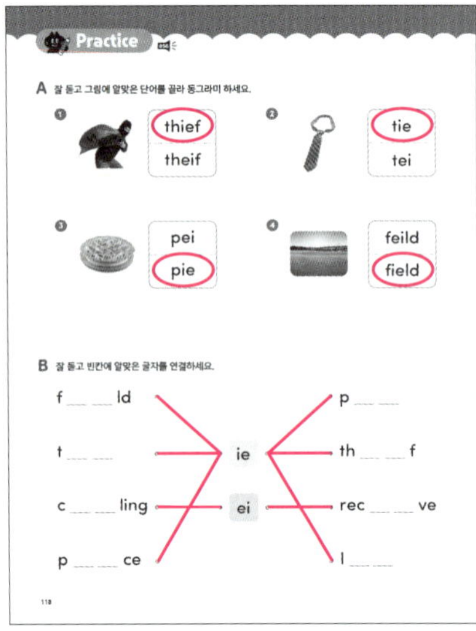

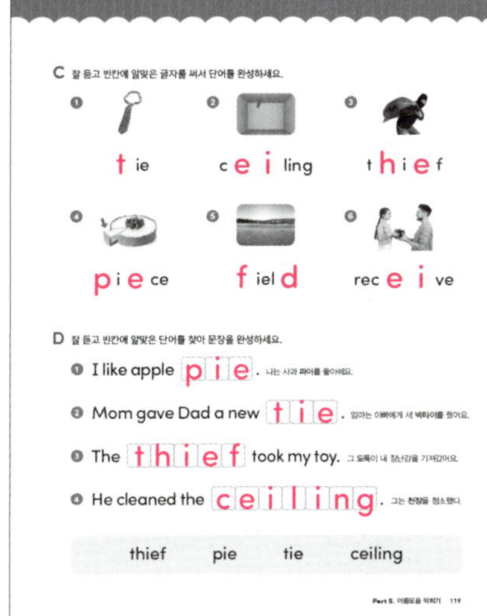

p. 119

C 잘 듣고 빈칸에 알맞은 글자를 써서 단어를 완성하세요.

① t ie ② c e i ling ③ t h i e f
④ p i e ce ⑤ f i el d ⑥ rec e i ve

D 잘 듣고 빈칸에 알맞은 단어를 찾아 문장을 완성하세요.

① I like apple p i e . 나는 사과 파이를 좋아해요.
② Mom gave Dad a new t i e . 엄마는 아빠에게 새 넥타이를 줬어요.
③ The t h i e f took my toy. 그 도둑이 내 장난감을 가져갔어요.
④ He cleaned the c e i l i n g . 그는 천장을 청소했다.

thief   pie   tie   ceiling

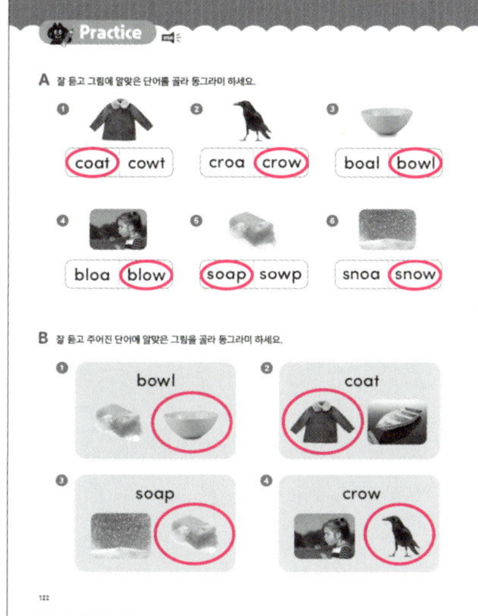

p. 122

Practice

A 잘 듣고 그림에 알맞은 단어를 골라 동그라미 하세요.

① coat cowt ② croa (crow) ③ boal (bowl)
④ bloa (blow) ⑤ (soap) sowp ⑥ snoa (snow)

B 잘 듣고 주어진 단어에 알맞은 그림을 골라 동그라미 하세요.

① bowl ② coat ③ soap ④ crow

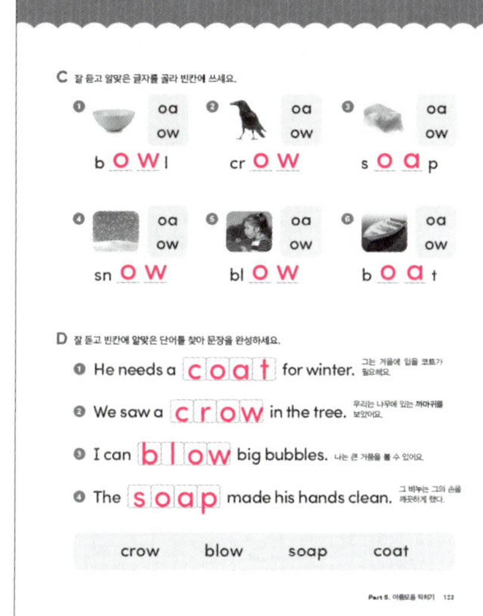

p. 123

C 잘 듣고 알맞은 글자를 골라 빈칸에 쓰세요.

① b o w l ② cr o w ③ s o a p
④ sn o w ⑤ bl o w ⑥ b o a t

D 잘 듣고 빈칸에 알맞은 단어를 찾아 문장을 완성하세요.

① He needs a c o a t for winter. 그는 겨울에 입을 코트가 필요해요.
② We saw a c r o w in the tree. 우리는 나무에 있는 까마귀를 봤어요.
③ I can b l o w big bubbles. 나는 큰 거품을 불 수 있어요.
④ The s o a p made his hands clean. 그 비누는 그의 손을 깨끗하게 했다.

crow   blow   soap   coat

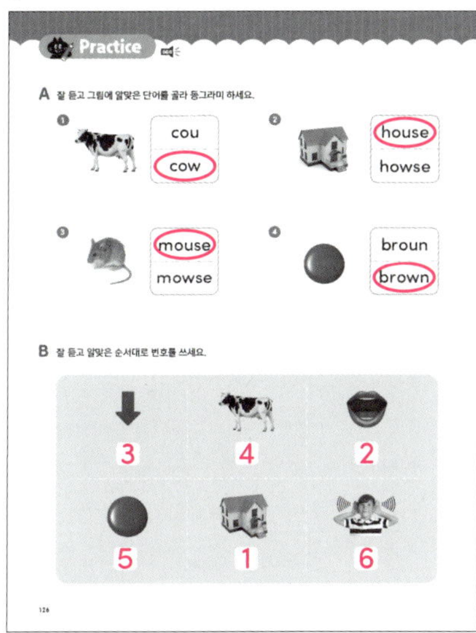

p. 126

Practice

A 잘 듣고 그림에 알맞은 단어를 골라 동그라미 하세요.

① cou / (cow) ② (house) / howse
③ (mouse) / mowse ④ broun / (brown)

B 잘 듣고 알맞은 순서대로 번호를 쓰세요.

| 3 | 4 | 2 |
| 5 | 1 | 6 |

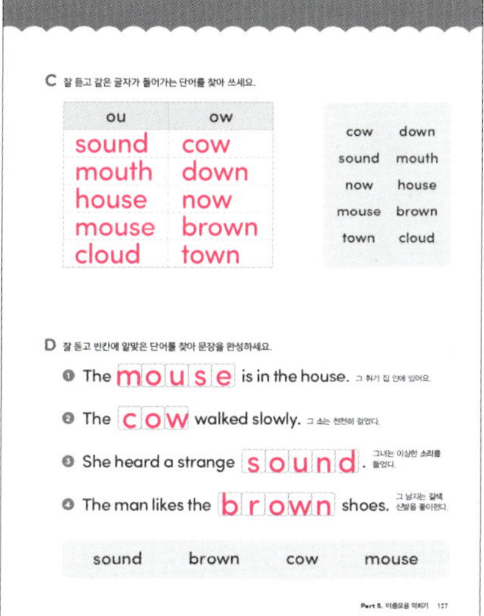

p. 127

C 잘 듣고 같은 글자가 들어가는 단어를 찾아 쓰세요.

ou	ow
sound	cow
mouth	down
house	now
mouse	brown
cloud	town

cow down
sound mouth
now house
mouse brown
town cloud

D 잘 듣고 빈칸에 알맞은 단어를 찾아 문장을 완성하세요.

① The m o u s e is in the house. 그 쥐가 집 안에 있어요.
② The c o w walked slowly. 그 소는 천천히 걸었다.
③ She heard a strange s o u n d . 그녀는 이상한 소리를 들었다.
④ The man likes the b r o w n shoes. 그 남자는 갈색 신발을 좋아한다.

sound   brown   cow   mouse

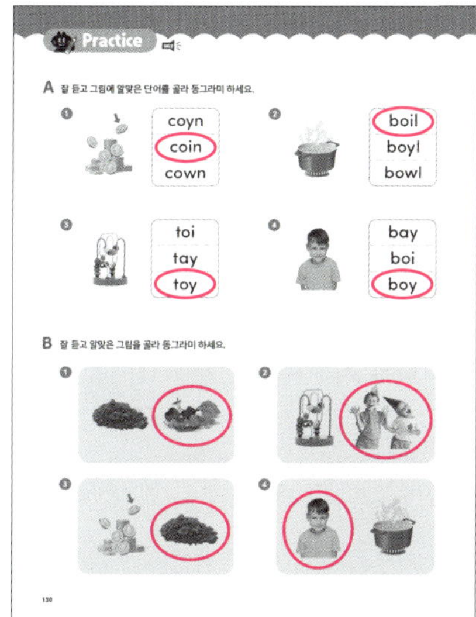

p. 130

Practice

A 잘 듣고 그림에 알맞은 단어를 골라 동그라미 하세요.

① coyn / (coin) / cown ② (boil) / boyl / bowl
③ toi / tay / (toy) ④ bay / boi / (boy)

B 잘 듣고 알맞은 그림을 골라 동그라미 하세요.

① ② ③ ④

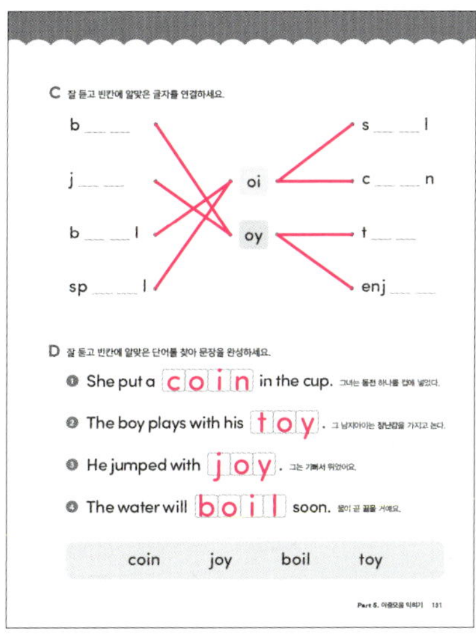

p. 131

C 잘 듣고 빈칸에 알맞은 글자를 연결하세요.

b ___   s ___ l
j ___   oi   c ___ n
b ___ l   oy   t ___
sp ___ l   enj ___

D 잘 듣고 빈칸에 알맞은 단어를 찾아 문장을 완성하세요.

① She put a c o i n in the cup. 그녀는 동전 하나를 컵에 넣었다.
② The boy plays with his t o y . 그 남자아이는 장난감을 가지고 논다.
③ He jumped with j o y . 그는 기뻐서 뛰었어요.
④ The water will b o i l soon. 물이 곧 끓을 거예요.

coin   joy   boil   toy

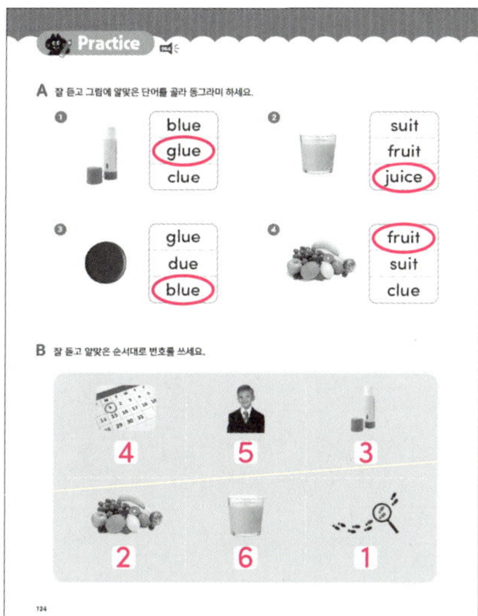

p. 134

Practice

A 잘 듣고 그림에 알맞은 단어를 골라 동그라미 하세요.

① blue / (glue) / clue ② suit / fruit / (juice)
③ glue / due / (blue) ④ (fruit) / suit / clue

B 잘 듣고 알맞은 순서대로 번호를 쓰세요.

| 4 | 5 | 3 |
| 2 | 6 | 1 |

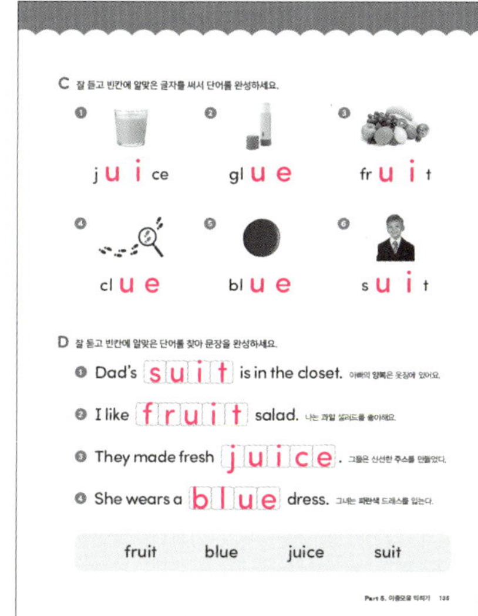

p. 135

C 잘 듣고 빈칸에 알맞은 글자를 써서 단어를 완성하세요.

① j u i ce ② gl u e ③ fr u i t
④ cl u e ⑤ bl u e ⑥ s u i t

D 잘 듣고 빈칸에 알맞은 단어를 찾아 문장을 완성하세요.

① Dad's s u i t is in the closet. 아빠의 양복은 옷장에 있어요.
② I like f r u i t salad. 나는 과일 샐러드를 좋아해요.
③ They made fresh j u i c e . 그들은 신선한 주스를 만들었다.
④ She wears a b l u e dress. 그녀는 파란색 드레스를 입는다.

fruit   blue   juice   suit

p. 138

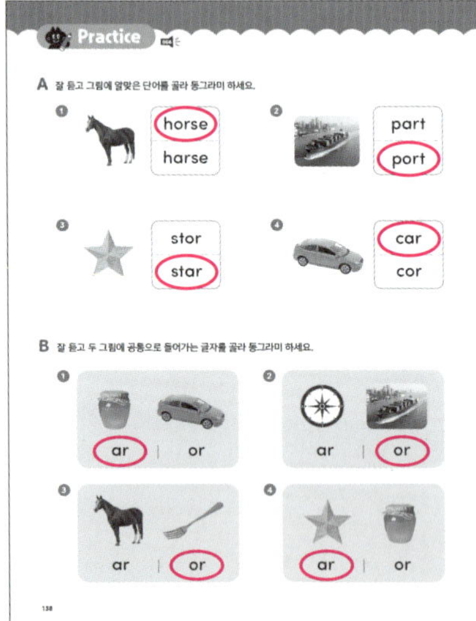

p. 139

p. 142

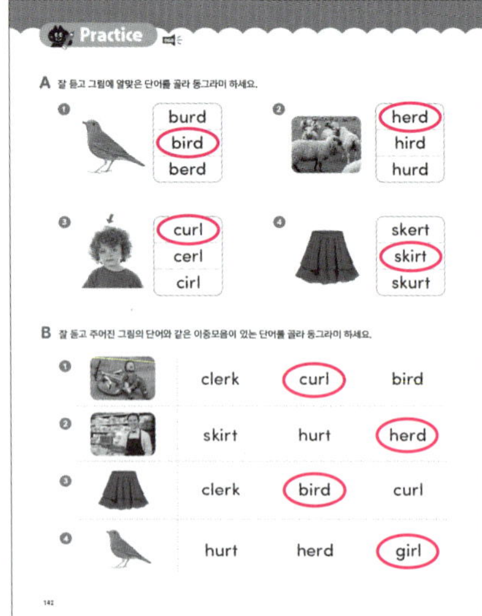

p. 143

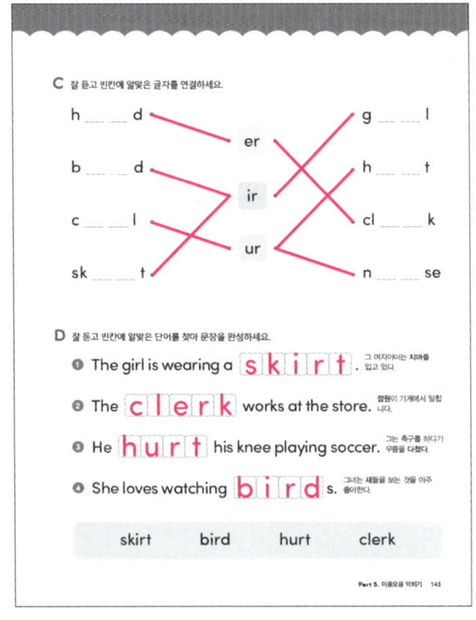

p. 146

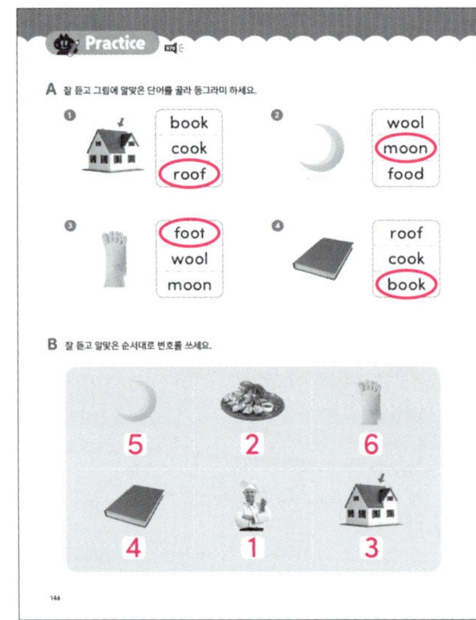

p. 147

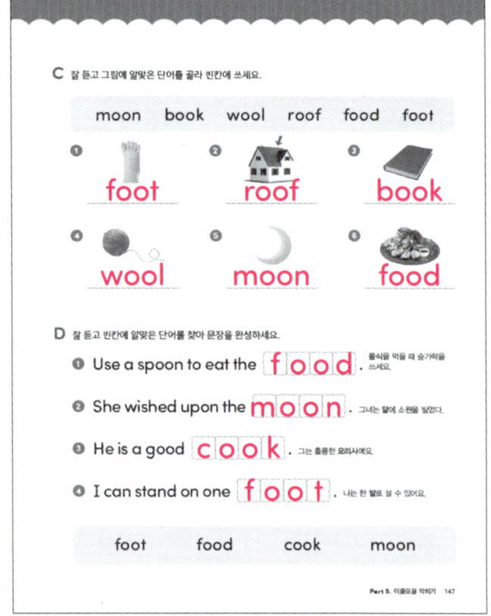

p. 148

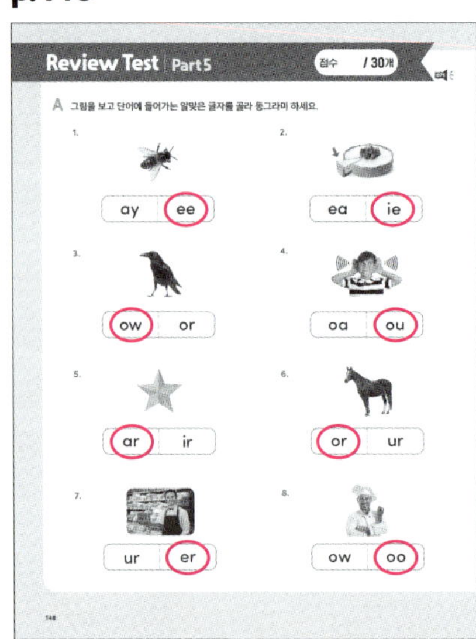

p. 149

p. 150

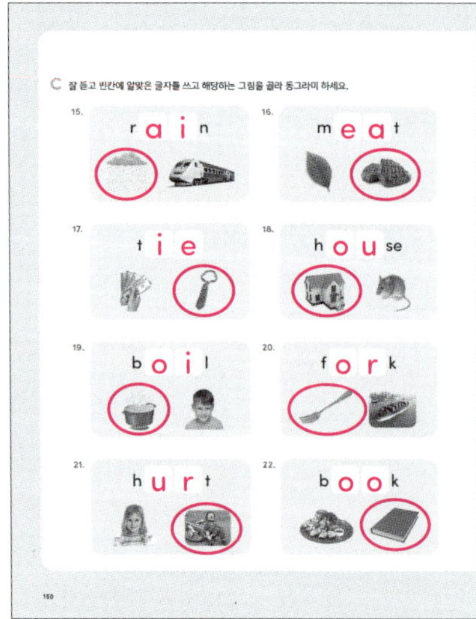

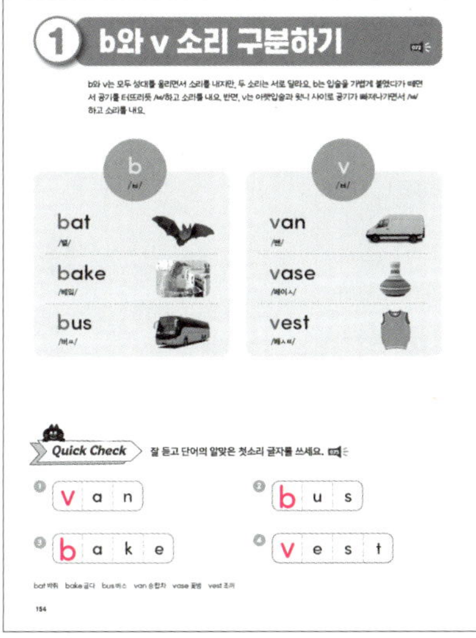

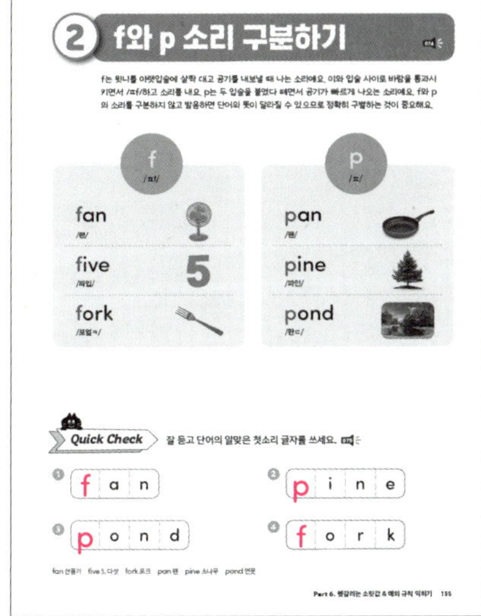

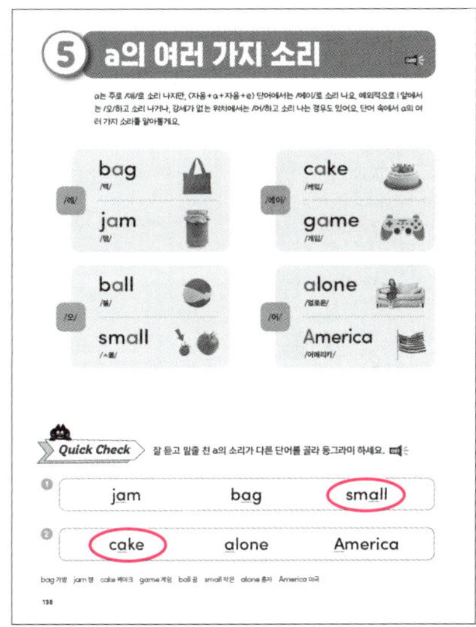

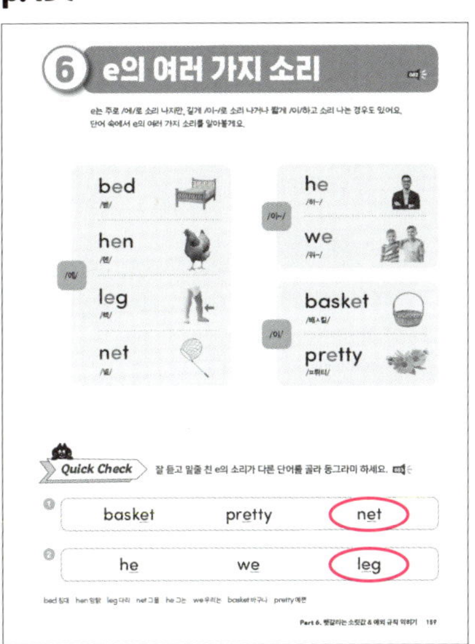

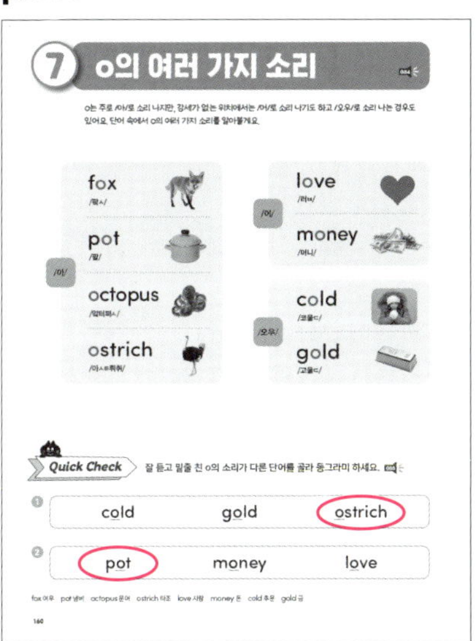

p. 162

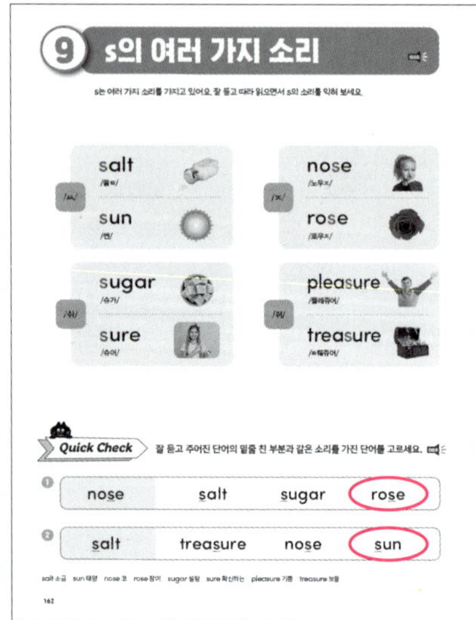

p. 163

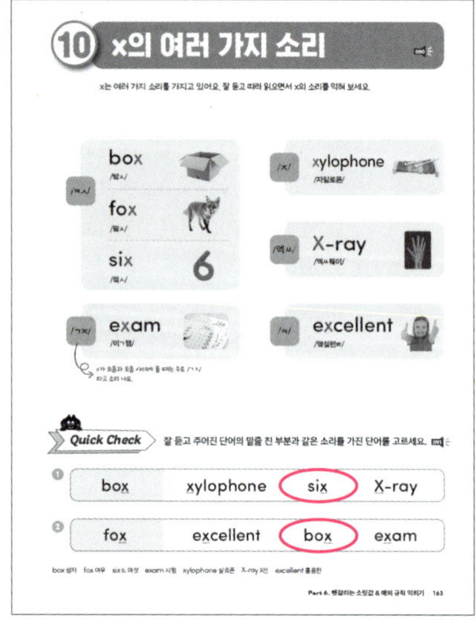

p. 164

p. 165

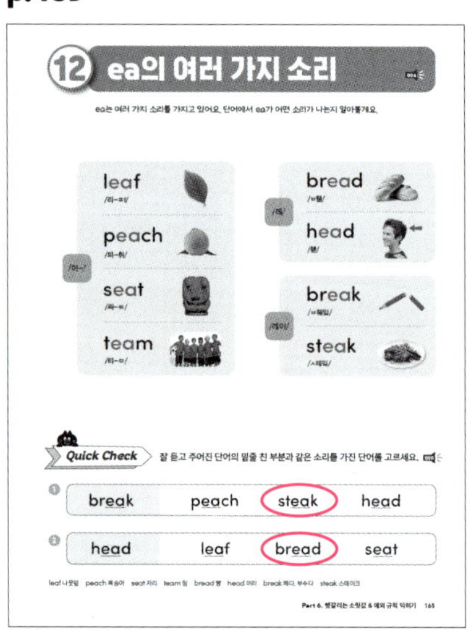

p. 166

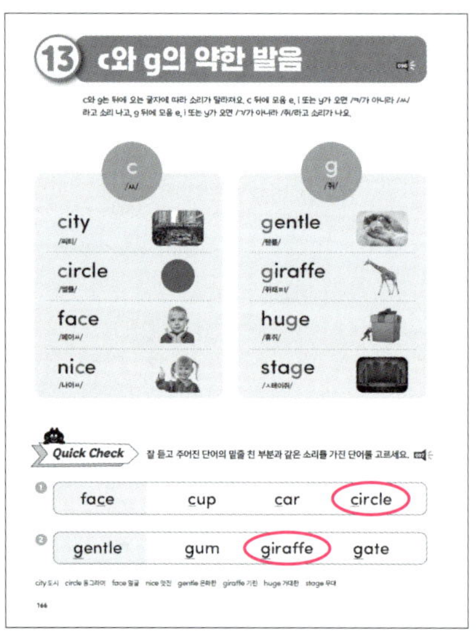

p. 182

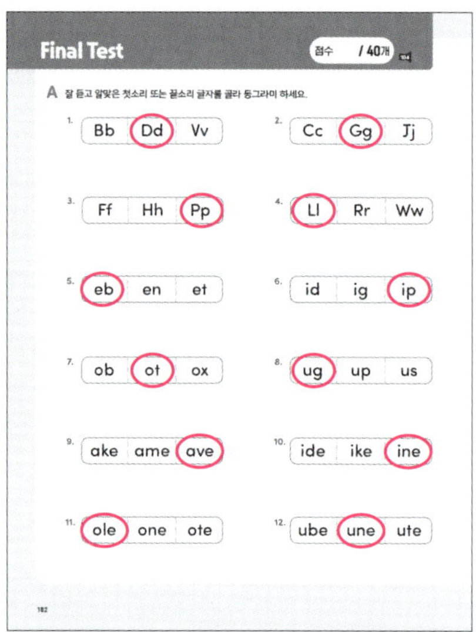

p. 183

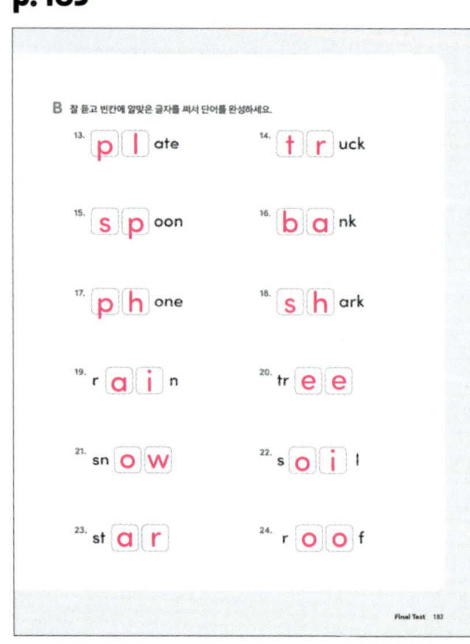

p. 184

p. 185

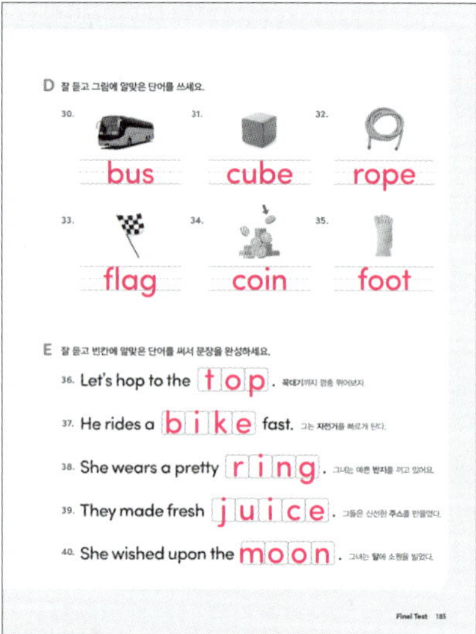

기적 영어 학습서

기본이 탄탄! 실전에서 척척!
유초등 필수 영어능력을 길러주는 코어 학습서

유아 영어

재미있는 액티비티가 가득한
4~6세를 위한 영어 워크북

   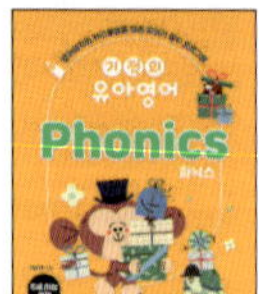

| 4세 이상 | 5세 이상 | 6세 이상 | 6세 이상 |

파닉스 완성 프로그램

알파벳 음가 ➡ 사이트 워드
➡ 읽기 연습까지!
리딩을 위한 탄탄한 기초 만들기

  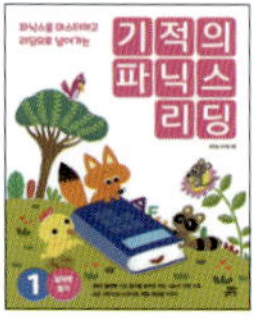

6세 이상 전 3권 / 1~3학년 / 1~3학년 전 3권

영어 단어

영어 실력의 가장 큰 바탕은 어휘력!
교과과정 필수 어휘 익히기

   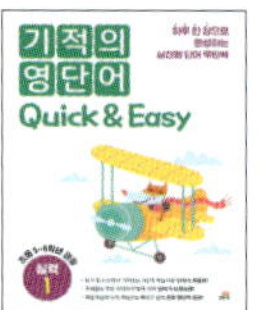

3학년 이상 전 2권 / 1~2학년 전 2권 / 3~4학년 전 2권 / 5~6학년 전 2권

영어 리딩

패턴 문장 리딩으로 시작해
정확한 해석을 위한 끊어 읽기까지!
탄탄한 독해 실력 쌓기

   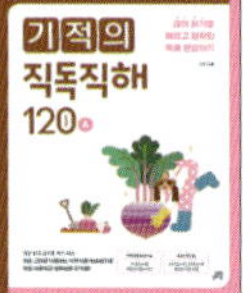

2~3학년 전 3권 / 3~4학년 전 3권 / 4~5학년 전 2권 / 5~6학년 전 2권

영어 라이팅

저학년은 패턴 영작으로,
고학년은 5형식 문장 만들기 연습으로
튼튼한 영작 실력 완성

  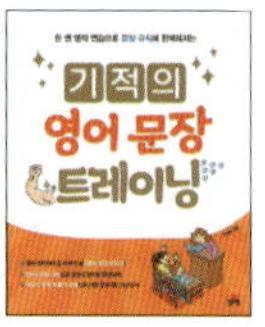

2학년 이상 전 4권 / 4학년 이상 전 5권 / 6학년 이상

영어일기

한 줄 쓰기부터 생활일기,
주제일기까지!
영어 글쓰기 실력을 키우는 시리즈

  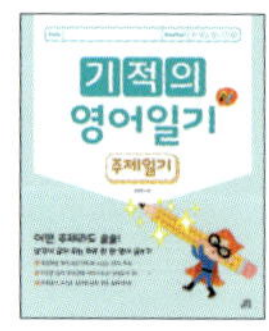

3학년 이상 / 4~5학년 / 5~6학년

영문법

중학 영어 대비, 영어 구사
정확성을 키워주는 영문법 학습

  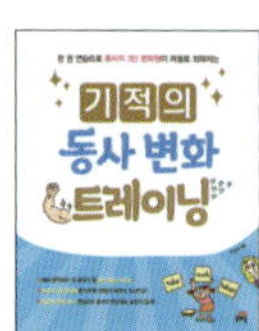

4~5학년 전 2권 / 5~6학년 전 3권 / 6학년 이상